Mémento
de droit hospitalier

Chez le même éditeur

Les systèmes d'information de santé, Philip Pariente, Jean-François Philippon, avec la collaboration de Pascale Dugast, 2008.
Les achats hospitaliers, Dominique Legouge, 2008.
Organisation hospitalière, sous la direction de la MEAH et de l'école des Mines, 2008.
Action disciplinaire dans la fonction publique hospitalière, Frédéric Adrian, Catherine Comte, mars 2007.
Droits des personnes âgées hébergées, Gérard Brami, 2007.
Commentaire du statut de la fonction publique hospitalière, 9e édition, Albert Faure, Chantal Allard-Jacquin, Benoît Jeanne, 2006.
La tarification à l'activité – Médecine et gestion, une dynamique nouvelle, Patrick Expert, 2e éd. 2006.
Traité pratique des réseaux de santé, Stéphanie Barré, Claude Évin, Laurent Houdart, Dominique Larose, Gilles Poutout, Elsa Ptakhine, 2005.
Performance et gouvernance hospitalières, Hervé Leteurtre, Patrick Malléa, 2005.
L'hospitalisation publique et privée – Des ordonnances de 1996 au plan Hôpital 2007, Jean-Michel Budet, Françoise Blondel, 2004.
La loi du 4 mars 2002 : la mise en pratique, François Ponchon, 2003.
Les droits des usagers du système de santé, Claude Évin, 2002.

Collection à mises à jour

Code des personnels hospitaliers, Jean-Marie Clément.
Législation hospitalière – Recueil de textes, François Ponchon.

Jean-Marie Clément

Mémento de droit hospitalier

13e édition
À jour au 30 avril 2008

Berger-Levrault

3, rue Ferrus, 75014 Paris
ISBN : 978-2-7013-1613-0

TABLE DES MATIÈRES

PRÉFACE
à la première édition (1987)

Le développement et la complexité du statut de l'hôpital public en font une branche essentielle du droit de la santé. On trouve en effet dans ce statut tous les problèmes fondamentaux de ce droit. On y rencontre les règles applicables aux malades, usagers du service public de santé et en particulier les nombreux droits qui leur ont été progressivement reconnus.

On y relève les problèmes que posent l'organisation et le fonctionnement de l'administration sanitaire, ses rapports avec l'hospitalisation privée, le régime applicable à de nombreux professionnels de santé ; le financement de l'hôpital constitue un des aspects les plus importants et les plus difficiles du régime de l'assurance maladie.

Or, l'étude de ce que l'on peut appeler le droit hospitalier comporte, entre autres difficultés, le fait qu'elle s'applique à une matière extrêmement mouvante. Un colloque (1987) de l'Association française de droit de la santé n'a-t-il pas pour titre : « L'hôpital, réformes permanentes » ?

On pensera peut-être que cette situation n'est pas sans exemple et que le droit français, dans ses différents aspects, connaît une évolution rapide, peut-être trop rapide.

Mais, en ce qui concerne l'hôpital, des raisons particulières peuvent expliquer cette situation. Il faut considérer d'abord que l'hôpital constitue l'exercice d'un service public fondamental. Selon un principe classique du droit public, le service public est soumis à la « loi d'adaptation ». Le service public ne peut rester figé et aucune considération juridique ou d'une autre espèce ne peut empêcher son adaptation aux besoins de la collectivité et des usagers du service.

C'est ainsi que l'hôpital doit s'adapter sans cesse aux besoins de ses usagers, à l'évolution des techniques médicales, à des considérations économiques et sociales. Ces éléments et bien d'autres se modifiant rapidement, le service public hospitalier doit y faire face et les rédacteurs des textes s'essoufflent à intégrer dans le droit hospitalier les modifications que nécessite cette adaptation.

Est-il besoin de souligner également que l'hôpital constitue une entreprise économique dont les résultats ne sont pas indifférents? Le financement de l'hôpital n'est pas assuré uniquement par l'impôt comme c'est le cas de nombreux services publics, mais il pèse sur le budget social. Ce budget – et notamment les dépenses d'assurance maladie – représente pour l'État moderne une charge nécessaire et indiscutée mais d'un poids très lourd. De nombreuses réformes s'efforcent de limiter ou de transférer cette charge.

On est donc en présence d'un statut extrêmement évolutif, ce qui ajoute à la difficulté de sa connaissance. Or, cette connaissance est indispensable à tous ceux – extrêmement nombreux – qui participent de près ou de loin à l'activité de ce service. Exposer le statut financier et administratif de l'hôpital suppose non seulement une connaissance approfondie de la réglementation applicable à cette institution mais également une grande familiarité avec son fonctionnement pratique.

Nul ne pouvait mieux répondre à ces conditions que Jean-Marie Clément qui a beaucoup œuvré dans le sens de l'étude et de la divulgation du droit hospitalier. Dans plusieurs ouvrages qui ont obtenu un vif succès, il a étudié de nombreux aspects de ce droit, en particulier les réformes intervenues dans la période 1981-1984 ou encore plus récemment, le nouveau statut de la fonction publique hospitalière.

Haut fonctionnaire de l'administration hospitalière il a, de son sujet, une riche connaissance pratique. Juriste, spécialiste du droit de la santé, il a consacré de nombreuses recherches aux délicats problèmes juridiques que comporte le fonctionnement de l'hôpital public.

L'ouvrage que j'ai le plaisir de présenter est à bien des égards le prolongement des travaux que je viens d'évoquer. Sous une forme résumée et didactique, qui n'est vraiment réalisable que par ceux qui connaissent parfaitement la matière, Jean-Marie Clément a su exposer de la manière la plus claire et la plus simple les aspects essentiels de la réglementation juridique, administrative et financière des hôpitaux.

Cet ouvrage rendra les meilleurs services à tous ceux qui sont amenés professionnellement à acquérir une connaissance de base du droit hospitalier. Mais les spécialistes, déjà au fait de ce droit, seront heureux de disposer de cet instrument de travail qui, sous une forme pratique, leur permettra de retrouver facilement toutes les données de base du droit hospitalier.

Je n'aurai garde, en universitaire, d'oublier les étudiants qui, dans leurs différentes disciplines (médecine, administration sanitaire, droit, etc.), trouveront là un instrument pédagogique extrêmement utile.

Je suis donc certain que le mémento de Jean-Marie Clément, utile prolongement de ses autres travaux, obtiendra le succès qu'il mérite.

J.-M. AUBY,
professeur à l'Université de Bordeaux I,
président honoraire de l'Université,
président de l'Association française de droit de la santé

AVANT-PROPOS

La Législation hospitalière est très complexe et a été largement modifiée dans les cinq dernières années. Comment dès lors s'y reconnaître ? Ce mémento traite l'essentiel de la question du droit hospitalier et s'adresse à ceux qui doivent savoir ou veulent comprendre.

Parmi les premiers, il y a inévitablement tous les candidats aux concours qui ont une épreuve de législation ou de droit hospitalier. Des diverses catégories d'élèves des écoles paramédicales aux candidats à des concours administratifs, y compris ceux pour l'accès aux grades de directeur d'hôpital ou d'établissement sanitaire et social, tous sont concernés par un ouvrage succinct et complet sur les lois et règlements s'imposant aux hôpitaux.

Mais ces lecteurs ne sont pas les seuls intéressés par ce mémento. Tous les responsables hospitaliers, membres des conseils d'administration, administratifs, médicaux, paramédicaux, syndicaux, etc., ne peuvent ignorer les modifications qui viennent de se produire. Cet ouvrage leur permettra, nous l'espérons, d'être informés très rapidement.

LISTE DES ABRÉVIATIONS

AFS	Agence française du sang
AFSSA	Agence française de sécurité sanitaire des aliments
AFSSAPS	Agence française de sécurité sanitaire et des produits de santé
AFSSE	Agence française de sécurité sanitaire environnementale
AFSSPS	Association française de sécurité sanitaire des produits de santé
ALD	Affection de longue durée
ANAES	Agence nationale pour l'accréditation des établisssements de santé
ANDEM	Agence nationale de l'évaluation médicale
ANFH	Association nationale de formation des personnels hospitaliers
ARH	Agence régionale d'hospitalisation
ASA	Autorisations spéciales d'absence
CA	Conseil d'administration
CAF	Capacité d'autofinancement
CAP	Commission administrative paritaire
CAT	Centre d'aide par le travail
CDC	Caisse des dépôts et consignations
CEE	Communauté économique européenne
CES	Communauté d'établissements de santé
CET	Compte épargne-temps
CGH	Conseil général des hôpitaux
CGOS	Comité de gestion des œuvres sociales

CHR	Centre hospitalier régional
CHRS	Centre d'hébergement et de réinsertion sociale
CHS	Centre hospitalier spécialisé
CHSCT	Comité d'hygiène et de sécurité et des conditions de travail
CHU	Centre hospitalier universitaire
CLC	Centre de lutte contre le cancer
CLIN	Comité de lutte contre les infections nosocomiales
CME	Comité médical d'établissement
CMU	Couverture médicale universelle
CNEH	Centre national de l'expertise hospitalière
CNOSS	Comité national de l'organisation sanitaire et sociale
CNRACL	Caisse nationale de retraite des agents des collectivités locales
COS	Comité de l'organisation sanitaire
CPAM	Caisse primaire d'assurance maladie
CPOM	Contrat pluriannuel d'objectifs et de moyens
CRAM	Caisse régionale d'assurance maladie
CRCIAM	Commission régionale de conciliation des infections nosocomiales, des accidents médicaux et des affections iatrogènes
CROS	Comité régional de l'organisation sanitaire
CRP	Compte de résultat prévisionnel
CRPA	Compte de résultat prévisionnel annexe
CRU	Commission des relations avec les usagers et de la qualité de la prise en charge
CS	Conférence sanitaire
CSP	Code de la santé publique
CTE	Comité technique d'établissement
CTP	Comité technique paritaire
DARH	Directeur de l'agence régionale de l'hospitalisation
DDASS	Direction départementale des affaires sanitaires et sociales
DES	Directeur d'établissement social
DESS	Directeur d'établissement sanitaire et social

DG	Directeur général
DIM	Département d'information médicale
DNA	Dotation non affectée
DOMI	Direction de l'organisation des méthodes et de l'informatique
DRASS	Direction régionale d'assurance maladie
EHESP	École des hautes études en santé publique
EFS	Établissement français du sang
EHPAD	Établissement d'hébergement des personnes âgées dépendantes
ENA	École nationale d'administration
EPIC	Établissement public industriel et commercial
EPRD	État prévisionnel des recettes et des dépenses
EPS	Établissement public de santé
ESP	Établissement de santé privé
ETS	Établissements de transfusion sanguine
FHF	Fédération hospitalière de France
GCS	Groupement de coopération sanitaire
GHM	Groupe homogène de malades
GHS	Groupe homogène de séjour
GIP	Groupement d'intérêt public
GIR	Groupement interhospitalier de région
GIS	Groupement interhospitalier de secteur
HAD	Hospitalisation à domicile
HAS	Haute Autorité de santé
IAF	Insuffisance d'autofinancement
IDE	Infirmier diplômé d'État
IGAS	Inspection générale des affaires sociales
INC	Institut national du cancer
IRCANTEC	Institution de retraite complémentaire des agents non titulaires de l'État et des collectivités locales
ISA	Indice synthétique d'activité
LFSS	Loi de financement de la Sécurité sociale
MCO	Médecin, chirurgie et obstétrique

MID	Médecin inspecteur départemental
MIGAC	Mission d'intérêt général et d'aide à la contractualisation
MNH	Mutuelle nationale des hospitaliers
MOP	Maîtrise d'ouvrage public
ONIAM	Office national d'indemnisation des accidents médicaux
OQOS	Objectifs quantifiés de l'offre de soins
PGFP	Plan global de financement pluriannuel
PH	Praticien hospitalier
PHU	Praticien hospitalier universitaire
PHPU	Praticien hospitalier et professeur d'université
PMSI	Programme de médicalisation du système d'information
RSS	Résumé standard de sortie
RTT	Réduction du temps de travail
SHAM	Société hospitalière d'assurance mutuelle
SIR	Syndicat interhospitalier de région
SIS	Syndicat interhospitalier de secteur
SOS	Schéma d'organisation sanitaire
SOSR	Schéma d'organisation sanitaire de région
SOTS	Schéma d'organisation de la transfusion sanguine
SROS	Schéma régional de l'organisation sanitaire
SSI	Service de soins infirmiers
T2A	Tarification à l'activité
UF	Unités fonctionnelles
UFR	Unité de formation et de recherche
URCAM	Union régionale des caisses d'assurance maladie

CHAPITRE 1

L'institution hospitalière

Section 1
Historique

1 **L'étymologie.** Elle nous renseigne sur l'origine historique de l'institution hospitalière. Le mot « hôpital » vient du latin « hospitale »: hôtel, hébergement.

L'histoire de l'hôpital peut se scinder en deux grandes périodes, correspondant à deux vocations distinctes: la première, qui fut celle d'être un lieu d'hébergement et de charité pour les pauvres, malades ou non, conduisant à l'émergence, au XIXe siècle, de la seconde qui est celle d'être un établissement de soins.

Sous-section 1
Les établissements d'hébergement et de charité

La période de l'initiative non étatique

2 **La charité chrétienne, ouverture des hôpitaux sur les routes de pèlerinage.** Le début du VIe siècle voit la fondation des premiers hôpitaux français à Reims, Arles et Lyon, en application des dispositions en faveur de la création des maisons d'hospitalité prévues par le concile d'Orléans. Ce concile se référant aux dispositions rédigées par Gélasse sous le pontificat de Simplice (468-483) prescrivait aux évêques de réserver le quart des revenus de leur église à la sustentation et à l'hébergement des pauvres et des voyageurs.

À partir du XIIe siècle, se développent les léproseries, établissements situés hors des villes et réservés aux ladres (lépreux).

Très vite cependant, le pouvoir royal va s'efforcer de maîtriser le pouvoir religieux et, en particulier, la direction des hôpitaux. Les rois vont favoriser l'apparition des laïques dans la gestion des hôpitaux.

3 **L'apparition des laïques dans la gestion des hôpitaux.** En 1543, les « lettrés royaux » reconnaissent officiellement que les officiers royaux sont investis de la haute administration hospitalière.

En 1551, Henri II autorise que l'on impose une taxe communale, « le droit des pauvres », pour rééquilibrer le budget des hôpitaux.

En 1662, un édit de Louis XIV demande la création, dans chaque ville importante du royaume, d'un Hôtel-Dieu et d'un hospice pour y recevoir et y enfermer les pauvres, vieillards, vagabonds et enfants orphelins.

La période de l'initiative étatique

4 **Les textes.** Le décret du 23 messidor de l'an II (1794), sous la Convention, nationalise les hôpitaux.

La loi du 16 vendémiaire de l'an V (7 octobre 1796) municipalise les hôpitaux. Depuis, les hôpitaux sont rattachés à la commune; ce fut d'abord un rattachement sans personnalité morale, puis la loi du 7 août 1851 donna naissance à l'hôpital autonome rattaché à la commune par une tutelle très étroite. Auparavant, la loi du 30 juin 1838, œuvre des aliénistes Esquirol et Ferrus, élèves de Pinel, avait fait obligation aux départements d'ouvrir des établissements destinés à recevoir les aliénés. C'est la naissance des asiles d'aliénés.

Sous-section 2
Les établissements de soins

5 **L'ouverture des hôpitaux aux malades payants.** Préparée de longue date depuis la seconde partie du XIXe siècle avec les progrès considérables dans l'art de soigner (en 1860, Pasteur découvre

l'asepsie et en 1863, Lister découvre l'antisepsie), l'ouverture des hôpitaux aux malades payants est réalisée par:

– la loi du 8 avril 1898 sur la protection des accidentés du travail;

– les réglementations du début du XXe siècle permettant l'ouverture des sections de malades réservées aux « grands payants »;

– la création des assurances sociales par les lois de 1928-1930.

Dès lors, le décret-loi de 1939 ouvrant l'hôpital à tous les malades payants ne faisait que réglementer ce qui existait de fait. Ce décret-loi ne put être appliqué en raison des circonstances. Il fallut attendre la loi du 21 décembre 1941 pour voir consacrer dans le domaine juridique la naissance de l'hôpital, établissement sanitaire et social. Avec la loi du 31 décembre 1970, il devint exclusivement un établissement sanitaire, laissant à d'autres institutions le rôle social.

L'hôpital, établissement sanitaire et social

6 **La loi du 21 décembre 1941 et le décret du 17 avril 1943.** Ils vont fixer les institutions modernes hospitalières avec la naissance:

– de la pyramide hospitalière: centres hospitaliers régionaux, hôpitaux, hôpitaux-hospices, hospices;

– du directeur, agent appointé par l'établissement, disposant, dans les établissements de plus de deux cents lits, du pouvoir de nommer le personnel;

– de la commission médicale consultative, présidée par le médecin-administrateur représentant le conseil de l'ordre des médecins;

– des cliniques ouvertes, secteurs de l'hôpital où les malades peuvent consulter les médecins libéraux de leur choix en contrepartie d'une majoration du prix de leur séjour;

– de la participation des personnels non médicaux à la commission administrative (ord. de 1945).

7 **Les ordonnances des 11 et 30 décembre 1958.** Elles confirment la hiérarchie hospitalière instituée par la loi du 21 décembre 1941 et elles ont pour but de:

– créer les centres hospitaliers universitaires et le statut des médecins plein-temps;

– créer les hôpitaux ruraux en transformant les anciens hospices;

– supprimer la participation du représentant du personnel non médical à la commission administrative. En compensation, une circulaire du 11 décembre 1958 va créer le comité technique paritaire pour permettre l'expression des personnels non médicaux.

Cependant, l'hôpital reste encore un établissement social.

L'hôpital, établissement exclusivement sanitaire

8 **La loi du 31 décembre 1970.** Elle se veut exclusivement sanitaire et propose la rationalisation du système hospitalier tant interne qu'externe.

1 – Interne avec la création:

– du conseil d'administration, terminologie qui recouvre la volonté de voir l'hôpital géré comme une entreprise;

– d'une compétence générale donnée au directeur qui acquiert un statut analogue à celui du président-directeur général d'une entreprise. Le conseil d'administration ne dispose désormais que d'une compétence d'attribution réduite à quatorze rubriques, certes fondamentales.

2 – Externe avec l'instauration:

– du service public hospitalier intéressant les établissements privés sanitaires qui le désirent;

– de la carte sanitaire;

– de liens interhospitaliers obligatoires: groupement interhospitalier de secteur (GIS) et groupement interhospitalier de région (GIR) ou facultatifs: syndicat interhospitalier de secteur (SIS) et syndicat interhospitalier de région (SIR);

– d'un classement hospitalier en référence à la notion nouvelle de plateau technique;

– d'un début d'alternative avec les soins extra-hospitaliers.

9 **Les lois subséquentes à la loi du 31 décembre 1970.** Elles ont prolongé la volonté de rationaliser l'institution hospitalière qui

animait la loi du 31 décembre 1970. Six lois sont intervenues en moins de dix ans:

1° loi du 4 janvier 1978:

– créant le long séjour non remboursé pour sa part hébergement par la Sécurité sociale;

– proposant une expérimentation de tarification et de financement ;

2° loi du 29 décembre 1979:

– créant l'hôpital local;

– autorisant le ministre à supprimer les lits des hôpitaux publics et des établissements privés participant au service public hospitalier, nonobstant l'avis défavorable des conseils d'administration ou de leurs organes directeurs ;

3° loi du 3 janvier 1984:

– créant la départementalisation se substituant aux services médicaux supprimés;

– renforçant la tutelle étatique (pouvoir de substitution du préfet en matière budgétaire);

– confirmant la création du financement par dotation globale (loi du 19 janv. 1983, décr. du 11 août 1983);

– allégeant les conditions de création et de fonctionnement des syndicats interhospitaliers;

– donnant une compétence consultative en matière budgétaire au comité technique paritaire;

– accordant le pouvoir d'évaluer les soins aux commissions médicales consultatives ;

4° loi du 31 décembre 1985:

– créant la sectorisation psychiatrique avec le conseil départemental des maladies mentales ;

5° loi du 27 janvier 1987:

– créant le secteur libéral des médecins plein-temps ;

6° loi n° 87-575 du 24 juillet 1987 instituant une plus large possibilité de regroupement des établissements privés et une plus grande participation des médecins à la gestion grâce à:

– la restauration des services médicaux et des chefferies de service;

– la possibilité de créer des pôles d'activité à l'intérieur des services et des départements regroupant plusieurs services ou des parties de ceux-ci;

– la création de la commission médicale d'établissement (CME) se substituant à la commission médicale consultative. La CME se voit reconnaître une compétence d'attribution en matière de choix médicaux.

10 **La loi du 31 juillet 1991.** Cette loi annoncée depuis plusieurs années modifie profondément la loi du 31 décembre 1970 à laquelle elle se substitue. Parmi les modifications significatives, il faut relever:

– la création d'une nouvelle catégorie d'établissements publics: les établissements publics de santé qui se substituent aux établissements publics administratifs hospitaliers;

– le renforcement de la planification hospitalière avec, aux côtés de la carte sanitaire maintenue, la création d'un schéma d'organisation sanitaire régional (SOSR), qui répartit qualitativement les équipements hospitaliers entre les hôpitaux et les cliniques privées;

– la modification substantielle du régime des autorisations de création, extension, conversion totale ou partielle des établissements de santé publics ou privés avec l'obligation de renouvellement périodique par l'évaluation des activités;

– la suppression de la tutelle sur tous les actes de gestion du conseil d'administration avec seulement le maintien de celle-ci sur les actes financiers (budgets, comptes) et sur le projet d'établissement;

– la suppression de la tutelle sur les marchés;

– la transformation du CTP en comité technique d'établissement (CTE) entièrement composé de représentants du personnel hormis la présidence occupée par le directeur;

– la création d'une direction ou d'un service des soins infirmiers.

Une loi n° 94-43 du 18 janvier 1994 relative à la santé publique modifie le régime des autorisations en ce que celles-ci ne sont plus accordées tacitement mais doivent toujours recevoir une approbation explicite.

11 **L'ordonnance du 24 avril 1996.** Elle crée les agences régionales de l'hospitalisation (ARH) et transfère au directeur de chaque ARH les pouvoirs jusqu'alors dévolus en matière hospitalière aux préfets de département et aux préfets de région. Cette ordonnance crée en outre les commissions de conciliation dans chaque établissement de santé et instaure des communautés d'établissements de santé (CES).

12 **La loi du 4 mars 2002.** Cette loi, relative aux droits des malades et à la qualité du système de santé, accorde le plein exercice du droit à l'information médicale à tout patient qui le demande, sans l'intermédiaire d'un médecin. Cette loi crée la notion de personne de confiance que tout hospitalisé peut désigner dès son entrée en établissement de santé, pour le suppléer dans sa relation avec le ou les médecins. Elle met en place un système de dédommagement par l'État des victimes des accidents médicaux, des affections iatrogènes et des infections nosocomiales par l'ONIAM et ses relais interrégionaux : les CRCIAM.

13 **Les ordonnances du 4 septembre 2003 et du 2 mai 2005.** Elles modifient la gouvernance hospitalière en médicalisant la gestion des établissements publics de santé. Pour ce faire, l'ordonnance du 2 mai 2005 institue les pôles d'activités cliniques et médicotechniques. Ces structures regroupent plusieurs services médicaux et unités fonctionnelles. De même, et dans cet esprit de meilleure médicalisation des décisions, est créé dans chaque établissement de santé un conseil exécutif qui, présidé par le directeur, est composé à parité de membres de l'administration et de représentants des médecins.

Section 2
L'environnement hospitalier

Les hôpitaux sont dans un système administratif et n'ont pas fait l'objet de décentralisation puisque la loi du 2 mars 1982 relative aux droits et libertés des communes, des départements et des régions les exclut de ce vaste mouvement décentralisateur.

Les hôpitaux sont soumis, d'une part, à un environnement qu'ils subissent et, d'autre part, à un environnement qu'ils ont largement généré pour mieux assumer leur mission de service public.

Nous étudierons successivement:

1° L'environnement subi qui met en jeu:

- des institutions étatiques;

- une institution non étatique: la Sécurité sociale.

2° L'environnement généré.

Sous-section 1
L'environnement des institutions étatiques

Le ministère de la Santé

Créé en 1920 à la suite de l'épidémie de grippe « espagnole », il était intitulé à l'époque ministère de l'Hygiène, de l'Assistance et de la Prévoyance. C'est en 1930 qu'il prend pour la première fois le nom de ministère de la Santé.

14 **Les directions.** Le ministère de la Santé dispose de trois directions:

- la Direction générale de la santé, qui a en charge l'organisation et la formation des professions médicales et paramédicales;

- la Direction des hôpitaux et de l'organisation des soins, qui exerce la tutelle sur les hôpitaux;

- la Direction générale de l'action sociale.

15 **Les nombreuses commissions consultatives.** Elles dépendent du ministère de la Santé. Parmi elles, on peut citer notamment:

1° le Conseil supérieur des hôpitaux, créé par un décret du 11 décembre 1958, dont le président est un conseiller d'État, et qui comporte deux sections; chacune des deux sections donne des avis relatifs:

– à l'organisation et au fonctionnement administratif, financier et médical des hôpitaux ;

– aux différents statuts des médecins des hôpitaux ;

2° le Conseil supérieur de la fonction publique hospitalière, créé par la loi du 9 janvier 1986, succédant au Conseil supérieur de la fonction hospitalière créé par un décret du 11 décembre 1958. Ce Conseil, de composition paritaire, présidé par un conseiller d'État, donne des avis sur les différents textes régissant les personnels non médicaux ;

3° le Haut conseil des professions paramédicales, créé par décret n° 2007-97 du 15 mai 2007 ;

4° le Conseil général des hôpitaux, qui avait été créé par un décret du 14 mars 1986, et relancé par l'ordonnance du 2 mai 2005 avec son instauration par le décret n° 2006-720 du 21 juin 2006. Le Conseil général des hôpitaux est composé par voie de détachement de fonctionnaires de catégorie A, notamment directeur d'hôpital, et de PH et de PHPU titulaires, ainsi que par contrat de personnalités extérieures à l'administration sanitaire. Le CGH a pour attributions :

1 – proposer au ministre toutes mesures propres à améliorer le fonctionnement des établissements de santé ;

2 – entreprendre toutes mesures ou enquêtes portant sur la gestion administrative et financière des établissements de santé ;

3 – assurer des missions d'assistance technique, d'audit et de contrôle de gestion que les établissements de santé peuvent demander au ministre.

16 **Les agences.** De nombreuses agences ont été créées depuis le début des années 1990 pour améliorer l'intervention de l'État dans des domaines très particuliers:

1 – l'Agence de la biomédecine, créée par la loi n° 2004-800 du 6 août 2004 relative à la bioéthique, est un établissement public administratif de l'État placé sous la tutelle du ministre chargé de la Santé. Cette agence couvre les activités de procréation, d'embryologie et de génétique humaines, ainsi que les activités compétentes en matière de prélèvements, de greffes d'organes, de tissus et de cellules. Ces dernières sont placées, depuis la loi du 29 juillet 1994, sous la responsabilité de l'Établissement français des greffes ;

2 – l'Agence nationale pour l'accréditation des établissements de santé (ANAES), créée par l'ordonnance hospitalière du 24 avril 1996, est remplacée, depuis la loi du 13 août 2004 relative à l'assurance maladie, par la Haute Autorité de santé (v. *supra*, n^os^ **27** et s.) ;

3 – l'Agence française de sécurité sanitaire et des produits de santé (AFSSAPS) a été créée par la loi n° 98-535 du 1er juillet 1998 relative au renforcement de la veille sanitaire et du contrôle de la sécurité sanitaire de produits destinés à l'homme. Cette agence est un établissement public de l'État placé sous la tutelle du ministre chargé de la Santé ;

4 – l'Agence française de sécurité sanitaire environnementale (AFSSE) a été créée par la loi n° 2001-398 du 9 mai 2001 dont le but est d'assurer la protection de la santé humaine dans le domaine de l'environnement. L'AFSSE est un établissement public de l'État placé sous la tutelle des ministres chargés de l'Environnement et de la Santé ;

5 – l'Agence française de sécurité sanitaire des aliments (AFSSA), créée par la loi n° 98-535 du 1er juillet 1998, est un établissement public de l'État placé sous la tutelle des ministres chargés de la Santé, de l'Agriculture et de la Consommation. L'Agence a pour but d'assurer la sécurité sanitaire dans le domaine de l'alimentation ;

6 – l'Agence française du sang (AFS), créée par un arrêté du 1er juillet 1992 sous forme de groupement d'intérêt public, est devenue l'Établissement français du sang par la loi n° 98-535 du 1er juillet 1998. L'EFS veille à la satisfaction des besoins en matière de produits sanguins labiles et à l'adaptation de l'activité transfusionnelle aux évolutions médicales, scientifiques et technologiques, dans le respect des principes éthiques ;

7 – l'Agence technique de l'information hospitalière, créée par le décret n° 2000-1282 du 26 décembre 2000, a pour objet d'élaborer les systèmes d'information qui servent à mesurer l'activité hospitalière pour fixer les coûts des GHS et GHM dans l'optique de la T2A.

17 **Les agences régionales de l'hospitalisation (ARH).** Elles ont été créées par l'ordonnance hospitalière du 24 avril 1996 et instituées dans chaque région métropolitaine, dans chacun des départements d'outre-mer et dans la collectivité territoriale de Corse. Chaque ARH constitue un groupement d'intérêt public (GIP) doté de la personnalité morale de droit public bénéficiant de l'autonomie administrative et financière. Ce groupement est constitué entre l'État et les organismes de Sécurité sociale (CPAM, CRAM, URCAM). Les ARH sont sous la tutelle des ministres chargés de la Santé et de la Sécurité sociale. Elles sont soumises au contrôle de la Cour des comptes et de l'IGAS.

Les ARH sont administrées par une commission exécutive et dirigées par un directeur. La commission exécutive est composée à parité des différents représentants de l'État (DDASS, DRASS) et des représentants des caisses de Sécurité sociale. Le directeur de l'ARH fait partie des représentants de l'État puisqu'il est nommé par décret. Il bénéficie d'une voix prépondérante en cas de partage des voix.

En 2009, les ARH devraient être remplacées par des Agences régionales de santé aux missions élargies à l'ensemble de l'offre de soins y compris médico-sociale.

18 **La commission exécutive d'ARH.** Elle délibère sur:

– les autorisations de création, d'extension, de conversion – totale ou partielle – et de regroupement de tout établissement de santé. Il en va de même pour la création, la conversion et le regroupement des activités de soins, y compris l'installation des équipements matériels lourds et les structures de soins alternatives;

– les orientations qui permettent l'allocation des ressources aux établissements de santé, après avis du CROSS;

– les contrats pluriannuels d'objectifs et de moyens négociés entre l'ARH et chacun des établissements de santé;

– les sanctions financières applicables aux établissements de santé.

19 **Le directeur d'ARH.** Après avis de la commission exécutive, le directeur d'ARH dispose des attributions suivantes:

– il fixe les limites des territoires de santé et des secteurs psychiatriques;

– il arrête la nature et l'importance des activités de soins;

– il arrête le schéma régional d'organisation sanitaire et son annexe;

– il se prononce à titre définitif sur le retrait d'autorisation ou sur les modifications de son contenu;

– il exerce les compétences permettant l'adaptation du système hospitalier. Ainsi, il peut demander à deux ou plusieurs établissements de santé de conclure soit une convention de coopération, soit de constituer un groupement de coopération sanitaire, ou encore de fusionner. En outre, il peut prononcer la mise sous administration provisoire d'un établissement de santé. Enfin, il peut supprimer des emplois médicaux;

– il crée des établissements de santé autres que nationaux;

– il approuve les délibérations des conseils d'administration des établissements publics de santé;

– il exerce la tutelle financière sur les établissements publics de santé;

– il accorde les demandes de participation au service public et les contrats de concession audit service public hospitalier.

20 **Le transfert des compétences dévolues au préfet.** Le directeur s'est vu transférer par l'ordonnance du 4 septembre 2003 les dernières compétences hospitalières dévolues jusqu'alors au préfet. Il s'agit des compétences relatives:

– aux missions de contrôle sur les établissements de santé;

– au pouvoir de suspension des juridictions disciplinaires en cas d'urgence et lorsque la poursuite de son exercice par un médecin, un chirurgien-dentiste, une sage-femme ou un pharmacien expose ses patients à un danger grave. Il est à noter que ce pouvoir avait été accordé aux représentants de l'État dans le département, par la loi n° 2002-303 du 4 mars 2002, relative aux droits des maladies et à la qualité du système de santé qui avait été codifié aux articles L. 4113-14 et L. 4221-18 du CSP;

– à l'autorisation et à la suspension des pharmacies à usage intérieur;

– à l'approbation et à la suspension de l'activité libérale d'un praticien hospitalier à plein temps;

– à l'admission pour un établissement privé à but non lucratif de participer au service public hospitalier. Il s'agit ici d'un transfert des compétences jusqu'alors exercées par le ministre chargé de la Santé (CSP, art. L. 6161-6);

– la fixation de la dotation globale des institutions qui, sans être des établissements de santé, participent à la lutte contre les maladies mentales et dont les dépenses sont incluses dans la dotation régionale gérée par l'ARH.

De façon générale le directeur de l'ARH peut, pour les matières relatives à l'offre de soins hospitaliers et au fonctionnement des établissements de santé, recevoir la délégation des ministres chargés de la Santé et de la Sécurité sociale.

Le préfet de département conserve cependant ses pouvoirs de police et ses compétences au titre de la sécurité civile.

Depuis la mise en place des ARH, le pilotage par l'État de la reconfiguration du système hospitalier français est plus visible. Beaucoup d'interlocuteurs apprécient l'unité de décision même si parfois les dossiers peuvent s'égarer entre DDASS, DRASS et ARH!... Il est vrai que la pertinence du relais DDASS, DRASS reste posée.

Les services extérieurs du ministère de la Santé

Malgré la création des ARH, les DDASS et DRASS ont été conservés.

21 **Les DDASS.** Les services extérieurs départementaux du ministère chargé de la Santé datent de 1941 où ont été créées les directions départementales de la santé publique et de la population. Un décret du 30 juillet 1964 créa les directions départementales de l'action sanitaire et sociale (DDASS) qui regroupaient les divers services départementaux à vocation sanitaire, sauf le médecin inspecteur départemental de la santé (MID). Celui-ci fut rattaché aux DDASS avec le décret du 22 avril 1977 qui transforma les

DDASS en directions départementales des Affaires sanitaires et sociales. À la suite de la loi de décentralisation du 2 mars 1982, relative aux droits et libertés des communes, des départements et des régions, un décret n° 86-565 du 14 mars 1986 est venu préciser les missions des DDASS dans lesquelles il est fait une place particulière au médecin inspecteur départemental de la santé.

22 **Le directeur départemental des affaires sanitaires et sociales.** Il met en œuvre au niveau départemental, sous l'autorité du préfet de département, la politique sanitaire et sociale définie par les pouvoirs publics. Ses attributions recouvrent:

– la tutelle et le contrôle des établissements sanitaires et sociaux relevant de la compétence de l'État;

– les actions de prévention sanitaire et sociale;

– l'aide sociale relevant de la compétence de l'État;

– l'action sociale en direction de toutes les catégories de la population et les politiques d'insertion et de développement social.

Le décret de 1986 ajoute que le directeur départemental « assure, le cas échéant, en liaison avec les DRASS le contrôle pédagogique, administratif et financier des écoles paramédicales ».

23 **Le médecin départemental de la santé.** Il est sous l'autorité du directeur départemental des Affaires sanitaires et sociales. Cependant, il dispose de pouvoirs propres qui lui sont conférés par des dispositions législatives. Ce sont:

– les liaisons avec les organisations départementales des ordres des médecins, des chirurgiens-dentistes et des sages-femmes;

– les compétences dans les matières couvertes par le secret médical.

Selon la circulaire du 21 septembre 1979 qui précise ses attributions:

– il est consulté sur les délibérations des conseils d'administration des hôpitaux:
- modifiant la structure ou la destination des services ou des départements médicaux,
- créant, transformant ou supprimant les services ou unités de soins et les départements médicaux,

- créant, transformant ou supprimant les emplois de médecins et des personnels paramédicaux qui s'y rattachent ;

– il participe à titre consultatif:
  - aux délibérations des conseils d'administration (décr. du 2 mai 1972),
  - aux séances des commissions médicales d'établissement (décr. du 6 déc. 1972 modifié) ;

– il participe à part entière à l'élaboration des plans de sectorisation, car il est membre du conseil départemental de santé mentale instauré par le décret du 14 mars 1986, pris en application de la loi du 25 juillet 1985 ;

– il préside les conseils techniques des écoles départementales de formation des personnels paramédicaux.

24 **Les DRASS.** Le décret du 14 mars 1986 renforce les prérogatives des directions régionales des Affaires sanitaires et sociales, en particulier dans le domaine consultatif laissant prévoir un transfert des compétences en matière sanitaire des DDASS aux DRASS. Comme pour les DDASS, le directeur régional des Affaires sanitaires et sociales dispose des services du médecin inspecteur régional de la santé qui conserve des attributions qui lui sont propres dans le domaine médical.

25 **Le directeur régional des Affaires sanitaires et sociales.** Sous l'autorité du préfet de région, il met en œuvre, au niveau régional, la politique sanitaire et sociale définie par les pouvoirs publics en matière:

– de planification et de programmation des actions, équipements et investissements des établissements et services sanitaires et sociaux financés par l'État ou par les organismes de Sécurité sociale, ou avec leur concours;

– de contrôle de gestion des établissements et services ainsi que d'évaluation des besoins de la population et du meilleur emploi des ressources affectées aux dépenses sanitaires et sociales;

– d'application de la législation et de contrôle des organismes de Sécurité sociale.

Pour l'exercice de ces missions, il centralise les informations, effectue ou suscite les études, élabore et tient à jour les cartes sanitaires et autres éléments indicateurs des niveaux de satisfaction des besoins en matière sanitaire et sociale. Il lui appartient, d'autre part, d'organiser la préparation des plans sanitaires et sociaux et notamment des programmations pluriannuelles et budgétaires des actions et investissements de l'État.

Fait révélateur des tendances nouvelles, le directeur régional des Affaires sanitaires et sociales est consulté par le directeur départemental des Affaires sanitaires et sociales, avant leur approbation, sur les délibérations des conseils d'administration des CHR ayant trait à la politique générale de l'établissement et au programme définissant les besoins, au plan directeur et à ses modifications, ainsi qu'au budget et à la dotation globale.

Il est par ailleurs informé, avant leur approbation, des délibérations des conseils d'administration des autres établissements d'hospitalisation publics ayant trait à la politique générale, au programme et au plan directeur.

De plus, il analyse l'évolution des besoins en emplois médicaux, pharmaceutiques, paramédicaux et sociaux et contribue à l'adaptation des moyens de formation à cette évolution. Il apporte son concours aux services départementaux dans l'instruction des dossiers d'opération d'équipements sanitaires et sociaux réalisés avec le concours financier de l'État et ceux des organismes de Sécurité sociale.

Le directeur régional organise également les travaux des commissions régionales des équipements sanitaires et sociaux consultées en matière de création, d'extension et de transformation des équipements, établissements et services.

Relevons enfin qu'il lui appartient de procéder à des études comparatives de gestion sur les coûts et rendements des établissements, organismes et services sanitaires et sociaux publics et privés, d'établir annuellement un bilan de la politique budgétaire des établissements sanitaires et sociaux relevant de la compétence de l'État et de présenter aux préfets de région et de département un rapport d'orientation sur les mesures propres à faciliter l'adaptation de ces établissements à l'évolution des besoins.

26 **Le médecin inspecteur régional de la santé.** Comme son homologue départemental, il dispose de pouvoirs propres conférés par les textes législatifs, en matière notamment de secret médical. Par ailleurs:

– il est consulté sur les délibérations des conseils d'administration:
- modifiant, créant ou supprimant des services ou départements médicaux,
- créant, transformant ou supprimant les emplois de médecins et de personnel paramédical,
- portant sur les programmes d'établissement et les plans directeurs des hôpitaux,
- relatives à la nomination des attachés en premier, des attachés consultants et des praticiens hospitaliers,
- sur les effectifs hospitalo-universitaires,
- sur le classement des établissements hospitaliers publics, des établissements privés à but non lucratif participant au service public hospitalier et des établissements privés à but lucratif ayant signé un contrat de concession de service public hospitalier,
- sur les implantations d'équipements lourds publics et privés ;

– il participe aux réunions des comités de coordination hospitalo-universitaire (décr. du 17 août 1971) et aux différentes phases de la carte sanitaire ;

– il siège à la commission régionale de l'organisation sanitaire et sociale (CROSS) dont il peut être désigné comme rapporteur, et à titre consultatif dans les commissions médicales d'établissement des CHR ;

– il donne son avis:
- sur la création et le fonctionnement des centres de planification et d'éducation familiale,
- sur l'agrément des écoles de formation des personnels paramédicaux.

27 **Le Centre national de gestion des praticiens hospitaliers.** Cet établissement public a été créé par le décret n° 2007-704 du 4 mai 2007. Il est chargé de la gestion statutaire et du développement des ressources humaines des personnels de direction de la fonction publique hospitalière et des praticiens hospitaliers à temps plein et à temps partiel.

28 **La Haute Autorité de santé (HAS).** Elle a été créée par la loi du 13 août 2004 relative à l'assurance maladie. Ainsi, la HAS s'est substituée à l'Agence nationale d'accréditation et d'évaluation en santé (ANAES) qui elle-même avait remplacé, depuis l'ordonnance hospitalière du 24 avril 1996, l'Agence nationale de l'évaluation médicale (ANDEM). La HAS dispose du statut juridique d'autorité publique indépendante à caractère scientifique dotée de la personnalité morale et bénéficie de l'autonomie financière.

29 **Les missions de la HAS.** La HAS formule des recommandations et rend des avis indépendants qui permettent d'éclairer les pouvoirs publics sur les décisions de remboursement des produits et actes médicaux. De même, elle contribue à améliorer la qualité des pratiques professionnelles et des soins prodigués aux patients.

Les principales missions de la HAS sont:

- l'évaluation périodique du service attendu ou rendu des médicaments, dispositifs et technologies de santé et des actes professionnels, ainsi que la contribution, par ses avis, à l'élaboration des décisions relatives à leur inscription et remboursement par l'assurance-maladie;

- l'élaboration et la diffusion des guides de bon usage des soins et recommandations de bonnes pratiques; la HAS contribue à l'information des professionnels de santé et du grand public dans ces domaines;

- la certification des établissements de santé publics et privés, des réseaux de soins et des groupements de coopération sanitaire;

- la production d'avis et de recommandations sur la définition, la prise en charge des affections de longue durée (ALD) et sur l'assiette des soins remboursables;

- l'amélioration de la qualité de l'information médicale et de sa diffusion: la procédure de certification des sites informatiques dédiés à la santé et des logiciels d'aide à la prescription médicale, la procédure d'évaluation et de certification de la qualité de la visite médicale;

– l'évaluation de la qualité de la prise en charge sanitaire de la population.

30 **L'organisation de la HAS.** La HAS est organisée autour d'un collège, de commissions spécialisées, d'un directeur et de services. Constituée de huit membres, dont est issu le président dirigé par le président de la République, le collège de la HAS détient les pouvoirs de cette instance. Les huit membres sont nommés pour six ans, renouvelables par moitié tous les trois ans, selon le schéma suivant: deux désignés par le président de la République, dont le président du collège ; deux par le président de l'Assemblée nationale ; deux par le président du Sénat et deux par le président du Conseil économique et social. Ces huit membres doivent exercer leurs prérogatives à plein temps sans aucun intérêt quelconque avec un organisme, instance ou société. Cette indépendance justifie que les membres soient rémunérés.

31 **Les commissions spécialisées de la HAS**. Chaque membre du collège, sauf le président, préside une commission spécialisée dont les compétences épousent le champ des attributions de la HAS.

Les sept commissions spécialisées sont:

– la commission de la transparence;

– la commission d'évaluation des produits et prestations;

– la commission d'évaluation des actes professionnels;

– la commission périmètre des biens et services remboursables;

– la commission recommandations pour l'amélioration des pratiques;

– la commission qualité et diffusion de l'information médicale;

– la commission certification des établissements de santé.

Les services de la HAS regroupent ainsi un directeur, 350 salariés à plein-temps et plus de 3000 vacataires occasionnels (les experts visiteurs pour la certification des établissements de santé entre autres). Le directeur de la HAS est nommé par le président du collège après avis de ce dernier. Les services comprennent un secrétariat général, quatre directions et des services opérationnels.

Sous-section 2
L'École des hautes études en santé publique

32 **Présentation.** Créée en 1945, l'École nationale de la santé publique est devenue un établissement public autonome en 1961 tout en étant décentralisée à Rennes (Ille-et-Vilaine). Cette école forme des hauts fonctionnaires de la santé publique, directeurs d'hôpitaux, directeurs d'établissements sociaux et médico-sociaux, directeurs de soins, ingénieurs sanitaires, pharmaciens de santé publique, médecins de santé publique. La loi n° 2004-806 du 9 août 2004 relative à la santé publique a transformé l'ENSP en une EHESP pour permettre aux élèves de souscrire à la réforme européenne d'harmonisation des diplômes de l'enseignement supérieur connue sous le vocable LMD (licence, master, doctorat).

33 **Statut.** L'École des hautes études en santé publique est un établissement public à caractère scientifique, culturel et professionnel constitué sous la forme d'un grand établissement au sens de l'article L. 717-1 du Code de l'éducation. L'école est placée sous la tutelle conjointe des ministres chargés de la Santé, des Affaires sociales, de l'Éducation et de la Recherche qui exercent, à son égard, les compétences attribuées au recteur d'académie, chancelier des universités, par le Code de l'éducation et les textes pris pour son application.

34 **Missions.** En application de l'article L. 756-2 du Code de l'éducation, l'école :

1° assure les formations initiales et continues permettant d'exercer des fonctions de direction, de gestion, de management, d'inspection, de contrôle et d'évaluation dans les domaines sanitaires, sociaux et médico-sociaux :

– pour les personnels relevant des ministres chargés de la Santé et des Affaires sociales, des établissements publics de santé et des établissements ou organismes publics sociaux et médico-sociaux ; le contenu et les modalités d'organisation des formations initiales sont définis par arrêtés des ministres chargés de la Santé et des Affaires sociales ;

– pour les personnels relevant du ministre de l'Éducation nationale ; le contenu et les modalités d'organisation des formations initiales sont définis par arrêtés conjoints des ministres chargés de l'Éducation nationale, de la Santé et de la Fonction publique ;

– pour les personnels relevant d'autres départements ministériels, de collectivités territoriales, d'institutions publiques ou privées, d'organisations syndicales et d'associations, en apportant son concours à la formation de leurs cadres responsables d'activités sanitaires, sociales et médico-sociales.

Sous réserve des dispositions du décret du 7 octobre 1991 et des décrets du 28 décembre 2001, les formations délivrées aux élèves fonctionnaires en vue de leur titularisation ne sont pas sanctionnées par un diplôme ;

2° assure un enseignement supérieur en matière de santé publique ; à cette fin, elle anime un réseau national favorisant la mise en commun des ressources et activités des différents organismes publics et privés compétents ; elle peut, seule ou conjointement avec d'autres établissements d'enseignement supérieur, être habilitée par le ministre chargé de l'Enseignement supérieur à délivrer des diplômes nationaux après une évaluation nationale périodiquement renouvelée ; l'école peut, en outre, délivrer des diplômes propres dans les conditions fixées par son règlement de scolarité ;

3° contribue aux activités de recherche en santé publique. À cet effet, elle associe à ses activités des scientifiques, des praticiens, des professionnels appartenant à d'autres institutions françaises ou étrangères et collabore avec des établissements d'enseignement et de recherche français ou étrangers dans les formes qu'elle détermine ;

4° développe des relations internationales notamment par des échanges avec les établissements dispensant des enseignements comparables.

L'école conclut avec l'État un contrat d'objectifs et de moyens qui définit les objectifs qui lui sont assignés ainsi que les indicateurs de performance et les moyens qui lui sont accordés.

35 **Organisation.** L'école est administrée par un conseil d'administration assisté d'un conseil scientifique et d'un conseil des forma-

tions. Elle est dirigée par un directeur assisté d'un directeur des études, d'un directeur de la recherche et d'un secrétaire général.

L'école est composée de départements et de services communs, dont la liste est fixée dans les conditions définies au premier alinéa de l'article L. 711-7 du Code de l'éducation. Elle dispose en outre d'instituts, dont l'Institut du management auquel revient la formation des élèves directeurs d'hôpital.

Sous-section 3
La Sécurité sociale

36 **Évolution.** Nées avec l'ordonnance du 4 octobre 1945, les caisses de Sécurité sociale ont depuis leur création regretté le peu d'emprise qu'elles avaient sur les hôpitaux. Les dépenses hospitalières représentant quelque 50 % de l'ensemble de ses dépenses de santé, la Sécurité sociale souhaiterait contrôler celles-ci venant tant du secteur public que du secteur privé. Le conventionnement des cliniques privées lui donne paradoxalement plus de prise sur ce secteur d'hospitalisation qu'elle ne peut en avoir sur le secteur public.

Peu à peu, la Sécurité sociale a pu s'insérer dans la définition de la politique hospitalière tant au niveau national qu'au niveau local par sa représentation au sein de différentes instances:

- le Conseil supérieur des hôpitaux;
- le Comité national de l'organisation sanitaire et sociale ;
- les comités régionaux de l'organisation sanitaire ;
- le Conseil exécutif des ARH ;
- les conseils de territoire de santé.

Désormais, depuis les décrets du 11 août 1983, relatifs à la dotation globale de financement, et du 28 novembre 1984, concernant le contrôle médical de la Sécurité sociale sur les hôpitaux, un droit de regard très important est accordé aux organismes de Sécurité sociale tant en matière financière qu'en matière médicale.

Le contrôle financier

Le décret du 31 juillet 1992 accordait aux caisses de Sécurité sociale un contrôle tant pour la définition du budget que pour son exécution.

37 **Lors de la définition du budget.** Le préfet de département doit consulter les caisses de Sécurité sociale qui, dans un délai d'un mois, donnent leur avis. Celui-ci est donné par l'intermédiaire de la caisse régionale d'assurance maladie (CRAM) du régime général qui « est chargée de recueillir, au sein d'une commission présidée par ses représentants, l'avis de chacun des organismes responsables de la gestion des régimes d'assurance-maladie, ainsi que les observations formulées par les services du contrôle médical » (art. 35 du décr. du 11 août 1983).

Cette disposition a été supprimée avec la création des ARH.

38 **Lors de l'exécution du budget.** Alors que, selon le décret du 31 juillet 1992, la caisse pivot (en général la caisse primaire d'assurance maladie de la circonscription de l'hôpital) verse chaque mois, en plusieurs fois, un douzième de l'EPRD, l'ordonnateur doit transmettre, à la demande des caisses de Sécurité sociale, les états de dépenses engagées. De même, il est tenu à leur disposition le tableau des effectifs.

Désormais les caisses de Sécurité sociale pratiquent en tant que membres de la commission exécutive des ARH le contrôle financier des établissements de santé.

Le contrôle médical

39 **Le décret n° 84-1042 du 28 novembre 1984.** Relatif à l'exercice du contrôle médical de la Sécurité sociale dans les établissements, services et installations sanitaires et médico-sociaux recevant des bénéficiaires des différents régimes obligatoires d'assurance-maladie, il réitère les contrôles individuels sur les hospitalisés et innove en instaurant le contrôle médical sur l'activité des services.

40 **Le contrôle sur les hospitalisés.** Il s'impose et ne peut être refusé pour quelque raison que ce soit. Il exige la liberté d'accès au dossier médical et celle d'examiner l'assuré.

Le contrôle a pour conséquence:

- en cas d'hospitalisation injustifiée, de refuser ou de mettre fin à la prise en charge de l'organisme assurant le malade;

- en cas d'hospitalisation mal orientée, hormis les cas de force majeure (urgence), de faire limiter par l'organisme d'assurance dont relève l'assuré la prise en charge au tarif de responsabilité du service ou du département médical de l'établissement le plus proche ou le plus accessible de sa résidence, dans lequel le malade est susceptible de recevoir les soins appropriés à son état, et ce, à compter du jour de la notification à l'assuré de la décision du médecin-conseil.

41 **Le contrôle sur l'activité médicale des établissements.** C'est une nouveauté fort mal appréciée par les médecins des hôpitaux. Il est réalisé en principe par la caisse qui assure le paiement de la dotation globale.

1° L'étendue du contrôle médical concerne l'analyse globale de l'activité médicale des établissements. Il se prolonge par l'étude de l'activité des services ou des départements médicaux des établissements.

2° Les moyens du contrôle médical sont précisés par le décret du 31 juillet 1992. Il s'agit de l'envoi par les hôpitaux:

- du tableau trimestriel de l'activité, des charges et des consommations de chaque centre de responsabilité et du tableau des effectifs du personnel rémunéré;

- de l'état des malades par régime;

- de toute autre demande formulée par les médecins-conseils auprès de leurs confrères hospitaliers.

Ce contrôle est incitatif puisqu'il n'est pas assorti de moyens coercitifs. La dissuasion doit suffire.

Sous-section 4
Les organismes périhospitaliers

42 **La Fédération hospitalière de France (FHF).** Créée le 29 janvier 1924, elle regroupe la quasi-totalité des établissements publics hospitaliers et constitue le représentant des hôpitaux devant les pouvoirs publics. À ce titre, elle est présente dans les diverses commissions consultatives: Conseil supérieur des hôpitaux, Conseil supérieur de la fonction publique hospitalière, CNOSS, CROSS, etc.

43 **La Société hospitalière d'assurance mutuelle (SHAM).** Cet organisme d'assurance a été créé par des hospitaliers le 1er janvier 1928.

44 **Le Comité de gestion des œuvres sociales (CGOS).** Créé en octobre 1960, sous la forme d'une association relevant de la loi de 1901 collectant les cotisations sociales des hôpitaux (1,3 %), il assure des prestations sociales aux agents en matière familiale ou de secours individuels. Les instances sont paritaires entre les représentants de l'administration et des personnels.

45 **L'Association nationale de formation des personnels hospitaliers (ANFH).** Créée le 24 octobre 1974, elle assure la collecte du 1 % (le 1 % est passé à 1,7 % en 1992 pour atteindre 2,1 % en 1993) des hôpitaux consacré à la formation permanente. C'est une association loi de 1901 dont les instances sont également paritaires.

46 **La Mutuelle nationale des hospitaliers (MNH).** Créée à Montargis le 1er février 1960, elle assure le complément de la Sécurité sociale en matière de remboursement des dépenses de maladie.

CHAPITRE 2

Les structures hospitalières

47 **Définition.** Le terme « structure » vient du latin « structura », de « struere » qui veut dire « construire ». Il est apparu au début du XIVe siècle dans le sens de « construction ». Ainsi, la structure, c'est la manière dont les différentes parties d'un ensemble, concret ou abstrait, sont disposées entre elles et s'unissent dans un rapport solidaire. Les structures hospitalières, c'est l'ensemble des établissements publics et privés d'hospitalisation et des services qui en dépendent.

Constituées de différentes catégories d'établissements qui sont le fruit de l'histoire, les structures hospitalières sont depuis la loi du 31 décembre 1970 bien maîtrisées dans leur implantation et dans leur activité par les pouvoirs publics qui disposent, pour ce faire, de la planification hospitalière et du régime des autorisations renouvelables.

Nous étudierons successivement les différentes catégories d'établissements d'hospitalisation et la maîtrise des structures hospitalières.

Section 1
Les différentes catégories d'établissements

Depuis l'avènement des institutions nouvelles introduites par la Révolution de 1789, après l'apparition des institutions hospitalières publiques, ont été créés, à partir de la seconde moitié du XIXe siècle, des établissements d'hospitalisation privés, fruits de l'initiative mercantile ou philanthropique. Au 1er janvier 2004, il y avait, toutes catégories confondues (court, moyen et long séjours), 433 409 lits et places publics et 124 594 lits et places privés, soit un total de 558 063 lits et places. Les dépenses d'hospitalisation représentent la moitié des dépenses de la consommation médicale totale.

48 **Les établissements de santé.** La notion d'établissements de santé s'est substituée à celle plus restrictive d'hôpitaux et hospices. La loi du 31 juillet 1991 distingue deux catégories d'établissements de santé: les établissements publics et les établissements privés. La notion de santé a été préférée à celle de soins pour marquer l'élargissement des missions de ces établissements.

Les établissements de santé:

– assurent les examens de diagnostic, la surveillance et le traitement des malades, des blessés et des femmes enceintes en tenant compte des aspects psychologiques du patient; cette dernière indication est une nouveauté qui met en valeur le rôle des psychologues;

– participent à des actions de santé publique et notamment à toutes actions médico-sociales coordonnées et à des actions d'éducation pour la santé et de prévention;

– ont pour objet de dispenser:
- avec ou sans hébergement: des soins de courte durée ou concernant des affections graves pendant leur phase aiguë en médecine, chirurgie, obstétrique, odontologie ou psychiatrie et des soins de suite ou de réadaptation dans le cadre d'un traitement ou d'une surveillance médicale à des malades requérant des soins continus, dans un but de réinsertion; cette nouvelle définition des hospitalisations de moyen séjour élimine les ambiguïtés antérieures,
- des soins de longue durée, comportant un hébergement, à des personnes n'ayant pas leur autonomie de vie dont l'état nécessite une surveillance médicale constante et des traitements d'entretien.

49 **Une mission d'intérêt général.** L'association des établissements privés aux établissements publics est symbolique du fait que l'on ne considère plus que les uns font commerce des soins alors que les autres assurent une mission d'intérêt général. Désormais, les deux catégories d'établissements participent aux mêmes missions d'intérêt général.

50 **Les établissements publics de santé.** Jusqu'à la loi du 31 juillet 1991, les hôpitaux étaient qualifiés d'établissements publics administratifs. La nouvelle loi crée une nouvelle catégorie d'établissements publics: les établissements publics de santé. Cette disposition ne change rien par rapport aux contraintes de la comptabilité publique, des nécessités de se référer au statut des fonctionnaires (non-médecins) et agents publics (médecins), de l'obligation d'obéir aux dispositions du Code des marchés publics. On est donc loin des suggestions de certains voulant soit la création d'établissements publics industriels et commerciaux (EPIC), soit la création d'établissements de santé dotés d'un statut de droit privé. Le législateur très sagement n'a pas voulu brûler les étapes ou prendre des dispositions opposées à celles qui existaient.

La loi ne distingue plus que deux catégories d'établissements publics de santé: les centres hospitaliers et les hôpitaux locaux. Parmi ceux-là certains pourront gérer des activités spécifiques: service d'aide médicale urgente, structure de soins pour toxicomanes, centre antipoison.

Sous-section 1
Les établissements publics de santé

51 **Statut juridique.** Les établissements publics de santé sont des personnes morales de droit public, ce qui veut dire qu'ils sont autonomes et relèvent des juridictions administratives. Leur objet principal n'est ni industriel ni commercial, ce qui sous-entend qu'*a contrario* ils pourront subsidiairement faire des actes de commerce ou d'industrie. La loi leur reconnaît la possibilité de créer ou d'adhérer à un groupement d'intérêt public, à un groupement d'intérêt économique et de signer des conventions concernant des actions de coopération internationale. Ils sont communaux, intercommunaux, départementaux, interdépartementaux ou nationaux. Là, la loi n'innove absolument pas et reprend la tradition de l'hôpital communal instaurée en 1796 par la loi du 7 octobre (16 vendémiaire de l'an V).

Leur création s'effectue, après avis du comité régional de l'organisation sanitaire et sociale, par décision du directeur de l'ARH.

Ils sont administrés par un conseil d'administration et dirigés par un directeur nommé par le ministre chargé de la Santé, après avis du président du conseil d'administration.

Contrairement à la précédente loi du 31 décembre 1970 qui prévoyait plusieurs catégories de centres hospitaliers, la nouvelle loi est beaucoup plus succincte et énonce qu'il n'y a désormais que des centres hospitaliers et des hôpitaux locaux.

52 **Les centres hospitaliers.** La loi du 31 juillet 1991 distingue seulement deux catégories de centres hospitaliers : les centres hospitaliers et ceux qui ont une vocation régionale. Il y a donc, de par la loi, des centres hospitaliers dont certains ont une vocation régionale et sont dénommés centres hospitaliers régionaux. Ces derniers, lorsqu'ils passent une convention avec une université comportant une ou plusieurs unités de formation et de recherche médicales, pharmaceutiques ou odontologiques, sont dénommés centres hospitaliers universitaires. La loi n'a pas repris la conjonction de coordination « et » qui liait hospitalier à universitaire; ainsi les centres hospitaliers régionaux ne sont plus des centres hospitaliers régionaux et universitaires mais des centres hospitaliers universitaires, ce qui exprime la volonté que l'enseignement ne soit pas seulement associé à l'hospitalisation mais ne fasse qu'un.

53 **Les hôpitaux locaux.** Ces hôpitaux, créés par la loi du 31 décembre 1970 en ayant pris la suite des hôpitaux ruraux apparus sous l'empire de l'ordonnance du 11 décembre 1958, sont confirmés par la loi du 31 juillet 1991. Ils ne peuvent assurer des soins aigus qu'en médecine et à condition qu'ils passent convention avec un ou plusieurs centres hospitaliers publics ou établissements de santé privés assurant le service public hospitalier.

Sous-section 2
Les établissements de santé privés

54 **Diversité.** Il y a plus de 2000 établissements d'hospitalisation privés dont près de 800 sont à but non lucratif et plus de 1200 à but lucratif.

Soumis, depuis une ordonnance de septembre 1967, au régime de l'autorisation préalable de création, les établissements privés ne peuvent plus être créés librement. Leur diversité est un de leurs atouts car elle leur permet de très bien s'adapter aux besoins; cependant, leur petite capacité les empêche parfois de rentabiliser de très gros équipements. Cela se modifie quelque peu. Outre leur création ou extension, leur fonctionnement est contrôlé.

L'ensemble des établissements de santé privés est soumis aux mêmes obligations de planification hospitalière. Pour la première fois, une loi impose au secteur privé qui n'adhère pas au service public hospitalier les règles de l'autorisation renouvelable après une évaluation de l'activité.

La reconnaissance des établissements de santé privés s'accompagne d'une volonté d'encadrer le fonctionnement de ces établissements en contrôlant à la fois leurs activités et leurs budgets.

Section 2
La maîtrise des structures hospitalières

L'objectif de la loi du 31 décembre 1970 et celui de la loi hospitalière du 31 juillet 1991 sont de maîtriser l'évolution de l'équipement sanitaire du pays, dans un but de meilleure répartition géographique et de plus grande efficacité médicale. Pour ce faire, la loi a instauré:

– la carte sanitaire, qui a pour but de maîtriser la répartition géographique des établissements. Ce qui justifie qu'elle s'impose à tous les établissements publics et privés, qu'ils participent ou non au service public hospitalier. Le secteur sanitaire a été remplacé par le territoire de santé créé par l'ordonnance hospitalière du 4 septembre 2003 ;

– les schémas d'organisation sanitaire (SOS) territoriaux, régionaux, et interrégionaux qui ont pour objectif de répartir quantitativement les équipements;

– les comités de l'organisation sanitaire, qui donnent des avis;

– le régime des autorisations préalables renouvelables.

Sous-section 1
La maîtrise géographique : la planification hospitalière

55 **Historique.** La carte sanitaire fut créée par la loi du 31 décembre 1970. Fortement contestée, eu égard à son contenu exclusivement quantitatif, il fut question de la supprimer. La loi hospitalière du 31 juillet 1991 confirma la carte sanitaire et lui adjoignit un document plus qualitatif: le schéma d'organisation sanitaire (SOS). La carte sanitaire a été supprimée par l'ordonnance du 4 septembre 2003. Le SOS a pour objet de prévoir et de susciter les évolutions nécessaires de l'offre de soins, en vue de satisfaire de manière optimale la demande de santé. Cette analyse tient compte des rapports d'activité et des projets d'établissements approuvés. Il peut être révisé à tout moment et obligatoirement au moins tous les cinq ans. Il s'impose à l'ensemble des établissements de soins, publics ou privés, assurant ou non le service public hospitalier.

56 **Le territoire de santé.** La nature et l'importance des installations et activités de soins sont déterminées pour chaque territoire de santé. Celui-ci est constitué, selon les cas, par un ou plusieurs anciens secteurs sanitaires ou secteurs psychiatriques, par une région, par un groupe de régions ou par l'ensemble du territoire, défini par décision du directeur de l'ARH après délibération de la commission exécutive.

L'étendue de la planification sanitaire

La planification sanitaire exige un recensement exhaustif des moyens sanitaires. Il est ainsi créé des objectifs quantifiés de l'offre de soins (OQOS) qui reposent sur des normes d'équipements par activités.

57 **Les OQOS des différentes activités hospitalières.** La notion d'objectifs quantifiés de l'offre de soins (OQOS) est apparue avec l'ordonnance hospitalière du 4 septembre 2003 et ses textes d'application (déc. n° 2005-76 du 31 janv. 2005 et arr. du 8 juin 2005).

Le schéma régional d'organisation sanitaire comporte une annexe juridiquement opposable qui précise :

– les OQOS par territoire de santé, par activités de soins y compris sous la forme d'alternative à l'hospitalisation, et par équipements médico-techniques dits « lourds » eu égard à leur prix d'acquisition et leur coût de fonctionnement ;

– les créations, suppressions d'activités de soins et d'équipements « lourds », transformations, regroupements et coopération d'établissements nécessaires à la réalisation de ces objectifs.

58 **Les normes d'équipement et de fonctionnement.** La loi n° 91-738 du 31 juillet 1991 modifiée par les ordonnances hospitalières n° 96-346 du 24 avril 1996 et n° 2003-850 du 4 septembre 2003 distingue les activités de soins et les équipements matériels lourds.

Les activités de soins et les équipements matériels lourds soumis à autorisation doivent respecter des normes minimales de fonctionnement pour être autorisés.

Ces activités et ces équipements sont les suivants :

59 **Activités de soin.**

Activités de soins
Médecine Chirurgie Gynécologie-obstétrique, néonatologie, réanimation néonatale Psychiatrie Soins de suite Rééducation et réadaptation fonctionnelles Soins de longue durée Transplantation d'organes et greffes de moelle osseuse Traitement des grands brûlés Chirurgie cardiaque Activités interventionnelles par voies endovasculaire en neuroradiologie Accueil et traitement des urgences Réanimation Traitement de l'insuffisance rénale chronique par épuration extrarénale Activités cliniques d'assistance médicale à la procréation, activités biologiques d'assistance médicale à la procréation, activités de recueil, traitement, conservation de gamètes et cession de gamètes issus de dons, activités de diagnostic prénatal, traitement du cancer

60 Équipements matériels lourds

Équipements matériels lourds
Caméra à scintillation munie ou non de détecteur d'émission de positons en coïncidence, tomographe à émissions, caméra à positons
Appareil d'imagerie ou de spectrométrie par résonance magnétique nucléaire à utilisation clinique
Scanographe à utilisation médicale
Caisson hyperbare
Cyclotron à utilisation médicale

Des normes techniques de fonctionnement et d'organisation sont prévues pour chacune de ces activités ; c'est notamment le cas pour :

- les urgences (décr. du 9 mai 1995 et du 30 mai 1997 remplacés par les décr. du 22 mai 2006) ;
- la néonatologie et l'obstétrique (décr. du 9 oct. 1998) ;
- la réanimation (décr. du 5 avr. 2002) ;
- l'hémodialyse (décr. du 23 sept. 2002) ;
- la réanimation pédiatrique et spécialisée (décr. n° 2006-74 du 24 janv. 2006) ;
- la chirurgie cardiaque (décr. du 24 janv. 2006) ;
- le traitement du cancer (décr. n° 2007-389 du 21 mars 2007) ;
- la neurochirurgie (décr. n° 2007-365 du 19 mars 2007) ;
- la neuroradiologie (décr. n° 2007-367 du 19 mars 2007) ;
- les soins de suite et de réadaptation.

61 **Prospective.** Le territoire de santé propose les équipements à construire, étendre ou rénover pour les années futures. Des projets d'offre de soins par territoire de santé sont élaborés et soumis au vote consultatif des conférences sanitaires de territoires, avant d'être examinés pour avis par le CROS avant de faire l'objet d'un arrêté du directeur de l'ARH.

La procédure d'élaboration

62 **Élaboration.** Chaque territoire de santé est arrêté par le ministre chargé de la Santé, après avis du Comité national de l'organisation

sanitaire et sociale (CNOSS), lorsqu'il est de nature nationale ou interrégionale. Dans ce dernier cas, le CNOSS recueille l'avis des comités régionaux de l'organisation sanitaire (CROS) intéressés.

Le territoire de santé est arrêté par le DARH lorsque, après avis du CROS, la zone sanitaire retenue pour son élaboration est un territoire, un groupe de territoires ou une région.

La nouveauté par rapport à la loi du 31 décembre 1970 réside dans:

– la délégation, au représentant de l'État dans la région, du soin d'arrêter le territoire de santé ;

– la définition d'un territoire de santé infrarégional par secteur ou groupes de secteurs.

63 **Information.** Tous les trois ans, le ministre chargé de la Santé remet au Parlement un rapport sur l'état de l'organisation et des équipements sanitaires.

64 **Recours.** Le projet d'offre de soins du territoire de santé peut faire l'objet:

– lorsqu'il est arrêté par le DARH, d'un recours hiérarchique auprès du ministre chargé de la Santé. Ce dernier se prononcera après avis du CNOSS;

– lorsqu'il est arrêté par le ministre chargé de la Santé, d'un recours pour excès de pouvoir devant le Conseil d'État.

Les effets de la planification sanitaire

65 **La planification sanitaire.** Elle s'impose aux deux secteurs d'hospitalisation (public et privé).

Les programmes publics et privés deviennent caducs s'ils n'ont pas reçu un commencement d'exécution dans un délai de trois ans après leur approbation. Tous les ans, le Parlement doit être tenu informé des modifications apportées à la carte sanitaire.

66 **Le regroupement des lits.** La loi n° 87-575 du 24 juillet 1987 l'autorise entre deux ou plusieurs établissements privés d'hospitalisation, même dans des territoires de santé excédentaires, à condition

toutefois que ce regroupement entraîne une suppression des lits dont le pourcentage est fixé par voie réglementaire (décr. n° 88-503 du 29 avr. 1988).

67 **La notion de conversion de lits.** Elle est introduite d'une discipline dans une autre en faveur des établissements privés d'hospitalisation, soit par une procédure identique à celle de l'autorisation préalable examinée ci-dessous, soit par une procédure allégée dans certaines disciplines déterminées par décret et dans des secteurs sanitaires reconnus déficitaires. Dans ce cas, l'autorisation est accordée par le DARH qui doit la notifier dans un délai de six mois à compter de la formulation de la demande. Cette disposition découle de l'application de la loi n° 94-43 du 18 janvier 1994 qui assimile à un rejet d'autorisation le silence gardé du DARH au bout d'un délai de six mois.

Les schémas de l'organisation sanitaire (SOS)

68 **Le schéma régional de l'organisation sanitaire (SROS).** Institué par la loi hospitalière du 31 juillet 1991, le SROS avait pris le pas sur la carte sanitaire avec l'ordonnance du 24 avril 1996 ; il remplace la carte sanitaire qui est supprimée par l'ordonnance du 4 septembre 2003.

Le SROS peut être interrégional par la volonté de plusieurs ARH ou par imposition du ministre chargé de la Santé. Le décret n° 2006-73 du 24 janvier 2006 (CSP, art. D. 6121-11) précise les activités de soins qui doivent faire l'objet d'un SROS. Il s'agit de :

– la chirurgie cardiaque ;

– la neurochirurgie ;

– les activités interventionnelles par voie endovasculaire en neuroradiologie ;

– les grands brûlés ;

– les greffes d'organes et les greffes de cellules hématopoïétiques.

69 **Les objectifs du SROS.** Le nouvel article L. 6121-1 du CSP, issu de l'ordonnance du 4 septembre 2003, dispose que:

« Le schéma d'organisation sanitaire a pour objet de prévoir et susciter les évolutions nécessaires de l'offre de soins préventifs, curatifs et palliatifs afin de répondre aux besoins de santé physique et mentale. Il inclut également l'offre de soins pour la prise en charge des femmes enceintes et des nouveau-nés.

« Le schéma d'organisation sanitaire vise à susciter les adaptations et les complémentarités de l'offre de soins, ainsi que les coopérations, notamment entre les établissements de santé. Il fixe des objectifs en vue d'améliorer la qualité, l'accessibilité et l'efficience de l'organisation sanitaire.

« Il tient compte de l'articulation des moyens des établissements de santé avec la médecine de ville et le secteur médico-social et social, ainsi que de l'offre de soins des régions limitrophes et des territoires frontaliers.

« Un arrêté du ministre chargé de la Santé fixe la liste des thèmes, des activités de soins et des équipements lourds devant figurer obligatoirement dans un schéma d'organisation sanitaire.

Le schéma d'organisation sanitaire est arrêté sur la base d'une évaluation des besoins de santé de la population et de leur évolution compte tenu des données démographiques et épidémiologiques et des progrès des techniques médicales et après une analyse, quantitative et qualitative, de l'offre de soins existante.

« Le schéma d'organisation sanitaire peut être révisé en tout ou partie, à tout moment. Il est réexaminé au moins tous les cinq ans. »

70 **L'annexe au SROS.** L'article L. 6121-2 du CSP dispose que « le schéma d'organisation sanitaire comporte une annexe établie après évaluation de l'adéquation de l'offre de soins existante aux besoins de santé et compte tenu de cette évaluation et des objectifs retenus par le schéma d'organisation sanitaire ».

Cette annexe précise :

1° les objectifs quantifiés de l'offre de soins par territoires de santé, par activités de soins, y compris sous la forme d'alternatives à l'hospitalisation et d'équipements matériels lourds définis à l'article L. 6122-14 du CSP;

2° les créations, suppressions d'activités de soins et d'équipements matériels lourds, transformations, regroupements et coopérations d'établissements nécessaires à la réalisation de ces objectifs.

Selon les activités et équipements, les territoires de santé constituent un espace infrarégional, régional, interrégional ou national. Les limites des territoires de santé sont définies par le directeur de l'agence régionale de l'hospitalisation pour les activités et équipements relevant du schéma régional d'organisation sanitaire et par le ministre chargé de la Santé pour ceux qui relèvent d'un schéma interrégional ou national.

Les autorisations existantes incompatibles avec la mise en œuvre de cette annexe sont révisées au plus tard deux ans après la publication du schéma d'organisation sanitaire.

Les modalités de quantification des objectifs d'offre de soins sont fixées par les décrets n° 2005-76 du 31 janvier 2005 et n° 2005-434 du 6 mai 2005 et par un arrêté du 8 juin 2005.

71 **Le rôle du directeur d'ARH**. Le SROS est arrêté par le DARH après avis du comité régional de l'organisation sanitaire. Plusieurs directeurs d'ARH peuvent arrêter, pour une activité ou un équipement relevant de leur compétence, un schéma interrégional d'organisation sanitaire, après avis des comités régionaux de l'organisation sanitaire compétents.

72 **Schéma national d'organisation sanitaire.** Un décret fixe la liste des activités de soins ou des équipements pour lesquels le ministre chargé de la Santé peut seul arrêter, après avis du Comité national de l'organisation sanitaire et sociale, un schéma national d'organisation sanitaire.

Le ministre chargé de la Santé fixe la liste des activités ou équipements pour lesquels plusieurs directeurs d'agence régionale de l'hospitalisation arrêtent un schéma interrégional d'organisation sanitaire, après avis des comités régionaux de l'organisation sanitaire compétents. Les groupes de régions sont déterminés par arrêté du ministre chargé de la Santé.

Les comités de l'organisation sanitaire (COS)

La loi du 31 juillet 1991 substitue aux commissions de l'équipement sanitaire et social un comité national et des comités régionaux de l'organisation sanitaire, dont elle précise la composition et les attributions.

73 **Composition du Comité national de l'organisation sanitaire et sociale (CNOSS).** Ce comité est composé (CSP, art. L. 6121-7):

– de parlementaires (députés et sénateurs);

– de représentants des conseils régionaux, des conseils généraux et des maires;

– des représentants des organismes d'assurance maladie;

– des représentants des établissements publics de santé et des établissements de santé privés;

– des représentants des syndicats médicaux;

– des représentants des médecins salariés et des personnels salariés des établissements;

– des représentants des usagers;

– des personnalités qualifiées.

Ils comportent deux sections: une section sanitaire et une section sociale. Le CNOSS est présidé par un conseiller d'État ou par un conseiller maître à la Cour des comptes.

74 **Section sanitaire du CNOSS.** Elle est consultée par le ministre chargé de la Santé sur:

– les projets de décrets relatifs aux conditions d'implantation des activités de soins et des équipements matériels lourds et à leurs conditions techniques de fonctionnement;

– les recours hiérarchiques formés auprès du ministre;

– les projets de décrets portant création des établissements publics nationaux;

– toutes questions relatives à l'organisation des soins.

75 **Composition des comités régionaux de l'organisation sanitaire (CROS).** Constitué par la loi hospitalière du 31 juillet 1991, le CROS a été supprimé par la loi du 4 mars 2002 sur les droits des malades et réintroduit par l'ordonnance du 4 septembre 2003 !

Cette valse hésitation traduit un malaise certain de la part du législateur sur le rôle de toutes ces commissions « Théodule », c'est-à-dire qui ne servent qu'à justifier la politique définie par les hauts fonctionnaires du champ sanitaire.

Le comité régional de l'organisation sanitaire comprend :

1° des représentants des collectivités territoriales ;

2° des représentants des professionnels, médicaux et non médicaux, du secteur sanitaire hospitalier et libéral ;

3° des représentants des institutions et établissements de santé, publics et privés ;

4° des représentants des personnels de ces institutions et établissements ;

5° des représentants des organismes d'assurance-maladie ;

6° des représentants des usagers ;

7° des personnalités qualifiées ;

8° des représentants du comité régional de l'organisation sociale et médico-sociale.

Il peut comporter des sections.

Le directeur de l'agence régionale de l'hospitalisation assiste sans voix délibérative à ses travaux.

Sa composition et ses modalités de fonctionnement sont fixées par voie réglementaire.

76 **Rôle des CROS.** Ils ont un rôle consultatif. Dans chaque région et dans la collectivité territoriale de Corse, un comité régional de l'organisation sanitaire a pour mission de contribuer à la définition et à la mise en œuvre de la politique régionale de l'offre de soins.

L'agence régionale de l'hospitalisation consulte le comité régional de l'organisation sanitaire sur:

1° les projets de schéma régional ou interrégional d'organisation sanitaire;

2° les projets de délibération mentionnés au 1° de l'article L. 6115-4, ainsi que sur les projets d'autorisation des structures médicales mentionnées à l'article L. 6146-10.

Le comité rend un avis sur la définition des zones rurales ou urbaines où est constaté un déficit en matière d'offre de soins, prévues au II de l'article 25 de la loi n° 98-1194, du 23 décembre 1998, de financement de la Sécurité sociale pour 1999 et au 3° du II de l'article 4 de l'ordonnance n° 96-345, du 24 avril 1996, relative à la maîtrise médicalisée des dépenses de soins.

Il peut émettre des avis sur toute question relative à l'organisation sanitaire dans la région.

Il est informé des renouvellements d'autorisation d'activités et d'équipements lourds résultant de décisions tacites.

Il reçoit une information au moins une fois par an sur les contrats d'objectifs et de moyens signés entre les titulaires d'autorisation d'activités de soins et d'équipements lourds et l'agence régionale de l'hospitalisation pour la mise en œuvre du schéma régional d'organisation sanitaire.

L'avis du comité régional concernant l'organisation des soins peut être recueilli par les tribunaux de commerce lors de procédures relatives à la cession d'autorisations d'établissements de santé privés.

Le comité régional de l'organisation sanitaire et le comité régional de l'organisation sociale et médico-sociale peuvent délibérer en formation conjointe lorsqu'un dossier le rend nécessaire et selon des modalités fixées par voie réglementaire.

Sous-section 2
La maîtrise de l'activité : autorisations, évaluation, contractualisation

La notion d'autorisation

77 **Une obligation déjà ancienne.** Le régime des autorisations n'est pas une nouveauté apportée par la loi du 31 juillet 1991. L'autorisation de création des établissements publics avait été imposée par l'ordonnance du 11 décembre 1958 qui avait également imposé une déclaration préalable pour la création ou l'extension des cliniques privées. Ces dernières avaient été soumises au régime de l'autorisation par une ordonnance du 23 septembre 1967 relative à la coordination des établissements de soins publics et privés comportant hospitalisation. La loi du 31 décembre 1970 avait été plus loin dans la maîtrise de l'équipement hospitalier puisqu'elle avait exprimé l'obligation d'autorisation pour l'ensemble des établissements publics et privés et l'avait assorti d'une référence obligée à une carte sanitaire dont les indices de lits de court, moyen et long séjour ainsi que de psychiatrie étaient des barrières à ne pas dépasser.

78 **Le renouvellement périodique.** Qu'apporte de nouveau la loi du 31 juillet 1991 ? Elle maintient toutes les règles antérieures d'autorisation et ajoute une obligation nouvelle fort contraignante de renouvellement périodique de ladite autorisation. Une loi modificative du 18 janvier 1994 réforme le régime des autorisations en supprimant l'autorisation tacite dans le silence gardé de l'autorité administrative compétente – ministre ou préfet de région – au bout d'un délai de six mois après le dépôt de la demande d'autorisation, pour lui substituer le refus tacite au bout dudit délai de six mois.

La loi du 31 juillet 1991 tient compte des critiques apportées aux dispositions contenues dans la précédente loi du 31 décembre 1970. La nouvelle loi soumet à autorisation tout ce qui touche à l'hospitalisation y compris lorsque celle-ci est partielle, de jour, de nuit ou à domicile. Le champ de l'autorisation est donc élargi alors que ses modalités sont plus précises.

Le champ de l'autorisation

79 **Les opérations soumises à autorisation.** Sont soumis à l'autorisation de l'agence régionale de l'hospitalisation les projets relatifs à la création de tout établissement de santé, la création, la conversion et le regroupement des activités de soins, y compris sous la forme d'alternatives à l'hospitalisation, et l'installation des équipements matériels lourds.

La liste des activités de soins et des équipements matériels lourds soumis à autorisation est fixée réglementairement (cf. n° **58** *supra*).

L'autorisation est accordée lorsque le projet:

1° répond aux besoins de santé de la population identifiée par le schéma d'organisation sanitaire;

2° est compatible avec les objectifs fixés par ce schéma ainsi qu'avec son annexe devenue opposable par la loi CMU du 27 juillet 1999;

3° satisfait à des conditions d'implantation et à des conditions techniques de fonctionnement.

Des autorisations dérogeant aux 1° et 2° peuvent être accordées à titre exceptionnel et dans l'intérêt de la santé publique après avis du comité régional de l'organisation sanitaire.

Les modalités de l'autorisation

80 **L'autorité compétente.** L'autorisation d'activités ou d'équipements relevant d'un schéma régional est donnée ou renouvelée par l'agence régionale de l'hospitalisation après avis du comité régional de l'organisation sanitaire.

L'autorisation d'activités ou d'équipements relevant d'un schéma national ou interrégional est donnée ou renouvelée par l'agence régionale de l'hospitalisation de la région dans laquelle le demandeur a son siège social ou son domicile, après avis du comité régional de l'organisation sanitaire et sur avis conforme de la commission exécutive de chacune des autres agences concernées par le projet rendu après consultation du comité régional de l'organisation sanitaire intéressé. Le délai d'instruction prévu au présent article est interrompu entre le jour où l'agence compétente saisit pour avis le comité régional de l'organisation sanitaire et la commission exécutive de l'agence des autres régions intéressées et le jour où elle reçoit le dernier de ces avis. Toutefois, les avis non reçus au bout de quatre mois sont réputés favorables au projet.

81 **La procédure d'autorisation.** Les demandes d'autorisation ou de renouvellement d'autorisation portant sur des activités de soins ou équipements de même nature sont reçues au cours de périodes déterminées par voie réglementaire. Elles sont examinées sans qu'il soit tenu compte de l'ordre de leur dépôt.

Dans le mois qui précède le début de chaque période, le directeur de l'agence régionale de l'hospitalisation publie un bilan quantifié de l'offre de soins faisant apparaître les territoires de santé dans lesquels cette offre est insuffisante au regard du schéma d'organisation sanitaire. Les demandes tendant à obtenir une autorisation de création d'une activité de soins ou d'un équipement matériel lourd ne sont recevables, pour la période considérée, que pour des projets intéressant ces territoires de santé. Toutefois, dans l'intérêt de la santé publique, des demandes peuvent être reçues lorsqu'elles visent à satisfaire des besoins exceptionnels.

82 **La décision du directeur de l'ARH.** Elle doit être motivée. En outre, cette décision doit être notifiée au demandeur dans un délai maximal de six mois suivant la date d'expiration de la période de réception des demandes. Toutefois, l'absence de notification d'une réponse dans ce délai vaut rejet de la demande d'autorisation. Dans cette hypothèse, et si le demandeur le sollicite dans un délai de deux mois, les motifs justifiant ce rejet lui sont notifiés dans le délai d'un mois. Le délai du recours contentieux contre la décision de rejet court alors à compter de cette notification.

83 **Le renouvellement de l'autorisation.** Il est subordonné au respect des conditions prévues par l'octroi d'autorisation et aux résultats de l'évaluation appréciés selon des modalités arrêtées par le ministre chargé de la Santé.

Le titulaire de l'autorisation adresse les résultats de l'évaluation à l'agence régionale de l'hospitalisation au plus tard quatorze mois avant l'échéance de l'autorisation.

Au vu de ce document et de la compatibilité de l'autorisation avec le schéma d'organisation sanitaire, l'agence régionale de l'hospitalisation peut enjoindre au titulaire de déposer un dossier de renouvellement.

À défaut d'injonction un an avant l'échéance de l'autorisation et par dérogation aux dispositions ci-dessus, celle-ci est tacitement renouvelée. L'avis du comité régional de l'organisation sanitaire n'est alors pas requis.

84 **La cession de l'autorisation.** L'autorisation ne peut être cédée avant le début des travaux, l'installation de l'équipement matériel lourd et la mise en œuvre de l'activité de soins ou de la structure de soins alternative à l'hospitalisation.

Toute cession est soumise à la confirmation de l'autorisation au bénéfice du cessionnaire par l'agence régionale de l'hospitalisation de la région dans laquelle se trouve l'autorisation cédée.

Quelle que soit la forme de gestion ou d'exploitation adoptée par la personne titulaire de l'autorisation, celle-ci en demeure la seule responsable, notamment au regard des obligations relatives à l'organisation et à la sécurité des soins.

85 **Les cas de regroupement, conversion ou cession d'établissements.** Le regroupement consiste à réunir en un même lieu tout ou partie des activités de soins précédemment autorisées sur des sites distincts à l'intérieur de la même région ou réparties entre plusieurs régions.

La conversion consiste à transformer pour tout ou partie la nature des activités de soins.

Par dérogation, l'autorisation de regroupement ou de conversion peut être accordée à des titulaires d'autorisation situés dans un territoire de santé dont les moyens excèdent ceux qui sont prévus par le schéma d'organisation sanitaire. Dans ce cas, cette autorisation est subordonnée à une adaptation de l'activité négociée dans le cadre d'un avenant au contrat d'objectifs et de moyens délibéré par la commission exécutive de l'agence régionale de l'hospitalisation.

Ces dispositions ne sont pas applicables aux cessions d'établissements ne donnant pas lieu à une augmentation de capacité ou à un regroupement d'établissements.

86 **Les conditions de l'autorisation.** L'autorisation peut être subordonnée à l'engagement de mettre en œuvre des mesures de coopération de nature à favoriser une utilisation commune des moyens et la permanence des soins. L'autorisation peut être suspendue ou retirée si la condition ainsi mise à son octroi n'est pas réalisée.

L'autorisation est donnée pour une durée déterminée, fixée par voie réglementaire. Cette durée ne peut être inférieure à cinq ans, sauf pour les activités de soins nécessitant des dispositions particulières dans l'intérêt de la santé publique.

L'autorisation fixe les objectifs quantifiés des activités de soins ou des équipements lourds autorisés lorsqu'ils n'ont pas été fixés dans le contrat pluriannuel d'objectifs et de moyens.

Dans le cadre d'une opération de coopération, conversion, cession, changement de lieu d'implantation, fermeture, regroupement prévue par le schéma d'organisation sanitaire et pour assurer la continuité des soins, l'agence régionale de l'hospitalisation peut modifier la durée de validité d'une autorisation restant à courir ou fixer pour la nouvelle autorisation une durée de validité inférieure à celle prévue par voie réglementaire, après avis du comité régional de l'organisation sanitaire.

La mise en œuvre de l'évaluation

87 **Une notion nouvelle.** Elle était apparue dans un texte législatif pour la première fois dans la loi du 3 janvier 1984, qui avait élargi les compétences de la CME à l'évaluation technique et économique des soins dispensés dans l'établissement hospitalier public concerné.

C'est sur un amendement du Sénat que cette loi impose l'« évaluation des pratiques professionnelles, des modalités d'organisation des soins et de toute action concourant à une prise en charge globale du malade afin notamment d'en garantir la qualité et l'efficience ».

La loi du 31 juillet 1991 définit l'objet de l'évaluation, en précise les moyens, évoque les limites et énonce les références. Depuis la loi n° 2004-810 du 13 août 2004 réformant la Sécurité sociale, l'évaluation concerne les pratiques professionnelles alors qu'un nouveau concept apparaît : la certification, qui qualifie les établissements et autres institutions sanitaires (réseaux de soins, groupements de coopération sanitaire).

88 **Les références.** Il appartient à la Haute Autorité de santé d'élaborer les bonnes pratiques professionnelles. La HAS publie un fascicule précisant la méthodologie de ces bonnes pratiques.

89 **L'objet.** L'évaluation vise à améliorer la qualité des soins en insistant sur la prise en charge globale du malade, c'est-à-dire tant sur le plan médical et infirmier que sur le plan somatique et psychologique. La loi évoque la notion d'efficience, ce qui est déjà bien différent de la notion d'efficacité. Il y a entre ces deux concepts une différence qualitative. Dans l'efficacité, on atteint le but poursuivi à n'importe quel prix, alors qu'avec l'efficience on atteint le même but mais avec une économie de moyens. Cet article est d'une portée considérable et engage les établissements de soins dans une voie résolument nouvelle où le calcul économique dans son acception première – économiser les moyens tout en atteignant les mêmes buts – fait une entrée remarquée mais indispensable dans l'activité hospitalière.

La loi précise que les autorisations de création, extension, conversion des équipements sanitaires publics et privés sont soumises à des « évaluations périodiques des activités de soins, structures de soins alternatives à l'hospitalisation, installations et équipements concernés ainsi qu'au respect d'engagements relatifs aux dépenses à la charge des organismes d'assurance maladie ou au volume d'activité ». En principe la durée de validité de l'autorisation ne peut être inférieure à cinq ans, ce qui signifie que les évaluations auront lieu entre des délais allant de cinq ans au minimum à dix ou quinze ans selon les types d'activités; le renouvellement de l'autorisation est subordonné au résultat de l'évaluation, ce qui confère à celle-ci un rôle considérable.

90 **Les moyens.** Évaluer l'activité et les coûts ne peut se faire que si sont mis en œuvre des systèmes d'information qui tiennent

compte des pathologies et des modes de prise en charge des soins.

Ici on retrouve les objectifs ministériels de mettre en place un système de PMSI apparu en 1981-1982 (Programme de médicalisation des systèmes d'information), qui apportera des coûts par pathologie. Très vite ce système a reçu l'hostilité des praticiens qui redoutent une normalisation de leurs activités, par hypothèse non normalisables eu égard au caractère unique de chaque malade.

91 **Les limites.** Afin d'éviter une suppression des garanties médicales qui, en fait, sont celles de chaque malade, la nouvelle loi apporte comme limite à l'évaluation le respect du secret médical et des droits des malades aux meilleurs soins, quel qu'en soit le coût. L'indépendance des praticiens est une condition « sine qua non » à la réussite de l'évaluation. Il ne peut y avoir, en effet, d'évaluation si les médecins, se sentant menacés dans leurs pratiques, la refusent. Il est bien évident que cette réserve peut apparaître très réductrice de la fiabilité de l'évaluation. Une méthodologie de l'évaluation demande une validation par un organisme qui sera la référence aux évaluateurs de terrain.

92 **La contractualisation.** L'ordonnance hospitalière n° 96-346 du 24 avril 1996 prévoit la signature d'un contrat pluriannuel d'objectifs et de moyens (CPOM) entre chaque établissement de santé et l'ARH de la région d'implantation de l'établissement. L'ordonnance hospitalière n° 2003-850 du 4 septembre 2003 a rendu obligatoire cette contractualisation qui a pour finalité de contenir dans des limites minimales et optimales les activités de chaque établissement de santé, alors que la T2A instaurée depuis 2004 a pour but de libérer les dites d'activités !... Le contrat prévoit des pénalités en cas de dépassements des seuils d'activité.

CHAPITRE 3

Le service public hospitalier

93 **La notion.** La notion de service public hospitalier est une création de la loi du 31 décembre 1970.

Selon la loi du 31 juillet 1991, le service public hospitalier:

– assure les examens de diagnostic, la surveillance et le traitement des malades, des blessés et des femmes enceintes en tenant compte des aspects psychologiques du patient;

– participe à des actions de santé publique et notamment à toutes actions médico-sociales coordonnées et à des actions d'éducation pour la santé et de prévention;

– met en place la permanence d'accès aux soins pour les personnes en situation de précarité (loi du 29 juill. 1998);

– concourt:
  - à l'enseignement universitaire et postuniversitaire,
  - à la formation continue des praticiens hospitaliers et non hospitaliers,
  - à la recherche médicale, odontologique et pharmaceutique,
  - à la formation initiale et continue des sages-femmes et du personnel paramédical et à la recherche dans leurs domaines de compétence,
  - aux actions de médecine préventive et d'éducation pour la santé et à leur coordination,
  - conjointement avec les praticiens et les autres professionnels de santé, personnes et services concernés, à l'aide médicale urgente,
  - à la lutte contre l'exclusion sociale (loi du 29 juill. 1998).

Pour atteindre ces ambitieux objectifs, le service public hospitalier est assuré par les établissements publics de santé y compris les hôpitaux militaires qui réservent un quantum de lits aux malades civils du secteur qui leur est défini et par les établissements de santé privés à but non lucratif et à but lucratif qui le demandent.

Afin de mettre en œuvre une politique cohérente de l'hospitalisation, eu égard aux énormes investissements qu'elles suscitent, les lois de 1970 et de 1991 s'efforcent de développer la solidarité interhospitalière aux travers des liens que ces établissements pourraient développer entre eux.

Si, pour les établissements publics, il ne se pose pas de problème de condition de réalisation du service public hospitalier, il n'en est pas de même pour les établissements privés dont l'insertion répond à des critères précis et sélectifs. Établissements publics et établissements privés sont également concernés par les liens interhospitaliers, qu'ils en assurent les missions ou non.

Section 1
L'insertion des établissements privés au service public hospitalier

La loi du 31 juillet 1991 distingue l'exécution du service public hospitalier et son fonctionnement.

Sous-section 1
L'insertion pour l'exécution du service public hospitalier

94 **L'exécution du service public hospitalier.** Elle consiste en la mise en œuvre des moyens pour atteindre la finalité, c'est-à-dire la réalisation des soins.

Le législateur a prévu un traitement juridique différent, selon que l'exécution est demandée par un établissement privé à but non lucratif ou privé à but lucratif. Pour les premiers, l'insertion au service public hospitalier est juridiquement conclue sous forme réglementaire (décret) alors que pour les seconds l'insertion est conclue par un acte contractuel (contrat de concession).

L'insertion réglementaire des établissements du secteur privé à but non lucratif

95 **Modalités d'insertion.** L'établissement privé doit établir une demande auprès du directeur de l'ARH, selon un modèle réglementaire et ce, avant le 15 mars de l'année précédant celle pour laquelle la demande d'adhésion est présentée.

Il est posé une exigence de qualité des moyens matériels et humains compte tenu du classement réel ou assimilé de l'établissement et en référence aux obligations contenues dans les accords de conventionnement signés avec les caisses de Sécurité sociale.

La participation au service public hospitalier est accordée, refusée ou retirée par décision du directeur de l'ARH après avis du CROS ou CNOSS et au vu de l'appréciation du préfet du département.

96 **Les conséquences.** La participation des établissements privés à but non lucratif au service public hospitalier entraîne des conséquences découlant des obligations de service public et apporte des avantages inhérents aux organismes ayant une mission d'intérêt général.

1° Les obligations sont celles imposées aux établissements hospitaliers publics :

– réception de tous les malades, y compris ceux relevant de l'aide sociale et ressortissant de l'application de l'article 115 du Code des pensions militaires d'invalidité et des victimes de guerre ;

– obligation d'ouverture 24 heures sur 24 ;

– soumission au régime de financement dit de la dotation globale institué par le décret du 11 août 1983 ;

– paiement des médecins à la fonction avec la possibilité d'une rémunération supérieure de 10 à 30 % par rapport à celle de leurs collègues du secteur public (les médecins en place au moment de la participation au service public hospitalier restent, s'ils le désirent, payés à l'acte) ;

– participation obligatoire aux conférences sanitaires de secteur.

2° Les avantages de l'insertion réglementaire sont de trois ordres:

– possibilité de recevoir des subventions d'équipement;

– possibilité de faire appel à des médecins du secteur public en détachement;

– adhésion à un syndicat interhospitalier.

Insertion contractuelle des établissements du secteur privé à but lucratif et à but non lucratif ne participant pas au service public hospitalier

97 **Les contrats de concession.** Il s'agit de contrats de concession totale ou partielle de service public hospitalier déterminés par le décret n° 93-765 du 29 mars 1993 qui a élargi aux établissements à but non lucratif ne participant pas au service public hospitalier la possibilité offerte jusqu'alors, depuis la loi du 31 décembre 1970, aux seuls établissements à but lucratif.

98 **Modalités de la concession.** La demande doit être formulée par un établissement conventionné par la Sécurité sociale et qui offre des normes d'équipement et de personnel convenables.

Il est demandé l'avis du comité régional de l'organisation sanitaire et sociale (CROS), sauf si l'établissement répond à des besoins pluri-régionaux ou nationaux qui doivent recevoir l'avis du comité national de l'organisation sanitaire et sociale (CNOSS).

Le contrat de concession est approuvé par le préfet de région ou par le ministre pour des activités, des installations et des équipements fixés par décret, puis signé par le directeur de l'ARH.

La durée du contrat de concession est de dix ans renouvelable.

Il est requis des établissements une capacité minimale de nature à garantir la qualité des soins et la permanence médicale.

99 **Effets de la concession.** La concession accordée entraîne les obligations de service public:

– ouverture 24 heures sur 24;

– réception de tous les malades y compris ceux qui relèvent de la CMU et de l'article 115 du Code des pensions militaires d'invalidité et des victimes de guerre;

– soumission, dans le délai de six mois à compter de l'entrée en vigueur de la concession, du règlement intérieur de l'établissement concessionnaire à l'approbation du préfet de département. Ce règlement fixe l'organisation des équipes médicales et des personnels d'autres catégories de manière à assurer la permanence de l'accueil des malades et des soins sans aucune interruption;

– soumission aux mêmes règles d'inspection que les établissements publics;

– obligation de prendre les mesures d'adaptation nécessaires aux évolutions technologiques et à la transformation qualitative des besoins.

Un certain nombre d'avantages découlent du contrat de concession:

– monopole des soins dans le secteur géographique déterminé par le contrat de concession;

– possibilité de bénéficier à titre exceptionnel et temporaire de médecins du secteur public avec reversement des honoraires aux hôpitaux d'origine de ces praticiens;

– maintien du système du prix de journée;

– participation aux conférences sanitaires de secteur et aux syndicats interhospitaliers.

100 **Fin du contrat de concession.** Il peut être mis fin au contrat de concession par:

– dénonciation par le concessionnaire;

– rupture du conventionnement par la Sécurité sociale;

– résiliation par l'État après dix ans ou à n'importe quel moment pour des motifs d'intérêt général (1);

– résiliation par le préfet de département en cas de non-observation des dispositions du contrat;

– déchéance par le ministre de la Santé après avis des comités régionaux ou du Comité national de l'organisation sanitaire et sociale.

1. CE, 2 février 1987, « Société TV 6 », « Revue française de droit administratif », 1987-29; TC, 2 mars 1987, « Société d'aménagement et de développement de Briançon-Montgenèvre », « Revue française de droit administratif », 1987-191.

Sous-section 2
L'insertion pour le fonctionnement du service public hospitalier

101 **Le fonctionnement.** Il concerne notamment, selon un décret du 29 mars 1993, l'un des objectifs ou les objectifs suivants:

– la coordination des activités de soins des établissements contractants;

– l'utilisation en commun des équipements de chacun des établissements concernés;

– la formation en commun du personnel.

Il s'agit donc des moyens du service public mis en œuvre pour la réalisation des soins, celle-ci qualifiant l'exécution du service public.

Les modalités d'insertion pour le fonctionnement

102 **Champ d'application.** Ces modalités concernent aussi bien les établissements privés à but non lucratif que les établissements privés à but lucratif et les établissements publics. Elles sont relatives à plusieurs ou à une des activités des établissements concernés.

103 **Caractéristiques juridiques.** Un contrat d'association entre les établissements concernés est signé pour une durée déterminée d'un commun accord par les parties. La résiliation est à l'initiative d'une des parties au moins un an à l'avance. Les projets de contrats sont soumis à l'avis du CROSS, la délibération du CA de l'établissement public approuvant l'accord d'association est exécutoire après approbation du DARH.

Les conséquences du contrat d'association

104 **Les avantages.** Le contrat d'association a comme avantages:

– de permettre la mise en commun des moyens pour l'exploitation des gros investissements médicaux, type scanographe ou IRM ou autres investissements;

– de faire échec à une concurrence dispendieuse pour les deniers publics par les doubles emplois qu'elle engendre.

105 **Une obligation.** À l'inverse, il implique l'obligation de respecter les clauses du contrat.

Section 2
Le développement de la solidarité interhospitalière

Le sénateur Larcher a remis en avril 2008 au président de la République un projet de réforme hospitalière qui propose de regrouper les établissements publics de santé en communautés hospitalières de territoire pour accélérer le regroupement de leurs moyens tel que cela avait été prévu par les précédentes réformes, sans trop de succès.

106 **Le regroupement des moyens.** L'ampleur des investissements à mettre en œuvre et leur plein emploi exigent un regroupement des moyens. Celui-ci peut être imposé par le pouvoir central, il peut être suscité par des initiatives venant des établissements concernés. Dans cette deuxième hypothèse, il faut compter sur les réticences des intéressés qui craignent de se voir dépossédés d'une partie des prérogatives que leur confère le statut d'établissement public autonome. Les maires présidents des conseils d'administration redoutent de perdre leur influence sur l'hôpital.

C'est dans ce contexte que le législateur de 1970 s'est efforcé de mettre en place des structures interhospitalières pour les établissements sanitaires qui exécutent le service public hospitalier. Les unes, obligatoires, ont seulement un caractère consultatif et n'ont pas la personnalité morale: ce sont les conférences sanitaires de secteur. Les autres, facultatives, disposent de la personnalité morale et donc des moyens d'un véritable pouvoir de décision: ce sont les syndicats interhospitaliers. À cela se sont ajoutées par une ordonnance n° 96-346 du 24 avril 1996 portant réforme de l'hospitalisation publique et privée deux nouvelles structures; l'une sans personnalité juridique: les Communautés d'établissements de santé (CES); l'autre ayant une personnalité juridique affirmée: les Groupements de coopération sanitaire (GCS).

Sous-section 1
Les conférences sanitaires (CS)

Instaurées par la nouvelle loi hospitalière du 31 juillet 1991, les conférences sanitaires (CS) prennent la suite des groupements interhospitaliers qui étaient apparus pour la première fois dans la loi hospitalière du 31 décembre 1970. Le décret n° 2005-434 du 6 mai 2005 précise la composition, le fonctionnement et les attributions desdites conférences sanitaires.

107 **Composition.** Selon l'ordonnance du 4 septembre 2003 (CSP, nouvel art. L. 6131-1) les conférences sanitaires sont constituées par le directeur de l'agence régionale de l'hospitalisation dans chaque territoire de santé et sont formées des représentants des établissements de santé, des professionnels de santé libéraux, des centres de santé, des élus et des usagers ainsi que des représentants d'autres organismes concourant aux soins par autorisation du directeur de l'ARH. À cela s'ajoutent des membres consultatifs.

108 **Les membres attributifs.** Il s'agit des représentants suivants:

1 – les représentants des établissements de santé :

– première hypothèse: il y a vingt établissements au maximum représentés. Pour chaque établissement sont présents:

- le directeur et son représentant,
- le président de la CME ou de la conférence médicale ou, à défaut, un membre du personnel médical désigné par la commission ou conférence

(exception: pour l'AP de Paris, les Hospices civils de Lyon et l'AP de Marseille, outre les membres mentionnés ci-dessus s'ajoutent deux à huit membres supplémentaires désignés par le directeur de l'ARH sur proposition conjointe du directeur et de la CME) ;

– seconde hypothèse: il y a plus de vingt établissements représentés. Dans ce cas, le nombre de membres doit être de quarante au maximum. La répartition des sièges tient compte de la diversité des établissements publics et privés et de leur activité de soins relevant du SROS ;

2 – les représentants des professionnels de santé libéraux:

– deux à cinq médecins exerçant à titre libéral, en dehors des établissements de santé mentionnés à l'article R. 713-1-1, dans le ressort territorial de la conférence parmi les personnes proposées par l'Union régionale des médecins exerçant à titre libéral;

– deux à cinq représentants des autres professionnels de santé exerçant à titre libéral, en dehors des établissements de santé, dans le ressort territorial de la conférence parmi les personnes proposées par les instances représentatives de ces professions au niveau régional ou, à défaut, national ;

3 – les représentants des centres de santé

Un représentant par centre dans la limite de cinq, désigné par le directeur de l'agence régionale de l'hospitalisation.

4 – les représentants des usagers

Deux à cinq représentants des usagers proposés par les associations agréées au niveau régional ou, à défaut, national sont désignés par le directeur de l'ARH.

5 – les représentants des collectivités territoriales :

1° au maximum dix maires de commune choisis par les maires des villes sièges des établissements de santé membres de la conférence sanitaire;

2° au maximum trois présidents de communauté de communes choisis par les présidents de communauté de communes situées en tout ou partie dans le ressort territorial de la conférence;

3° au maximum trois maires exerçant la fonction de président de pays regroupant des communes situées en tout ou partie dans le secteur territorial de la conférence sanitaire;

4° un conseiller général désigné par le conseil général pour chaque département situé en tout ou partie dans le ressort territorial de la conférence;

5° un conseiller régional désigné sur proposition du conseil régional et, en Corse, un conseiller à l'Assemblée de Corse désigné sur proposition de cette assemblée ;

6° les représentants éventuels d'autres organismes concourant aux soins.

Le directeur de l'ARH déterminera le nombre des représentants d'autres organismes concourant aux soins à faire partie de la conférence sanitaire.

C'est donc une assemblée de quelque quatre-vingts membres qui va siéger en conférence sanitaire. Le mandat des membres de la conférence sanitaire est de cinq ans, renouvelable.

La qualité de membre se perd lorsque la personne intéressée cesse d'exercer le mandat au titre duquel elle a été élue ou désignée. Un arrêté du directeur de l'ARH fixe la composition nominative de la conférence sanitaire.

109 **Les membres consultatifs.** Peuvent assister aux conférences sanitaires et participer aux débats sans droit de vote les personnes suivantes ou leurs représentants:

– le DARH, qui peut se faire accompagner des personnes de son choix;

– le directeur de l'URCAM;

– les DDASS intéressées aux territoires de santé de la conférence sanitaire;

– les médecins inspecteurs de la santé publique;

– les médecins-conseils régionaux des régimes d'assurance-maladie.

110 **Fonctionnement.** La conférence sanitaire élit son président parmi les représentants des collectivités territoriales lors de la séance

d'installation présidée par le doyen d'âge. Elle fixe son siège. La police de l'assemblée appartient au président qui peut suspendre la séance ou prononcer son renvoi. La conférence sanitaire se réunit au moins deux fois par an. Elle établit son règlement intérieur qui prévoit notamment la préparation des séances plénières par des commissions et qui peut déléguer certaines compétences et attributions à un bureau.

Les séances ne sont pas publiques, mais peuvent le devenir sur décision du président de la conférence, dans des conditions fixées par le règlement intérieur.

Les conférences sanitaires délibèrent valablement:

1° pour celles dont le nombre de membres est au plus égal à quarante, lorsque plus de la moitié des membres est présente;

2° pour celles dont le nombre de membres est supérieur à quarante, lorsque plus du tiers des membres est présent, sans toutefois que ce nombre puisse être inférieur à vingt et un.

Lorsque ce quorum n'est pas atteint, une deuxième convocation portant sur le même ordre du jour est faite à huit jours d'intervalle, sauf contre-indication dans le règlement intérieur. La conférence délibère alors valablement, quel que soit le nombre des membres présents.

Le vote par correspondance et celui par procuration ne sont pas admis.

En cas de partage égal des voix, la voix du président est prépondérante.

La conférence sanitaire se réunit sur convocation de son président à la demande:

- du directeur de l'ARH;

- de la moitié des membres de la conférence.

La convocation accompagnée de l'ordre du jour est adressée par le président au moins quinze jours à l'avance, sauf cas d'urgence, à l'ensemble des membres de la conférence, qu'ils soient délibérants ou consultatifs.

L'ordre du jour appartient au président, mais celui-ci ne peut refuser d'inscrire les questions pour lesquelles la conférence sanitaire doit être obligatoirement consultée ou pour lesquelles elle peut émettre des propositions, ou qui ont fait l'objet d'une demande de convocation par le directeur de l'ARH ou la moitié des membres de la conférence.

111 **Attributions.** Comme pour les conférences sanitaires de secteur, les nouvelles conférences sanitaires ont des attributions exclusivement consultatives, mais elles sont cependant obligatoirement consultées lors de l'élaboration et de la révision du SROS et sont chargées de promouvoir la coopération entre les différents établissements du territoire de santé concerné. Elles peuvent faire des propositions au directeur de l'ARH pour l'élaboration, la mise en œuvre, l'évaluation et la révision du SROS.

Le directeur de l'ARH adresse les documents (SROS et annexes) à la conférence qui est réputée avoir été consultée si elle n'a pas communiqué son observation au directeur de l'ARH dans un délai de quarante-cinq jours à compter de la réception par le président de la conférence dudit projet de SROS ou de révision partielle de celui-ci.

Sous-section 2
Les communautés d'établissements de santé (CES)

112 **Définition.** Les CES ont été créées pour susciter la coopération entre établissements assurant le service public hospitalier, au sein d'un secteur sanitaire et, par exception, entre plusieurs secteurs sanitaires si ceux-ci constituent un même « pays » au sens de l'article 22 de la loi n° 95-115 du 4 février 1995 d'orientation pour l'aménagement du territoire. Les secteurs sanitaires ayant été supprimés, c'est donc au sein des territoires de santé que les CES sont constituées sous forme de conventions interétablissements. Depuis l'ordonnance du 4 septembre 2003, il ne peut plus être créé de CES, mais celles qui existent demeurent.

113 **Objet.** Les CES ont pour but de:

- favoriser les adaptations des établissements de santé aux besoins de la population et les redéploiements des moyens qu'elles impliquent;

– mettre en œuvre des actions de coopération et de complémentarité prévues entre autres par le schéma régional d'organisation sanitaire et son annexe;

– répondre aux besoins de service de proximité non satisfaits dans le domaine médico-social, notamment pour les personnes âgées et les personnes handicapées.

Sous-section 3
Les syndicats interhospitaliers

Quoiqu'il soit désormais impossible de créer des SIH depuis l'ordonnance n° 2003-850 du 4 septembre 2003, ceux qui existent continuent à fonctionner.

Créés par la loi du 31 décembre 1970, les syndicats interhospitaliers ont beaucoup évolué juridiquement. La loi du 3 janvier 1984 confirmée sur ce point par la loi du 31 juillet 1991 a supprimé toute référence géographique aux syndicats interhospitaliers qui, désormais, peuvent se constituer quelle que soit l'implantation géographique des établissements qui veulent les créer. Cette loi n'a pas modifié les possibilités d'action offertes aux syndicats interhospitaliers.

Les possibilités d'action offertes par les syndicats interhospitaliers

114 **Attributions.** Les syndicats interhospitaliers peuvent avoir vocation unique ou multiple dans le cadre du fonctionnement et du développement du service public hospitalier. Ils peuvent notamment:

– créer et gérer des services communs;

– assurer la formation et le perfectionnement de tout ou partie du personnel;

– participer à l'étude et à la réalisation de travaux d'équipements;

– centraliser tout ou partie des ressources d'amortissement en vue de leur affectation, soit au financement de travaux d'équipements entrepris, soit au service d'emprunts contractés pour le compte desdits établissements;

– assumer la gestion de la trésorerie, ainsi que les emprunts contractés et les subventions d'équipements obtenues par ces établissements ;

– créer et gérer de nouvelles installations nécessaires pour répondre aux besoins sanitaires du secteur ou de la région, dans le cadre de la carte sanitaire.

Cette liste n'est pas limitative. Depuis la loi relative à la Couverture maladie universelle (CMU) n° 99641 du 27 juillet 1999, les syndicats interhospitaliers peuvent assurer l'exécution du service public hospitalier, c'est-à-dire réaliser des soins. On doit souligner que les hôpitaux ont très peu eu recours à cette formule dont ils ont craint le caractère centralisateur ; l'échec des syndicats interhospitaliers d'informatique, préconisés par le ministère en 1983, illustre parfaitement cette réticence. Pourtant, la loi du 3 janvier 1984, révisant sur ce point la loi du 31 décembre 1970, apporte des éléments de souplesse dans l'organisation et le fonctionnement des structures constitutives des syndicats. Depuis l'ordonnance hospitalière du 24 avril 1996, les établissements publics de santé sont contraints par les ARH à se regrouper en utilisant de plus en plus la formule du syndicat.

Les structures constitutives des syndicats interhospitaliers

115 **Un établissement public autonome.** Les syndicats interhospitaliers sont créés à la demande de deux ou plusieurs établissements assurant le service public hospitalier dont un au moins doit être un établissement public de santé. La création des syndicats est autorisée par arrêté du directeur de l'ARH, siège du syndicat.

Le syndicat interhospitalier est un établissement public autonome, non rattaché à une collectivité territoriale, disposant d'un budget, d'un patrimoine et du droit d'ester en justice. Il est soumis à la tutelle de l'État selon les mêmes règles que les hôpitaux.

Le syndicat est administré par un conseil d'administration et, dans le cadre des délibérations dudit conseil, par un secrétaire général nommé par le ministre chargé de la Santé.

La loi du 3 janvier 1984 a prévu que le conseil d'administration pouvait déléguer une partie de ses compétences à un bureau élu au sein du conseil (cf. décr. n° 86-435 du 12 mars 1986).

116 **Composition du conseil d'administration.** Au sein du conseil, siègent des membres délibérants et des membres consultatifs. La liste des premiers comporte:

– des représentants de chacun des établissements qui font partie de ce syndicat; compte tenu de l'importance de ces établissements, aucun de ceux-ci ne peut détenir la majorité absolue des sièges. Le nombre et la répartition des sièges sont fixés par les décisions concordantes des établissements. À défaut d'accord, le nombre des représentants des établissements au conseil d'administration du syndicat est fixé à:

- un représentant par établissement ne comportant pas de moyens d'hospitalisation,
- deux représentants par établissement de 750 lits au plus,
- trois représentants par établissement de plus de 750 lits,
- six représentants par CHR. Les lits sont décomptés comme pour les groupements et constatés par le préfet de département siège du syndicat. Le président et le vice-président sont élus parmi ces membres;

– le président de la commission médicale d'établissement de chacun des établissements membres du syndicat est membre de droit;

– un représentant des pharmaciens élu par ses collègues des établissements du syndicat;

– des représentants des personnels médicaux et non médicaux employés par le syndicat, dont le nombre respectif ne peut être supérieur au nombre de sièges qu'ils occupent, en pourcentage, dans le conseil d'administration de l'établissement où ils sont le mieux représentés. Le nombre de ces représentants est fixé par décision concordante de chacun des organismes décisionnels des établissements composant le syndicat. Ces membres sont élus ou désignés pour trois ans. La liste des membres des conseils d'administration est arrêtée par le préfet de département siège du syndicat.

Les membres qui siègent à titre consultatif sont:

– le directeur de chacun des établissements membres du syndicat;

– le secrétaire général du syndicat.

117 **Fonctionnement du conseil d'administration.** Le conseil se réunit sur convocation de son président; le cas échéant, il peut être réuni à la demande écrite du préfet de département siège du syndicat ou à la demande des deux tiers de ses membres.

L'ordre du jour est arrêté par le président.

Le conseil se réunit en session ordinaire au moins deux fois par an. En cas d'absence de quorum, une nouvelle convocation a lieu dans les trois à huit jours suivants et le nombre des présents n'importe plus pour valider les délibérations.

En cas de vote non secret et en cas de partage des voix, celle du président est prépondérante.

Les délibérations prises dans le domaine de compétence attribué aux conseils d'administration des syndicats sont soumises à la tutelle du préfet de département siège du syndicat selon les mêmes formes que pour le conseil d'administration des hôpitaux.

118 **Le bureau.** C'est une innovation de la loi du 3 janvier 1984 afin de faire échec à la lourdeur du fonctionnement des conseils d'administration. Le conseil peut déléguer à un bureau élu en son sein certaines compétences limitées aux rubriques suivantes:

- les propositions d'affectation des résultats d'exploitation;

- les acquisitions, aliénations, échanges d'immeubles et leur affectation ainsi que les conditions des baux de plus de dix-huit ans;

- les emprunts;

- le règlement intérieur;

- les règles concernant l'emploi des diverses catégories de personnels, pour autant qu'elles n'aient pas été fixées par des dispositions législatives ou réglementaires;

- les conventions passées avec les CHR et U;

- l'acceptation et le refus des dons et legs;

- les actions judiciaires et les transactions;

- les hommages publics.

Le bureau est composé de trois à sept membres qui sont élus par le conseil en son sein; le président est désigné par le conseil.

Le préfet de département établit la liste nominative des membres du bureau. Le bureau fonctionne comme le conseil.

119 **Le secrétaire général.** C'est un membre du corps de direction des hôpitaux désigné par le ministre de la Santé après avis du président du syndicat interhospitalier. Il dispose des mêmes attributions que le directeur d'hôpital, à savoir une compétence générale sur toutes les matières, excepté celles qui sont limitativement exposées dans la loi et qui appartiennent au conseil d'administration.

La formule des syndicats, très lourde et solennelle, n'a pas recueilli un grand écho puisque seuls une trentaine de syndicats ont été constitués.

Depuis l'ordonnance du 4 septembre 2003, il ne peut plus être créé de syndicat interhospitalier.

Sous-section 4
Les groupements de coopération sanitaire (GCS)

120 **Historique.** Les GCS ont été créés par l'ordonnance n° 96-346 du 24 avril 1996 pour permettre à deux ou plusieurs établissements de santé qui ne peuvent pas constituer un syndicat de disposer d'une structure juridique dotée de la personnalité morale [(1)]. Le GCS n'est pas un établissement de santé. La convention constitutive du groupement doit être approuvée et publiée par le directeur de l'ARH.

Les membres du groupement sont responsables de sa gestion proportionnellement à leurs apports ou à leur participation. Le but du groupement n'est pas de réaliser des bénéfices.

Le GCS peut détenir des autorisations d'équipements en matériels lourds.

L'assemblée générale des membres du groupement est habilitée à prendre toute décision intéressant le groupement; elle élit en son sein un administrateur qui est chargé de la mise en œuvre de ses décisions.

Afin de promouvoir le développement des GCS, l'ordonnance du 4 septembre 2005 a rénové leur régime juridique.

1. Depuis la loi du 4 mars 2002 sur les droits des malades et la qualité du système de santé, les GCS sont ouverts à tous les établissements de santé.

121 **Le statut du GCS.** C'est un groupement d'intérêt public ou privé ayant la personnalité morale, poursuivant un but non lucratif.

1° Il constitue une personne morale de droit public lorsqu'il est exclusivement constitué d'établissements ou d'organismes publics, ou d'établissements ou d'organismes publics et de professionnels médicaux libéraux membres à titre individuel.

2° Il constitue une personne morale de droit privé lorsqu'il est exclusivement constitué d'établissements ou de personnes privés.

3° Dans les autres cas (personnes publiques [EPS], personnes privées [ESP] et professionnels libéraux), il peut se constituer sous la forme d'une personne morale de droit privé.

Ce n'est pas un établissement de santé, mais le DARH peut l'autoriser à exercer les missions d'un établissement de santé.

Un membre au moins du GCS doit être un établissement de santé.

D'autres organismes ou professionnels de santé concourant aux soins peuvent faire partie d'un GCS à condition d'y être autorisés par le DARH.

Les professionnels médicaux libéraux peuvent conclure avec un GCS des accords définis à l'article L. 6161-10 en vue de leur association aux activités du groupement (association au fonctionnement du service public hospitalier, participation ou concession à l'exécution du service public hospitalier).

122 **Les objectifs du GCS.** Le GCS a pour objet de faciliter, d'améliorer ou de développer l'activité de ses membres (CSP, art. L. 6133-1). À cet effet, il peut:

1° permettre les interventions communes de professionnels médicaux et non médicaux exerçant dans les établissements membres, des professionnels salariés du groupement, ainsi que des professionnels médicaux libéraux membres ou associés du groupement;

2° réaliser ou gérer, pour le compte de ses membres, des équipements d'intérêt commun, y compris des plateaux techniques tels des blocs opératoires, des services d'imagerie médicale ou des pharmacies à usage intérieur, et détenir à ce titre des autorisations d'équipements matériels lourds et d'activités de soins mentionnés à l'article L. 6122-1 du CSP.

123 **L'insertion des professionnels médicaux libéraux au GCS.** Les professionnels médicaux des établissements de santé membres du groupement et les professionnels médicaux libéraux membres du groupement peuvent assurer des prestations médicales au bénéfice des patients pris en charge par l'un ou l'autre des établissements de santé membres du groupement et participer à la permanence des soins (CSP, art. L. 6133-2).

Les permanences de soins, consultations et actes médicaux assurés par les médecins libéraux dans le cadre du groupement peuvent être rémunérés forfaitairement ou à l'acte dans des conditions définies par voie réglementaire.

124 **Le GCS peut constituer un réseau de santé.** L'ordonnance du 24 avril 1996 crée les réseaux de soins. Ceux-ci deviennent des réseaux de santé, mais n'ont pas la personnalité morale.

Les GCS peuvent constituer un réseau de santé: ainsi ces derniers bénéficient de la personnalité morale.

Les réseaux de santé peuvent être constitués par des établissements de santé publics et/ou privés, des professionnels de santé libéraux, des institutions sociales et médico-sociales.

Section 3
L'avenir du service public hospitalier

125 **Les écueils.** Le service public hospitalier est confronté à deux écueils:

– l'éclatement de la protection sociale avec une part de plus en plus importante des prestations prises en charge par les ménages qui recourent aux mutuelles ou aux assurances privées pour y faire face (forfait journalier, secteur 2 des médecins libéraux);

– les mutations technologiques considérables qui peuvent être introduites:
- au titre d'expérimentation avant diffusion dans les autres secteurs d'hospitalisation. Le service public hospitalier finance la recherche et l'expérimentation,
- avec retard, à cause de l'absence des disponibilités financières (effets de la dotation globale de financement),
- avec réticence, par corporatisme des médecins ou des autres personnels (productivité des soins, opérations à la chaîne, etc.),
- avec dévoiement, par effet des structures bureaucratiques à l'intérieur et par exagération des contrôles et de la tutelle à l'extérieur des établissements.

Actuellement, le service public hospitalier propose des alternatives à l'hospitalisation.

L'hospitalisation partielle et l'hospitalisation à domicile

126 **L'hospitalisation partielle.** Elle concerne les hospitalisations de jour ou de nuit, ainsi que les consultations externes dont les tarifs ont été alignés sur les tarifs de ville depuis le 1er janvier 1985. La loi du 31 juillet 1991 met l'accent sur la chirurgie ambulatoire qui est une forme d'hospitalisation de jour appelée à se développer fortement dans les prochaines années.

127 **L'hospitalisation à domicile (HAD).** Une circulaire du 12 mars 1986 a élargi les possibilités d'intervention des hôpitaux en matière d'hospitalisation à domicile.

L'article 4 de la loi du 31 décembre 1970 a ouvert la possibilité d'une prolongation à domicile des activités des hôpitaux. La création d'un service d'hospitalisation à domicile nécessite une délibération du conseil d'administration approuvée par le préfet de département. La loi du 31 juillet 1991 confirme et élargit cette évolution.

1 – Champ d'intervention

L'hospitalisation à domicile recouvre l'ensemble des soins médicaux et paramédicaux délivrés à domicile à des malades dont l'état ne justifie pas le maintien au sein d'une structure hospitalière.

Ces soins doivent être d'une nature et d'une intensité comparables à ceux qu'il serait possible de leur prodiguer dans le cadre d'une hospitalisation traditionnelle. Le critère de l'intensité des soins distingue l'hospitalisation à domicile des services infirmiers de soins à domicile.

Les malades mentaux continuent à être traités dans le cadre spécifique du secteur psychiatrique.

Des soins de haute technologie peuvent être mis en œuvre en hospitalisation à domicile, tels que:

- la dialyse;
- la nutrition entérale et parentérale;
- les techniques de chimiothérapie par pompes externes;
- les pompes à insuline implantables;
- la ventilation artificielle;
- l'utilisation d'appareils d'oxygénothérapie.

2 – Fonctionnement

La circulaire du 12 mars 1986 insiste pour la coopération avec les professionnels de la santé du secteur libéral. Ainsi:

- le personnel de l'hospitalisation à domicile peut être salarié de l'établissement ou appartenir au secteur libéral lié par convention à l'établissement gestionnaire;
- c'est le médecin traitant choisi par le malade qui assure le traitement et la surveillance des soins;

– l'hospitalisation à domicile n'est possible que:
  - pour un malade à la fin de son séjour en hôpital,
  - pour un malade à l'issue d'une consultation externe;

– elle est incluse dans la dotation globale de financement. Un tarif journalier doit être fixé pour servir de base à la facturation des prestations des malades non couverts par un régime d'assurance-maladie, au calcul de la participation éventuelle laissée à la charge des assurés et à l'exercice des recours contre les tiers. Le forfait journalier n'est pas applicable aux malades en hospitalisation à domicile.

Les lits d'hospitalisation à domicile doivent venir en déduction des lits d'hospitalisation traditionnelle.

128 **L'encouragement au maintien des services publics de proximité.** La loi n° 2005-157 du 23 février 2005, relative au développement des territoriaux ruraux, modifie l'article 29 de la loi n° 95-115 du 4 février 1995 d'orientation pour l'aménagement et le développement du territoire, ainsi qu'il suit:

« 1° L'État établit, pour assurer l'égal accès de tous aux services publics, les objectifs d'aménagement du territoire et de services rendus aux usagers que doit prendre en compte tout établissement, organisme ou entreprise chargés d'un service public dès lors qu'ils ne sont pas déjà pris en compte au titre de ses obligations de service universel. Dans tous les cas où ces objectifs n'ont pas été précisés à la date de promulgation de la loi n° 2005-157 du 23 février 2005 relative au développement des territoires ruraux, ils sont fixés par le gouvernement au plus tard le 30 décembre 2005 par voie contractuelle, réglementaire ou par l'acte autorisant l'exercice de missions ou de prestations de service public, après consultation des associations représentatives des différentes catégories de collectivités territoriales par le ministre chargé de l'Aménagement du territoire, en liaison avec le ou les ministres de tutelle. L'État précise les conditions dans lesquelles il compense aux organismes les charges qui résultent du présent I.

« 2° Sans préjudice de l'autonomie de gestion propre à chaque établissement, organisme ou entreprise chargés d'un service public, le représentant de l'État dans le département, en concertation avec l'ensemble des acteurs concernés, propose et, sous réserve de leur accord, initie toute action visant à garantir que l'offre d'accès aux services publics est adaptée aux caractéristiques des territoires, concourt à leur attractivité et au maintien de leur équilibre.

« À ce titre, le représentant de l'État dans le département est informé des perspectives d'évolution de l'organisation des services publics et de tout projet de réorganisation susceptibles d'affecter de manière significative les conditions d'accès à ces services. Cette information est transmise par le représentant de l'État dans le département au président du conseil général, au président du conseil régional et au président de l'association des maires du département. À son initiative, ou à la demande du président du conseil général, le représentant de l'État dans le département peut mener une concertation locale sur tout projet de réorganisation. Cette concertation, dont la durée ne peut excéder trois mois, se déroule soit dans les conditions prévues à l'article 14 de la loi n° 2005-157, du 23 février 2005, relative au développement des territoires ruraux pour toute révision de la carte des formations du second degré, soit en liaison avec la commission départementale de présence postale territoriale pour les projets qui concernent les services postaux, soit au sein de la commission départementale d'organisation et de modernisation des services publics dans les autres cas. Cette concertation associe également les élus locaux intéressés et les représentants du service public concerné. Pendant le déroulement de la concertation, la mise en œuvre du projet de réorganisation est suspendue. À l'issue de cette concertation, le représentant de l'État dans le département présente un rapport rendant compte du déroulement de celle-ci et évaluant les conséquences de la réorganisation envisagée sur l'accès au service. »

Section 4
Le réseau de santé

En application de la loi du 4 mars 2002 relative aux droits des malades et à la qualité du système de santé, le décret n° 2002-1463 du 17 décembre 2002 (*JO* du 18 déc., p. 20933 et s.) précise l'organisation et le fonctionnement du réseau de santé qui s'est substitué au réseau de soins créé par l'ordonnance hospitalière du 24 avril 1996.

129 **La mission du réseau de santé.** Les réseaux de santé répondent à un besoin de santé de la population, dans une aire géographique définie, prenant en compte l'environnement sanitaire et social. En fonction de leur objet, les réseaux mettent en œuvre des actions de prévention, d'éducation, de soins et de suivi sanitaire et social.

Chaque réseau définit son objet et les moyens nécessaires à sa réalisation. Il rappelle et fait connaître les principes éthiques dans le respect desquels ses actions seront mises en œuvre. Il met en place une démarche d'amélioration de la qualité des pratiques s'appuyant notamment sur des référentiels, des protocoles de prise en charge et des actions de formation destinées aux professionnels et intervenants du réseau, notamment bénévoles, avec l'objectif d'une prise en charge globale de la personne.

Le réseau prévoit une organisation, un fonctionnement et une démarche d'évaluation, décrits dans une convention constitutive, lui permettant de répondre à son objet et de s'adapter aux évolutions de son environnement.

130 **La place de l'usager et son libre choix.** Le réseau garantit à l'usager le libre choix d'accepter de bénéficier du réseau ou de s'en retirer. Il garantit également à l'usager le libre choix des professionnels de santé intervenant dans le réseau.

Le réseau remet un document d'information aux usagers qui précise le fonctionnement du réseau et les prestations qu'il propose, les moyens prévus pour assurer l'information de l'usager à chaque étape de sa prise en charge, ainsi que les modalités lui garantissant l'accès aux informations concernant sa santé et le respect de leur confidentialité.

Lorsqu'une prise en charge individualisée est proposée dans le cadre du réseau, le document prévu à l'alinéa précédent est signé, lorsque cela est possible, par l'usager ou, selon le cas, par les titulaires de l'autorité parentale ou par le tuteur ou par la personne de confiance définie par la loi du 4 mars 2002. Ce document détermine également les règles de cette prise en charge et les engagements réciproques souscrits par l'usager et par les professionnels.

La charte du réseau et la convention constitutive sont portées à la connaissance de l'usager. Le réseau remet également la charte du réseau à l'ensemble des professionnels de santé de son aire géographique.

131 **La coordination des membres du réseau.** L'amélioration de la qualité du service rendu à l'usager au sein du réseau implique une coordination organisée entre les membres du réseau pour assurer la continuité et la globalité des interventions pluriprofessionnelles, et, le cas échéant, interdisciplinaires.

Une charte, dite « charte du réseau », définit les engagements des personnes physiques et des personnes morales, notamment des associations, intervenant à titre professionnel ou bénévole. Cette charte, cosignée par chacun des membres du réseau, rappelle les principes éthiques. En outre, elle précise:

- les modalités d'accès et de sortie du réseau;
- le rôle respectif des intervenants, les modalités de coordination et de pilotage;
- les éléments relatifs à la qualité de la prise en charge ainsi que les actions de formation destinées aux intervenants;
- les modalités de partage de l'information dans le respect du secret professionnel et des règles déontologiques propres à chacun des acteurs.

Les référentiels utilisés et les protocoles de prise en charge font l'objet d'une annexe à la charte.

Le document d'information aux usagers est également annexé à la charte du réseau.

Les signataires de la charte s'engagent à participer aux actions de prévention, d'éducation, de soins et de suivi sanitaire et social mises en œuvre dans le cadre du réseau, en fonction de son objet, et à la démarche d'évaluation.

Les signataires de la charte s'engagent également à ne pas utiliser leur participation directe ou indirecte à l'activité du réseau à des fins de promotion et de publicité. Le bénéfice des financements est subordonné au respect de cette règle. Cette interdiction ne s'applique pas aux opérations conduites par le réseau et destinées à le faire connaître des professionnels ou des patients concernés, dans le respect des règles déontologiques relatives à la publicité et à la concurrence entre confrères.

132 **La convention constitutive liant les membres du réseau.** Le ou les promoteurs du réseau et ses autres membres, au moment de sa création, signent une convention constitutive qui précise notamment:

– l'objet du réseau et les objectifs poursuivis;

– l'aire géographique du réseau et la population concernée;

– le siège du réseau: l'identification précise des promoteurs du réseau, leur fonction et, le cas échéant, l'identification du responsable du système d'information;

– les personnes physiques et morales le composant et leurs champs d'intervention respectifs;

– les modalités d'entrée et de sortie du réseau des professionnels et des autres intervenants;

– les modalités de représentation des usagers;

– la structure juridique choisie et ses statuts correspondants, les différentes conventions et les contrats nécessaires à sa mise en place;

– l'organisation de la coordination et du pilotage, les conditions de fonctionnement du réseau et, le cas échéant, les modalités prévues pour assurer la continuité des soins;

– l'organisation du système d'information et l'articulation avec les systèmes d'information existants;

– les conditions d'évaluation du réseau;

– la durée de la convention et ses modalités de renouvellement;

– le calendrier prévisionnel de mise en œuvre;

– les conditions de dissolution du réseau.

Cette convention constitutive est signée par tout nouveau membre du réseau. Elle est portée à la connaissance des professionnels de santé de l'aire géographique du réseau.

133 **Subventions et obligations subséquentes.** Les réseaux de santé définis à l'article L. 6321-1 peuvent bénéficier des subventions de l'État et des collectivités territoriales ainsi que de financements de l'assurance-maladie, notamment de la dotation nationale de développement des réseaux en application des articles L. 162-43 à L. 162-46 du Code de la sécurité sociale, sous réserve de satisfaire aux conditions définies par les articles D. 766-1-2 à D. 766-1-6 du présent code.

Les réseaux qui sollicitent les financements idoines présentent, à l'appui de leur demande, un dossier comprenant les documents cités ci-dessus ainsi qu'un plan de financement. Les financements acquis ou demandés, l'ensemble des moyens en personnel, en locaux ou en matériel mis à leur disposition et valorisés y sont énumérés. Les documents comptables correspondants y sont annexés ainsi que les accords passés entre les membres du réseau et des tiers, le cas échéant.

Chaque année, avant le 31 mars, les promoteurs du réseau transmettent aux représentants des organismes qui leur ont accordé les financements un rapport d'activité relatif à l'année précédente comportant des éléments d'évaluation ainsi qu'un bilan financier et les documents comptables s'y rapportant.

134 **Le rapport d'évaluation.** Tous les trois ans, ainsi que, le cas échéant, au terme du projet, un rapport d'évaluation est réalisé permettant d'apprécier:

- le niveau d'atteinte des objectifs;

- la qualité de la prise en charge des usagers (processus et résultats);

- la participation et la satisfaction des usagers et des professionnels du réseau;

- l'organisation et le fonctionnement du réseau;

- les coûts afférents au réseau;

- l'impact du réseau sur son environnement;

- l'impact du réseau sur les pratiques professionnelles.

CHAPITRE 4

Les organes directionnels

135 **Présentation**. Les organes de direction des hôpitaux sont depuis la loi du 21 décembre 1941 :

- le conseil d'administration, antérieurement à la loi du 31 décembre 1970 dénommé commission administrative;
- le directeur, autorité responsable créée par la loi du 21 décembre 1941, qui depuis n'a cessé de voir ses pouvoirs étendus.

Depuis l'ordonnance hospitalière du 2 mai 2005, les pouvoirs publics ont créé, aux côtés du directeur, un conseil exécutif.

Le projet de réforme du sénateur Larcher remis au président de la République en avril 2008 prévoit de regrouper les établissements publics de santé en communautés hospitalières de territoire et de remplacer les conseils d'administration par des conseils de surveillance d'une part, et de substituer aux conseils exécutifs des directoires d'autre part. Le Parlement sera saisi de ces propositions qui regrouperaient les 900 établissements publics de santé en 300 communautés hospitalières de territoire dès la session d'automne 2008 du Parlement.

Section 1
Le conseil d'administration (CA)

La loi du 31 juillet 1991 modifiée par l'ordonnance n° 96-346 du 24 avril 1996 a changé la répartition des différentes composantes du conseil d'administration des établissements publics de santé. Le décret n° 2005-767 du 7 juillet 2005 précise la composition du conseil d'administration.

Le tableau ci-après expose la répartition des membres des CA, excepté les CA des AP de Paris et Marseille ainsi que les hospices civils de Lyon.

136 **Les incompatibilités.** Les administrateurs sont frappés d'incompatibilité dans les cas suivants:

– nul ne peut être membre d'un CA à plus d'un titre;

– nul ne peut être membre d'un CA et avoir des intérêts directs ou indirects dans la gestion d'un établissement de soins privé. Il faut entendre par intérêts privés indirects des intérêts détenus par des descendants ou ascendants de la personne désignée pour être membre du CA dans un établissement de soins public (CE, Giacomino, 20 févr. 1985);
– nul ne peut être membre d'un CA s'il est salarié de l'établissement;
– nul ne peut être membre d'un CA d'un établissement recevant des malades atteints de troubles mentaux s'il est membre de la commission départementale des hospitalisations psychiatriques (cf. décr. du 25 sept. 1991);
– nul ne peut être membre d'un CA s'il est salarié de l'établissement;
– nul ne peut être membre d'un CA s'il est membre du conseil exécutif, sauf le président de la CME;
– nul ne peut être membre d'un CA s'il exerce une autorité sur l'établissement en matière de tarification ou s'il est membre de la commission exécutive de l'ARH du lien d'implantation de l'établissement.

137 **Le nouveau conseil d'administration.** L'ordonnance hospitalière du 2 mai 2005 a modifié la composition et les attributions du conseil d'administration. Le décret n° 2005-767 du 7 juillet 2005 précise la nouvelle composition du conseil d'administration des établissements publics de santé.

On remarquera que les représentants des collectivités territoriales ne sont plus choisis hors des assemblées délibératives de ces collectivités, mais ils sont élus parmi les membres desdites assemblées.

Le nombre des membres du conseil d'administration ne change pas, si ce n'est qu'il y a un administrateur supplémentaire qui vient des représentants des usagers, dont le nombre passe de deux (selon l'ord. du 24 avr. 1996) à trois (selon le nouveau décr.). Enfin, le maire, pour les établissements publics de santé communaux, ou le président du conseil général, pour les établissements publics de santé départementaux, sont présidents de droit du conseil d'administration. Cependant, il peut se démettre de cette charge tout en restant, s'il le souhaite, membre du conseil d'administration. Dans ce cas, le nouveau président est élu par les membres du conseil d'administration parmi les administrateurs représentant les collectivités territoriales ou parmi les représentants des personnalités qualifiées et des usagers.

138 Composition du conseil d'administration des établissements communaux

	CHRU	Hôpitaux non CHRU et non locaux	Hôpitaux locaux
Élus locaux ou représentants des collectivités territoriales			
– maire, président [1]	1	1	1
– conseillers municipaux de la commune siège de l'établissement	4	3	2
et autres communes	3	2	2
– conseillers généraux	2	1	1
– conseillers régionaux	2	1	
Médecins hospitaliers			
– président CME	1	1	1
– vice-président CME	1		1
– membres de la CME	4	3	1
– directeur de l'UER intéressée ou président du comité de coordination de l'enseignement médical	1		
Personnel non médical			
– commission des soins infirmiers, de rééducation et médico-techniques	1	1	1
– représentants du personnel désignés par les syndicats	5	3	2
Personnalités qualifiées			
– médecin non hospitalier	1	1	1
– représentant des professions paramédicales non hospitalier	1	1	1
– personnalité qualifiée	1	1	1
Représentants des usagers	3	3	3
Total	**31**	**22**	**18**

1. Lorsque le maire ne souhaite pas exercer les fonctions de président, il désigne son remplaçant parmi les représentants des collectivités territoriales ou parmi les personnalités qualifiées. Dans ce cas, il peut rester membre du CA. S'il ne souhaite pas être membre du CA, un nouvel élu municipal sera désigné par le conseil municipal pour être membre du CA.

139 Composition du conseil d'administration des établissements départementaux, intercommunaux et interdépartementaux.

	Établissement départemental[1]	Établissement intercommunal[2]	Établissement interdépartemental[2]
Élus locaux ou représentants des collectivités territoriales			
– conseillers municipaux	1 (commune siège de l'établissement)	6	1 (commune siège de l'établissement)
– conseillers généraux	1 (président du conseil général) 5	1	6
– conseiller régional	1	1	1
Médecins hospitaliers			
– président CME	1	1	1
– vice-président CME	1	1	1
– membres CME	2	2	2
Personnel non médical			
– commission des soins infirmiers, de rééducation et médico-techniques	1	1	1
– représentants du personnel désignés par les syndicats	3	3	3
Personnalités qualifiées			
– médecin non hospitalier	1	1	1
– représentant des professions paramédicales non hospitalier	1	1	1
– personnalité qualifiée	1	1	1
Représentants des usagers	3	3	3
Total	**22**	**22**	**22**

1. Le président du conseil général, président de droit du CA de l'établissement public de santé départemental, peut, s'il ne souhaite pas être président, rester membre du CA et son remplaçant sera élu par les représentants des collectivités. Sinon, la délégation du conseil général est renforcée d'un membre supplémentaire.

2. Le président du CA est élu par le conseil parmi les représentants des collectivités territoriales ou parmi les personnes qualifiées.

Sous-section 1
Les pouvoirs du conseil d'administration

140 **Présentation.** Avant la loi du 31 juillet 1991 les attributions du conseil d'administration étaient soumises à l'approbation du préfet de département. Désormais la loi du 31 juillet 1991 distingue deux catégories d'attributions: celles qui relèvent d'un pouvoir général et financier, qui restent soumises à l'approbation du préfet de département, et celles qui relèvent d'un pouvoir de gestion, qui ne sont plus soumises à l'approbation du préfet de département. Depuis l'ordonnance du 24 avril 1996 le directeur de l'ARH s'est substitué au préfet.

Toutes les attributions du conseil d'administration doivent s'exercer après avis de la CME et du CTE.

141 **Les attributions soumises à l'approbation du directeur de l'ARH.** Elles concernent les décisions engageant l'établissement à moyen ou long terme ou des décisions financières. Les attributions soumises à tutelle sont:

1° le projet d'établissement et le contrat pluriannuel d'objectifs et de moyens après avoir entendu le président de la CME. Le projet d'établissement définit, notamment sur la base du projet médical, la politique générale de l'établissement. Il comporte un projet de prise en charge des patients en cohérence avec le projet médical et le projet de soins infirmiers, de rééducation et médico-techniques, ainsi qu'un projet social. Le projet d'établissement doit être compatible avec les objectifs du schéma d'organisation sanitaire. Il définit, dans le cadre des territoires de santé, la politique de l'établissement en matière de participation aux réseaux de santé et d'actions de coopération. En outre, il prévoit les moyens d'hospitalisation, de personnel et d'équipement de toute nature dont l'établissement doit disposer pour réaliser ses objectifs. Enfin, il comprend également les programmes d'investissement et le plan global de financement pluriannuel ;

2° l'état des prévisions de recettes et de dépenses, ses modifications et ses éléments annexes, le rapport préliminaire à cet état, ainsi que les propositions de tarifs des prestations.

La délibération du CA portant sur le projet d'établissement et l'état des prévisions de recettes et de dépenses, à l'exclusion du rapport préliminaire et des annexes, est réputée approuvée si le directeur de l'ARH n'a pas fait connaître son opposition, dans le délai de trois mois pour le 1er cas et de trente jours pour le second.

142 **Les attributions non soumises à l'approbation du directeur de l'ARH.** Elles concernent des décisions découlant des précédentes et relevant d'une gestion courante. Elles sont cependant importantes puisqu'il s'agit des décisions suivantes:

– la politique d'amélioration continue de la qualité et de la sécurité des soins, ainsi que les conditions d'accueil et de prise en charge des usagers, notamment pour les urgences;

– le plan de redressement;

– les comptes et l'affectation des résultats d'exploitation, ainsi que le bilan social;

– l'organisation de l'établissement en pôles d'activité et leurs éventuelles structures internes, ainsi que les structures dites « cliniques ouvertes »;

– la politique de contractualisation interne;

– la politique sociale et les modalités d'une politique d'intéressement;

– la mise en œuvre annuelle de la politique de l'établissement en matière de participation aux réseaux de santé et d'actions de coopération, définie par le projet d'établissement et le contrat pluriannuel d'objectifs et de moyens;

– les acquisitions, aliénations, échanges d'immeubles et leur affectation, ainsi que les conditions des baux de plus de dix-huit ans;

– les baux emphytéotiques, les contrats de partenariat conclus en application de l'article 19 de l'ordonnance n° 2004-559 du 17 juin 2004 et les conventions conclues en application de l'article L. 6148-3 et de l'article L. 1311-4-1 du Code général des collectivités territoriales lorsqu'elles répondent aux besoins d'un établissement public de santé ou d'une structure de coopération sanitaire dotée de la personnalité morale publique;

– la convention constitutive des centres hospitaliers et universitaires et les conventions passées en application de l'article L. 6142-5;

– la prise de participation, la modification de l'objet social ou des structures des organes dirigeants, la modification du capital et la désignation du ou des représentants de l'établissement au sein du conseil d'administration ou de surveillance d'une société d'économie mixte locale, dans les conditions prévues par le présent code et par le Code général des collectivités territoriale;

– le règlement intérieur.

Sous-section 2
Le contrôle étatique sur les décisions du conseil d'administration

Le contrôle étatique relève d'une part de l'approbation *a priori* qui, en d'autres termes, s'appelle la tutelle et d'autre part du contrôle *a posteriori* sur les actes immédiatement exécutoires du conseil d'administration.

La tutelle porte à la fois sur les personnes et sur les actes

143 **La tutelle sur les personnes.** Il incombe au DARH d'arrêter la composition nominative du conseil et donc de vérifier les incompatibilités et les incapacités éventuelles des administrateurs désignés par les diverses composantes. Seules les personnalités qualifiées sont nommées par le DARH, soit sur présentation du conseil de l'ordre des médecins et du syndicat des médecins le plus représentatif dans le département, soit sur proposition du président du conseil d'administration pour la personnalité qualifiée désignée pour l'intérêt qu'elle porte, par ses travaux ou son activité, à l'hôpital.

Les administrateurs peuvent être considérés comme démissionnaires d'office si, en cours de mandat, ils venaient à être frappés d'incompatibilité ou d'incapacité. Ils peuvent être réputés démissionnaires et déclarés tels par le DARH lorsqu'ils s'abstiennent pendant six mois consécutifs d'assister aux séances. Dans les deux cas, ils sont remplacés dans un délai d'un mois.

Le conseil d'administration peut être suspendu pour un mois maximum par arrêté motivé du DARH ou dissous, et les administrateurs, révoqués par décret pris sur rapport du ministre chargé de la Santé.

144 **La tutelle sur les actes.** Elle s'est considérablement réduite en volume mais pas en qualité sur les actes soumis depuis la loi du 31 juillet 1991 qui supprime la tutelle sur de nombreux actes du conseil d'administration, sauf ceux relatifs au projet d'établissement et aux questions financières (budget et comptes) (v. n° **140**). Les actes non soumis à la tutelle peuvent cependant être déférés devant le tribunal administratif par le directeur de l'ARH, qui pourra également demander leur sursis à exécution. Il revient au DARH d'exercer la tutelle sur les délibérations du conseil d'administration. En application de la loi du 11 juillet 1979 relative aux motivations des actes administratifs, le directeur de l'ARH doit obligatoirement motiver ses refus d'approbation ou ses modifications de délibération en matière budgétaire.

145 **Le pouvoir d'approbation.** La tutelle qui s'exerce sur les actes du conseil d'administration est un contrôle de légalité a priori. Le directeur de l'ARH ne peut modifier l'acte, excepté en matière budgétaire. Il doit seulement le rejeter si celui-ci lui paraît contraire aux lois et règlements.

146 **Le pouvoir de réformation.** En matière budgétaire, la loi du 31 juillet 1991 accorde au préfet de département le droit de réformer le budget en le modifiant pour déférer aux instructions ministérielles. Ce droit est désormais transféré au DARH depuis l'ordonnance hospitalière du 24 avril 1996.

Le représentant de l'État peut en effet « supprimer ou diminuer les prévisions de dépenses s'il estime celles-ci injustifiées ou excessives, compte tenu, d'une part, des possibilités de soins qui répondent aux besoins de la population, d'autre part, d'un taux d'évolution des dépenses hospitalières qui est arrêté à partir des hypothèses économiques générales et par référence à la politique sanitaire et sociale de l'État par les ministres chargés respectivement de l'Économie, du Budget, de la Santé et de la Sécurité sociale ».

Le contrôle sur les décisions immédiatement exécutoires

Il porte sur la légalité et sur l'équilibre budgétaire.

147 **Sur le plan de la légalité.** Le directeur de l'ARH peut déférer au tribunal administratif les délibérations portant sur les matières qu'il estime illégales dans les deux mois suivant leur réception. Il informe sans délai l'établissement et lui communique toute précision sur les illégalités invoquées. Il peut assortir son recours d'une demande de sursis à exécution. Il est fait droit à cette demande si l'un des moyens invoqués paraît sérieux et de nature à justifier l'annulation de la délibération attaquée.

148 **Sur le plan de l'équilibre budgétaire.** Le directeur de l'ARH peut saisir, pour avis, la chambre régionale des comptes, dans les quinze jours suivant la réception des délibérations dont il estime qu'elles entraînent des dépenses de nature à menacer l'équilibre budgétaire de l'établissement. Il informe sans délai l'établissement de cette saisine, qu'il peut assortir d'un sursis à exécution.

Sous-section 3
Le fonctionnement du conseil d'administration

149 **Le président du conseil d'administration.** C'est le maire de la commune siège de l'hôpital ou le président du conseil général pour les centres hospitaliers spécialisés dans la lutte contre les maladies mentales qui ont le statut d'établissement public de santé départemental. En cas d'empêchement, le président est choisi parmi les conseillers municipaux. Il peut se décharger de cette obligation depuis l'ordonnance du 24 avril 1996. Dans ce cas, un représentant des collectivités territoriales ou un représentant des usagers est désigné par le maire ou le président du conseil général pour exercer les fonctions de président du CA.

150 **La réunion du conseil.** Le conseil élit en son sein un vice-président pour trois ans. Il se réunit au moins quatre fois par an, et en séance extraordinaire :

- sur convocation du président ;

– à la demande écrite du DARH ;

– ou de la moitié de ses membres.

Assistent avec voix consultative aux séances:

– le DARH;

– le directeur de l'établissement, qui doit assurer le secrétariat des séances;

– les directeurs départemental et régional des Affaires sanitaires et sociales, les médecins-inspecteurs régional et départemental;

– le trésorier de l'établissement, lorsque des questions qui le concernent sont à l'ordre du jour.

151 **Le quorum et le vote.** Lors d'une séance, si le quorum (plus de la moitié des membres du CA) n'est pas atteint, il y a une nouvelle séance entre les 3e et 8e jours suivants. Les délibérations sont alors votées quel que soit le nombre des présents.

Le vote peut être secret à la demande d'un seul des administrateurs présents. Sauf vote secret, la voix du président est prépondérante en cas de partage après un deuxième vote à égalité.

Dans les quinze jours qui suivent le CA, le compte rendu de la séance doit être adressé aux administrateurs.

Section 2
Le directeur

152 **L'évolution des compétences du directeur.** La fonction de direction créée par la loi du 21 décembre 1941 était définie par l'article 13 qui précisait qu'elle était assurée « par un agent appointé par l'établissement chargé d'exécuter les décisions de la commission administrative et d'assurer la direction du service ».

Depuis cette loi, les attributions conférées au directeur n'ont cessé de s'accroître. Le tableau ci-après résume les étapes de l'évolution des compétences du directeur.

	Loi du 21 décembre 1941	Ordonnance du 11 décembre 1958	Loi du 31 décembre 1970
Nomination du personnel non médical	dans les établissements de + de 200 lits	dans les établissements de + de 200 lits	tous les établissements
Ordonnancement des dépenses	–	dans les établissements de + de 200 lits	tous les établissements
Représentation légale de l'établissement	–	–	tous les établissements

Les pouvoirs du directeur sont cependant limités par l'existence de contre-pouvoirs importants qui, souvent hors du champ d'intervention du conseil d'administration, remettent en cause l'autonomie des établissements hospitaliers.

Sous-section 1
Les pouvoirs du directeur

Recrutés par concours, les directeurs d'hôpitaux sont nommés par le ministre de la Santé après avis du président du conseil d'administration et inscription sur une liste d'aptitude à exercer les fonctions pour lesquelles ils postulent.

La loi du 31 juillet 1991 précise que « le directeur est chargé de l'exécution des décisions du conseil d'administration et met en œuvre la politique définie par ce dernier et approuvée par le représentant de l'État ».

C'est donc en tant que responsable de l'exécution des décisions du conseil d'administration et qu'autorité disposant de pouvoirs propres que nous allons étudier les fonctions du directeur.

Le directeur, exécutif du conseil d'administration

Le directeur doit exécuter les décisions du conseil d'administration et l'informer de la marche de l'établissement.

153 **L'exécution des décisions du conseil d'administration.** Il appartient au directeur:

- d'assurer le secrétariat du conseil en:
  - préparant les délibérations par l'élaboration des rapports de présentation des diverses affaires à l'ordre du jour,
  - assurant le compte rendu des séances et en tenant le registre des délibérations;
- de rendre exécutoires les délibérations en:
  - adressant aux autorités de tutelle, à savoir DARH par l'intermédiaire du DDASS, les délibérations afin de les faire approuver. Ces délibérations doivent être adressées par envoi recommandé avec accusé de réception pour que puisse être décompté le délai imparti au préfet pour approuver les délibérations.

154 **L'information du conseil d'administration.** Le directeur doit tenir informé le conseil d'administration quant au devenir de ses délibérations et à la marche générale de l'établissement :

1 – l'information du conseil dans sa sphère d'attribution:

– le directeur doit tenir au courant le conseil de l'exécution de ses délibérations;

– il doit répondre à toutes questions du conseil sur l'exécution desdites délibérations.

2 – l'information du conseil dans la sphère de compétence du directeur:

– hors du champ de compétence du conseil, le directeur ne peut se soustraire à l'obligation d'information du conseil. Ainsi, le directeur doit rapporter sur la marche générale de l'établissement;

– le conseil ne peut cependant intervenir directement dans la sphère des pouvoirs propres du directeur. Indirectement, les moyens de pression du conseil sont suffisants pour rappeler au directeur le sens des prééminences.

Le directeur dispose de pouvoirs propres

La loi du 31 juillet 1991 précise que le directeur « assure la conduite générale de l'établissement ». Le champ de compétence est très vaste et concerne tant l'administration des choses que la gestion des personnes.

155 **L'administration des biens.** Le directeur doit assurer l'ordonnancement des dépenses et l'émission des titres de recettes; il a, en outre, la charge de la représentation légale de l'établissement, à savoir:

– sa représentation en justice;

– la signature des actes de vente ou d'achat;

– la signature des baux;

– la réquisition éventuelle du comptable de par la loi du 3 janvier 1984, confirmée par la loi du 31 juillet 1991;

– la passation des marchés;

– la présidence des commissions d'appel d'offres;

– la gestion du patrimoine;

– le virement des crédits dans la limite du dixième des autorisations de dépenses des comptes concernés et à l'intérieur de chacun des deux groupes de comptes: l'un concernant les comptes de personnel, l'autre les comptes de biens consommables;

– il décide de l'ordre de paiement des mandats qu'il transmet au comptable;

– il décide du placement des fonds de trésorerie sur des fonds rémunérés.

156 **La gestion des personnes.** Cette gestion concerne à la fois les personnels hospitaliers et les usagers de l'hôpital.

1 – La gestion des personnels.

Dans ce domaine la loi du 3 janvier 1984 a élargi au personnel médical l'autorité du directeur sur le personnel. La loi dispose en effet que « le directeur exerce son autorité sur l'ensemble des personnels ». Cependant, il s'agit pour les uns d'une autorité hiérarchique et pour les autres d'une autorité d'organisation:

– l'autorité hiérarchique s'exerce sur le personnel non médical, excepté le pharmacien qui est nommé par le ministre chargé de la Santé. Ainsi le directeur nomme, gère et sanctionne le personnel dans le cadre du statut de la fonction publique porté par les lois du 13 juillet 1983 et du 9 janvier 1986. La loi du 31 juillet 1991 a précisé que cette autorité ne pouvait s'exercer que dans les limites des responsabilités professionnelles qui s'imposent dans l'administration des soins. Le directeur n'a pas pouvoir de nomination sur le personnel médical excepté les assistants, les chefs de clinique, les attachés et les internes ;

– l'autorité d'organisation est élargie au personnel médical puisque le directeur a un pouvoir d'organisation sur les divers services y compris les services médicaux. Dans un arrêt Choudet du 27 mai 1964, le Conseil d'État avait rappelé que les médecins ne pouvaient s'opposer au pouvoir d'organisation du directeur. La loi du 3 janvier 1984 n'a fait que légaliser ce qui apparaissait évident pour le Conseil d'État. Cependant, le législateur a tenu à rappeler les limites de ce pouvoir en précisant qu'il s'exerçait « dans le respect de la déontologie médicale, des responsabilités qu'elle comporte pour l'administration des soins et de l'indépendance professionnelle du praticien dans l'exercice de son art ».

2 – la gestion des usagers de l'hôpital.

Le directeur a la responsabilité:

– de l'admission des malades;

– du respect de leur anonymat et de leur vie privée;

– du bon ordre dans son établissement et, dans ce sens, il peut interdire à quiconque de pénétrer dans l'établissement, en particulier les journalistes et autres personnes pouvant perturber la bonne marche de l'établissement. Dans un arrêt récent, la cour d'appel de Paris a décidé que la chambre du malade était un lieu privé (déc. Chantal Nobel, 1986).

Sous-section 2
Les contre-pouvoirs

157 **Contre-pouvoirs externes et internes.** Il est un fait que tout pouvoir doit avoir des limites qui, pour l'essentiel, viennent des

contre-pouvoirs que l'institution a organisés. Les contre-pouvoirs qui s'opposent à ceux du directeur sont:

- selon une interprétation élargie, les pouvoirs de tutelle et de contrôle. Ce sont les contre-pouvoirs externes à l'institution;

- selon une interprétation limitée, les pouvoirs accordés à d'autres fonctionnaires venant en limitation aux pouvoirs du directeur. Ce sont des contre-pouvoirs internes à l'institution.

Les contre-pouvoirs externes

Il s'agit des pouvoirs exercés par les représentants de l'État, des contrôles financiers et des contrôles juridictionnels.

158 **Pouvoirs exercés par les représentants de l'État.** Il faut y relever:

- le pouvoir d'approbation du directeur de l'ARH: quoique nommé et noté par le ministre par l'intermédiaire du DARH, le directeur n'est pas soumis dans ses actes à la tutelle étatique (CE du 26 mars 1982, Carlotti), y compris pour l'approbation des marchés depuis la loi du 31 juillet 1991;

- le pouvoir d'arbitrage du directeur régional du travail en matière de sécurité au travail lorsque le poste est jugé dangereux pour le travailleur par le CHSCT;

- le pouvoir de sanction du préfet de département envers les attachés médicaux qui ne peuvent être révoqués que par décision de cette autorité.

159 **Contrôle financier.** Il est exercé par:

- les directions des ARH qui reçoivent trimestriellement les états des dépenses engagées et des activités affectées;

- le comptable de l'établissement qui vérifie la conformité des engagements avec les lois et règlements et le montant des crédits inscrits.

Même réquisitionné, le comptable peut refuser de déférer à l'ordre de l'ordonnateur s'il considère:

- qu'il y a insuffisance de fonds disponibles pour honorer la dépense;

– que la dépense est ordonnancée sur des crédits irrégulièrement ouverts ou insuffisants ou sur des crédits autres que ceux sur lesquels elle devrait être imputée;

– qu'il y a absence de justification de service fait ou défaut du caractère libératoire du règlement.

Le comptable est par ailleurs le conseiller en gestion du directeur et, à ce titre, perçoit une prime de gestion votée par le conseil d'administration chaque année.

160 **Contrôle juridictionnel.** En tant qu'émanant d'une autorité administrative, les actes du directeur peuvent être déférés devant les tribunaux administratifs.

En tant qu'émanant d'un ordonnateur, les actes du directeur peuvent être passibles de la cour de discipline budgétaire et financière.

En tant que comptable de fait, le directeur peut être condamné par la Cour des comptes.

Les contre-pouvoirs internes

161 **Présentation.** Dans sa sphère de compétence, le directeur est soumis à des obligations soit d'information, soit de consultation, soit de négociation. De plus, il est placé sous la surveillance du CA, de la CME et du CTE.

162 **Obligations d'information.** Outre son devoir d'information auprès du conseil d'administration, le directeur est obligé d'informer dans leur sphère de compétence les diverses commissions:

– commission médicale d'établissement (CME);

– comité technique d'établissement (CTE);

– commissions administratives paritaires (CAP);

– comité d'hygiène et de sécurité et des conditions de travail (CHSCT).

Le directeur est contraint, par ailleurs, de tenir compte du président du conseil d'administration, qui est, à ce titre, président des CAP.

163 **Obligations consultatives.** Certaines des attributions du directeur ne peuvent être exécutées qu'après avoir été soumises pour avis. L'avis peut ne pas être suivi, sauf dans certains cas où le directeur ne peut prendre une décision contraire à celui-ci.

1 – Les avis non contraignants sont donnés:

– en matière de gestion des personnels par le comité technique paritaire;

– en matière d'hygiène et de sécurité et de conditions de travail par le CHSCT;

– en matière d'organisation des services médicaux par la commission médicale d'établissement;

– en matière d'examen de situations individuelles des personnels non médicaux par les commissions administratives paritaires.

2 – Les avis contraignants entraînent l'obligation pour le directeur:

– de ne pas aggraver l'avis prononcé par la commission des recours en matière disciplinaire;

– de ne pas affecter des personnels infirmiers, aides-soignants ou agents des services hospitaliers différemment de la proposition formulée par l'infirmier général. Selon les dispositions de l'article 3 du décret du 11 avril 1975, le directeur peut n'affecter personne sur le poste concerné, mais ne peut affecter une personne différente de celle qui est proposée par l'infirmier général, devenu depuis la loi du 31 juillet 1991 directeur du service des soins infirmiers;

– de ne pas passer outre l'avis du CHSCT en matière de conditions de travail jugées dangereuses pour les travailleurs;

– de suivre l'avis conforme du directeur départemental du travail pour le recrutement sous contrat des médecins du travail.

164 **Obligations de négociation.** Elles s'exercent:

– avec la CME et par délégation de celle-ci avec son président que la loi investit de la mission d'élaboration du projet médical avec le directeur (loi du 31 juill. 1991);

– avec les organisations syndicales représentatives au sein de l'établissement de santé concerné avec lesquelles le directeur doit négocier le projet social qui est un des volets obligatoires du projet d'établissement (loi du 17 janv. 2002).

165 **Le directeur sous la surveillance du CA, de la CME et du CTE.** Désormais, avec le décret n° 2005-421 du 4 mai 2005 portant diverses dispositions relatives au fonctionnement des établissements publics de santé, l'assemblée délibérante – à savoir: le conseil d'administration et les instances consultatives, c'est-à-dire la CME et le CTE – va pouvoir, dans certaines circonstances, demander des audits externes dans des domaines d'activités qui relèvent de la compétence du directeur.

1° En cas d'écart « significatif et prolongé » entre objectifs et résultats dans les comptes des établissements pour lesquels le CA est tenu informé régulièrement, ledit CA peut décider la réalisation d'un audit à son initiative ou sur demande conjointe de la CME et du CTE. Au vu des conclusions de l'audit, le CA peut décider d'adopter un plan de redressement.

2° En cas de « faits de nature à affecter de manière préoccupante et prolongée » la situation de l'établissement, la CME ou le CTE peuvent, à la majorité des deux tiers, demander au directeur de leur fournir des explications. La question est alors inscrite de droit à l'ordre du jour de la prochaine séance de la commission et du comité. Après avoir entendu le directeur, la CME et le CTE peuvent confier à la même majorité des deux tiers, à deux de leurs membres respectifs, le soin d'établir un rapport conjoint. Ce rapport conclut en émettant un avis sur l'opportunité de saisir de ces conclusions le CA en vue de la mise en œuvre de la procédure d'audit décrite au 1° ci-dessus. Alors, la CME et le CTE peuvent, toujours à la majorité des deux tiers, décider de procéder à cette saisine. Le CA n'est pas obligé de donner suite à cette demande de saisine, mais, dans ce cas, il doit motiver son rejet. Dans tous les cas, le dernier mot appartient au CA, qui retrouve ici une certaine importance face au directeur.

166 **Du contrôle de gestion indirect au contrôle de gestion direct.** L'État n'a eu de cesse de contrôler la gestion des établissements publics de santé. Ce fut tout d'abord l'amoindrissement considérable des attributions dévolues au conseil d'administration

(ancienne commission administrative) au profit d'un directeur nommé par le ministre. Ce fut encore la fixation des statuts nationaux des personnels non médicaux (1955) et médicaux (1958 et 1984). Ce fut aussi la politique des subventions aux investissements si l'établissement adhérait à un parti architectural agréé ou approuvé, ou imposé par l'État (1970-1980). Bref, l'ensemble donnait peu de pouvoir au conseil d'administration, quoiqu'il lui restât celui de ne pas déférer aux normes d'activités fixées par l'État, ce qui, on en conviendra, est relativement important. Avec la loi du 29 décembre 1979, sous le ministère Barrot, l'État se dote des moyens d'imposer la suppression des lits aux conseils d'administration peu coopératifs. La loi du 31 juillet 1991 va encadrer les activités de médecine, chirurgie, obstétrique avec l'élaboration d'un schéma régional d'organisation sanitaire qui s'imposera à chacun des établissements de santé, qu'il soit public ou privé. Puis l'ordonnance du 24 avril 1996 va imposer le regroupement des établissements sous l'autorité des directeurs d'ARH parallèlement créés par ladite ordonnance. Mais il manquait la gestion directe par les représentants de l'État si l'établissement s'avérait rétif à toute réforme ou évolution. Voici qui est fait avec l'ordonnance du 2 mai 2005 qui autorise le directeur de l'ARH de mettre sous administration provisoire les établissements publics de santé qui ne respecteraient pas l'état prévisionnel des recettes et des dépenses octroyées par ledit directeur d'ARH.

167 **Les cas de mise sous administration provisoire**. L'administration provisoire est prévue dans plusieurs hypothèses: tout d'abord le directeur de l'ARH peut demander au conseil d'administration de présenter un plan de redressement lorsqu'il estime que la situation financière de l'établissement l'exige. À défaut d'adopter par le conseil d'administration ce plan de redressement élaboré selon des critères fixés par voie réglementaire, le directeur de l'ARH peut mettre en demeure l'établissement de prendre les mesures de redressement appropriées. Si cette demande reste sans effet, passé un délai de deux mois, le directeur de l'ARH peut, par décision motivée et pour une durée n'excédant pas douze mois, placer l'établissement sous administration provisoire de conseillers généraux des établissements de santé. Voici le grand retour des conseils généraux, dont la création datait de 1984, mais que les ministres successifs n'avaient pas osé mettre en place pour ne pas déplaire à l'IGAS!... Les hauts fonctionnaires de l'IGAS, pour

la majorité issus de l'ENA, voyaient d'un très mauvais œil un pan entier de leurs contrôles leur échapper !...

En second lieu, si le plan de redressement approuvé par le conseil d'administration n'a pas permis de redresser la situation financière de l'établissement, le directeur de l'ARH peut également, par décision motivée et pour une période n'excédant pas douze mois, placer l'établissement sous administration provisoire des conseillers généraux des établissements de santé. Tout dépendra donc des considérations financières pour motiver la mise sous administration provisoire. Si, dans le cadre de la comptabilité publique, il n'y a pas de lieu de mettre en liquidation judiciaire un établissement public de santé, il est bien évident que le déficit ne peut plus être absorbé d'une année sur l'autre par une augmentation automatique des recettes puisque celles-ci dépendent désormais avec la T2A de l'activité. Une décroissance d'activité devra se traduire incontinent par une diminution des dépenses, sinon le directeur de l'ARH pourra, après mise en demeure, exiger un plan de redressement et ensuite, si ce dernier n'est pas décidé par le conseil d'administration ou s'il n'est pas correctement suivi d'effets positifs, le directeur de l'ARH pourra recourir à la mise de l'établissement public de santé sous administration provisoire. Quid si l'administrateur provisoire n'obtient pas la remise à flot de l'établissement? Va-t-on aller vers une cessation d'activité? Rien ne permet d'inférer cette hypothèse, mais rien ne permet de l'infirmer. Tout reposera sur le champ et les missions de cette administration provisoire.

168 **Les effets de l'administration provisoire.** Selon les dispositions de l'ordonnance du 2 mai 2005 (CSP, art. L. 6143-3-1, 2e al.) : « Pendant la période d'administration provisoire, les attributions du conseil d'administration et du directeur ou les attributions de ce conseil ou du directeur sont assurées par les administrateurs provisoires. Le cas échéant un des administrateurs provisoires nommément désigné pourra exercer les attributions du directeur. Le directeur de l'ARH peut en outre décider la suppression du conseil exécutif. Les administrateurs provisoires tiennent le conseil d'administration régulièrement informé des mesures qu'ils prennent. »

On remarquera le caractère très exhaustif de l'administration provisoire, puisque les attributions exercées par les administrateurs provisoires seront assurées soit dans la sphère de compétence du conseil d'administration et du directeur, soit dans la sphère du conseil d'administration ou de celle du directeur. Il y a donc trois possibilités de substitution pour l'administration provisoire:

- totale, en substitution du conseil d'administration et du directeur ;

- partielle, en substitution du seul conseil d'administration ;

- partielle, en substitution du seul directeur.

Section 3
Le conseil exécutif, organe de cogestion : administration-médecins

169 **Présentation**. L'ordonnance hospitalière du 2 mai 2005 relative à la nouvelle gouvernance des établissements publics de santé crée une nouvelle instance, le conseil exécutif, qui apparaît comme un organe instaurant la cogestion médicale aux côtés de la direction administrative.

170 **Composition.** La composition du conseil exécutif est symbolique de cette volonté des pouvoirs publics d'amener insensiblement une médicalisation des décisions et une prééminence future du pouvoir médical, car ledit conseil est composé à parité de représentants de la direction et de représentants du corps médical. Le décret n° 2005-444 du 10 mai 2005 fixe le nombre maximal de membres du conseil exécutif à douze pour les centres hospitaliers et à seize pour les centres hospitaliers universitaires (les hôpitaux locaux sont exclus de cette réforme pour des raisons de taille). Les représentants de la direction sont nommés par le directeur chef d'établissement et sont généralement des directeurs responsables de pôles d'activités administratifs (économat, finances, investissements et travaux, ressources humaines, affaires juridiques et relations avec la clientèle) avec l'apport selon nous indispensable du directeur du service des soins. Les représentants des médecins sont, outre le président de la CME, les différents chefs

de pôle auxquels devrait s'adjoindre le médecin responsable du département d'information médicale (DIM). Cette composition suscite plusieurs interrogations:

1° Comment peut-on faire cogérer deux autorités dont l'une est nommée par décret gouvernemental (DG de CHU) ou par le ministre chargé de la Santé (les directeurs de centre hospitalier et les directeurs adjoints) et l'autre (le président de la CME) est élu par ses collègues et à ce titre siège avec voix délibérative au conseil d'administration?

2° En cas de partage des voix, celle du directeur est prépondérante en tant que président du conseil exécutif, or comment imposer cette décision au corps médical au cas où ce dernier l'aurait refusée audit conseil exécutif?

171 **Champ de compétences.** Le conseil exécutif bénéficie de prérogatives importantes puisqu'il désigne, avise, contribue et prépare les décisions qui seront de la compétence in fine soit du directeur, soit du conseil d'administration. Le conseil exécutif:

– désigne les professionnels de santé avec lesquels la commission des soins infirmiers, de rééducation et médico-techniques, peut conduire des travaux conjoints dans les matières relevant de ses compétences ;

– donne un avis sur la nomination des responsables de pôle d'activités cliniques et médico-techniques et des chefs de service ;

– contribue à l'élaboration et à la mise en œuvre du plan de redressement qui est imposé par le directeur de l'agence régionale d'hospitalisation lorsque la situation financière de l'établissement le nécessite;

– prépare le projet médical ainsi que les plans de formation et d'évaluation;

– prépare les mesures nécessaires à l'élaboration et à la mise en œuvre du projet d'établissement et du contrat pluriannuel. Il coordonne et en suit l'exécution.

CHAPITRE 5

Les organes consultatifs

172 **Introduction.** La prise de décision à l'hôpital exige une consultation des personnels afin que le décideur, conseil d'administration ou directeur, soit à même de bien cerner les situations et les difficultés. Par ailleurs, une décision ne sera exécutée avec efficacité que si elle rencontre l'adhésion de ceux auxquels elle s'applique.

L'hôpital, établissement de soins, est devenu une structure complexe qui appelle une participation des personnels tant médicaux au travers de la commission médicale d'établissement que non médicaux par l'intermédiaire du comité technique paritaire et des commissions administratives paritaires. L'organisation générale des structures de soins participe de cet esprit participatif. De même, un décret n° 88-657 du 6 mai 1988 a institué un comité de lutte contre les infections nosocomiales (CLIN). Il existe, de plus, un comité d'hygiène et de sécurité et des conditions de travail que nous étudierons dans le chapitre suivant consacré à la médecine du travail et à la protection sanitaire des travailleurs.

Section 1
La commission médicale d'établissement (CME)

Elle a été créée par la loi n° 87-575 du 24 juillet 1987 en remplacement de la commission médicale consultative qui avait été créée par la loi du 21 décembre 1941. Tous les établissements sanitaires y compris les hôpitaux locaux en disposent. Depuis, sa composition a été élargie à des personnels non médicaux, ses attributions ont été étendues et son fonctionnement est représentatif de l'importance que les pouvoirs publics reconnaissent au corps médical dans les établissements en lui proposant une quasi-cogestion.

Sous-section 1
Composition

173 **Distinction selon les établissements.** Le décret n° 2005-767 du 7 juillet 2005 fixe la composition de la CME en distinguant les CHR et CHU, les hôpitaux non CHU et non locaux et les hôpitaux locaux.

Les élections des membres des CME se font au scrutin majoritaire à deux tours, par collèges représentatifs des catégories et des statuts des médecins hospitaliers.

174 **Dans les CHU.** La composition de la commission n'est pas la même dans tous les CHU, les hôpitaux universitaires de Paris, Lyon, Marseille.

Les CHU de Fort-de-France et Pointe-à-Pitre ont une CME composée comme dans les établissements non CHU.

Le tableau ci-contre présente la composition de la CME dans les CHU à l'exception de Paris, Lyon, Marseille, Fort-de-France et Pointe-à-Pitre.

175 **Dans les CHU de Paris, Lyon et Marseille.** Même composition mais il faut y ajouter: pour Lyon et Marseille, deux présidents de comités consultatifs médicaux désignés par leurs collègues; pour Paris, cinq présidents de comités consultatifs médicaux désignés par leurs collègues.

Il faut remarquer la majorité relative qui existe en faveur des praticiens de rang professoral.

La représentante des sages-femmes n'a pas voix délibérative, excepté pour les affaires concernant la gynécologie-obstétrique.

L'infirmière générale qui siégeait avec voix délibérative dans la CME depuis 1975 n'y figure plus, même avec voix consultative.

Composition de la CME dans les CHU sauf Paris, Lyon, Marseille, Pointe-à-Pitre et Fort-de-France

	PH-PU	MCU ou CTU	PH	Autres catégories	Total
Représentants des médecins exerçant leur activité en médecine et psychiatrie et dans les spécialités médicales et psychiatriques, radiologie et imagerie	7	1	8		16
Représentants des chirurgiens exerçant leur activité en chirurgie générale et digestive, en spécialités chirurgicales, en gynécologie-obstétrique	5	1	5		11
Représentant des biologistes	3	2	3		8
Représentants des anesthésistes-réanimateurs	1	1	4		6
Représentant des pharmaciens ayant opté pour l'ancien statut				1	1
Représentants des odontologistes dans les CHR ayant passé convention avec une unité de formation et de recherche en odontologie	1	1			2
Représentants des personnels temporaires et non temporaires				7	7
Représentant des internes et des résidants				1	1
Représentant des internes en pharmacie				1	1
Représentant des sages-femmes (à titre consultatif, sauf pour le vote concernant les problèmes de gynécologie-obstétrique)				1	1
Total	**17**	**6**	**21**	**11**	**54**

176 **Composition de la CME des hôpitaux non CHU et non locaux.** Ce sont les CHR ne faisant pas partie de CHU y compris Pointe-à-Pitre et Fort-de-France, les CHG, les CH spécialisés, les centres de moyen et long séjour. Le décret ne fait pas référence aux centres hospitaliers de secteur. Selon nous, il ne fait aucun doute que ces

établissements entrent dans cette catégorie pour la composition de leur CME.

Composition de la CME dans les hôpitaux non centres hospitaliers universitaires et non locaux, mais y compris Pointe-à-Pitre et Fort-de-France

A **Les praticiens ayant des responsabilités collectives**	B **Les autres praticiens en nombre égal à A**	C **Les autres catégories**
1 – Tous les responsables des pôles d'activités **2** – Tous les chefs de service **3** – Les responsables des structures médicales « sui generis » **4** – Le cas échéant, le pharmacien gérant *NB* – Les règles sont: 1. – A = B 2. – C ne peut être supérieur à A	**1** – Les praticiens hospitaliers titulaires **2** – Le cas échéant, les pharmaciens régis par le décret n° 72-361, du 20 avril 1972	**1** – • 5 représentants, odontologistes et pharmaciens contractuels • 2 représentants des assistants • 2 représentants des attachés qui effectuent au moins 3 demi-journées ou 3 vacations par semaine • 1 représentant des praticiens assistants contractuels ou praticiens contractuels **2** – • 2 représentants des internes et résidents **3** – •1 sage-femme ayant voix délibérative en matière de gynécologie-obstétrique et voix consultative pour les autres questions

Là encore on constate que les chefs de service n'ont plus la majorité absolue mais seulement une majorité relative. L'infirmière générale ou le cadre infirmier ne siège plus qu'avec voix consultative, alors que depuis 1975 il bénéficiait d'une voix délibérative.

Siègent également avec voix consultative à la CME:

– le directeur chef d'établissement ou son représentant assisté le cas échéant de ses collaborateurs dont obligatoirement le directeur du service des soins infirmiers;

– le représentant du CTE désigné par celui-ci;

– le médecin-inspecteur régional et le médecin-inspecteur de la santé;

– un représentant de la commission du service des soins infirmiers élu par cette commission au scrutin majoritaire à un tour; en cas d'égalité des suffrages, le plus âgé des candidats est élu;

– le médecin-conseil de la caisse d'assurance-maladie assurant l'analyse de l'activité de l'établissement.

Seul le directeur chef d'établissement peut assister aux séances restreintes de la CME.

177 **Dans les hôpitaux locaux.** Dans ces établissements, la CME comprend cinq membres élus par les médecins autorisés à donner des soins dans l'établissement et, en outre, le pharmacien-gérant et trois médecins élus par les praticiens des services de moyen et long séjour s'il en existe et, le cas échéant, un praticien élu parmi les praticiens attachés à l'établissement.

Selon le décret n° 92-1210 du 13 décembre 1992 relatif au fonctionnement médical des hôpitaux locaux, si le conseil d'administration le décide à la majorité absolue de ses membres, la CME peut être composée de l'ensemble des personnels médicaux et pharmaceutiques exerçant dans l'établissement.

Sous-section 2
Attributions

178 **Présentation.** La commission médicale d'établissement a des attributions consultatives et délibératives. Il est obligatoire de la consulter pour avis dans des matières nombreuses qui ont trait soit à des questions générales, soit à des questions de carrière des médecins.

Depuis la loi n° 87-575 du 24 juillet 1987, la CME disposait d'une compétence d'attribution en matière de choix médicaux. Le libellé exact de cette prérogative qui avait valu le changement de nom de la CMC pour devenir la CME était (CSP, art. L. 6144-1, 14e al.): « En outre, à la demande du président du CA, du directeur de l'établissement, de son propre président, du tiers de ses membres, du chef de service, du chef de département, du coordonnateur concerné, du responsable d'une structure médicale telle que définie à l'article L. 6146-8, la commission délibère sur les choix médicaux de l'année à venir dans le respect de la dotation budgétaire allouée et compte tenu des décisions prises par le CA et le directeur, en application des articles L. 6143-1 et L. 6143-7 du Code de la santé publique. »

Cette disposition a été supprimée par l'ordonnance n° 2005-406 du 2 mai 2005, qui réécrit l'article L. 6144-1 du Code de la santé publique et confère à nouveau une compétence exclusivement consultative à la CME. Cette modification, qui ne semble pas avoir été critiquée par les différents partenaires médicaux, a été compensée par la création du conseil exécutif qui, par sa composition paritaire entre les directeurs administratifs et les responsables des pôles d'activités cliniques et médico-techniques, donne au corps médical un véritable pouvoir de cogestion illustré par le binôme directeur-chef d'établissement et président de CME à la tête du conseil exécutif.

Les attributions générales

179 **Rôle consultatif de la CME.** Pour tenir compte de la création du conseil exécutif par l'ordonnance hospitalière n° 2005-406, du 2 mai 2005, le décret n° 2005-77, du 7 juillet 2005, a modifié les attributions de la CME.

La CME est consultée pour avis sur tous les projets de délibération (cela est la nouveauté due à l'ordonnance du 2 mai 2005, modifiée par l'ordonnance du 1er septembre 2005) soumis au vote du conseil d'administration. Il s'agit des projets suivants:

1° le projet d'établissement et le contrat pluriannuel mentionnés à l'article L. 6114-1, après avoir entendu le président de la commission médicale d'établissement;

2° la politique d'amélioration continue de la qualité et de la sécurité des soins ainsi que les conditions d'accueil et de prise en charge des usagers, notamment pour les urgences;

3° l'état des prévisions de recettes et de dépenses prévu à l'article L. 6145-1, ses modifications, ses éléments annexes, le rapport préliminaire à cet état, ainsi que les propositions de tarifs de prestations mentionnés à l'article L. 174-3 du Code de la sécurité sociale;

4° le plan de redressement prévu à l'article L. 6143-3 du Code de la santé publique;

5° les comptes et l'affectation des résultats d'exploitation;

6° l'organisation interne de l'établissement, ainsi que les procédures relatives aux contrats d'objectifs et de moyens;

7° les structures dites techniques ouvertes;

8° la politique sociale et les modalités d'une politique d'intéressement, ainsi que le bilan social;

9° la mise en œuvre annuelle de la politique de l'établissement en matière de participation aux réseaux de santé mentionnés à l'article L. 6321-1 du Code de la santé publique et d'actions de coopération mentionnées au titre III du présent livre, définie par le projet d'établissement et le contrat pluriannuel d'objectifs et de moyens;

10° les acquisitions, aliénations, échanges d'immeubles et leur affectation, ainsi que les conditions des baux de plus de dix-huit ans;

11° les baux emphytéotiques mentionnés à l'article L. 6148-2 du Code de la santé publique, les contrats de partenariat conclus en application de l'article 19 de l'ordonnance n° 2004-559, du 17 juin 2004, et les conventions conclues en application de l'article L. 6148-3 et de l'article L. 1311-4-1 du Code général des collectivités territoriales, lorsqu'elles répondent aux besoins d'un établissement public de santé ou d'une structure de coopération sanitaire dotée de la personnalité morale publique;

12° la convention constitutive des centres hospitaliers et universitaires et les conventions passées en application de l'article L. 6142-5;

13° la prise de participation, la modification de l'objet social ou des structures des organes dirigeants, la modification du capital et la désignation du ou des représentants de l'établissement au sein du conseil d'administration ou de surveillance d'une société d'économie mixte locale, dans les conditions prévues par le présent code et par le Code général des collectivités territoriales;

14° le règlement intérieur.

180 **Champ de compétences de la CME.** Outre un rôle consultatif, la CME dispose d'autres compétences:

1 – la CME prépare, avec le directeur dans les hôpitaux locaux, et avec le conseil exécutif dans les autres établissements publics de santé, le projet médical de l'établissement qui définit pour une durée maximale de cinq ans les objectifs médicaux compatibles avec le schéma d'organisation sanitaire ainsi que l'organisation en pôles cliniques et médico-techniques et, le cas échéant, l'organisation de leur structure interne ;

2 – la CME organise la formation continue et l'évaluation des pratiques professionnelles des praticiens et, à cet effet, prépare avec le directeur dans les hôpitaux locaux, et avec le conseil exécutif dans les autres établissements publics de santé, les plans de formation et les actions d'évaluation correspondantes ;

3 – la CME émet un avis:

– sur le projet de soins infirmiers, de rééducation et médico-techniques;

– sur le fonctionnement des pôles autres que médicaux, odontologiques et pharmaceutiques dans leur éventuelle structure interne, dans la mesure où ce fonctionnement intéresse la qualité des soins ou la santé des malades;

– sur la nomination des responsables de pôle d'activités cliniques et médico-techniques ;

4 – la CME est régulièrement tenue informée de la situation budgétaire et des effectifs prévisionnels et réels de l'établissement et des créations, suppressions et transformations d'emploi des praticiens hospitaliers.

La CME peut mandater son président pour exercer les compétences mentionnées au 2 et 3 ci-dessus. La CME émet, en formation restreinte limitée aux seuls praticiens d'un grade équivalent ou supérieur à celui dont le cas est examiné, un avis sur les questions individuelles relatives au recrutement et à la carrière des praticiens.

La CME examine, en formation restreinte également, les mesures relatives au respect de l'obligation de formation continue prises par les conseils régionaux de formation institués par la loi n° 2002-303 du 4 mars 2002 (cf. art. L. 4133-3 du CSP), ainsi que les conclusions des organismes agréés chargés de l'évaluation des praticiens (cf. art. L. 4133-1 du CSP issu également de la loi du 4 mars 2002).

Enfin, lorsque la CME a connaissance de faits de nature à affecter de manière préoccupante et prolongée la situation de l'établissement, elle peut, à la majorité des deux tiers de ses membres, demander au directeur de lui fournir des explications. La question est alors inscrite à l'ordre du jour de la prochaine séance de la commission.

Les attributions spécifiques aux carrières médicales

La commission médicale d'établissement, sans être une commission administrative paritaire, doit donner des avis sur la carrière des médecins quelle que soit leur catégorie. Ainsi, la CME va se réunir soit en assemblée plénière, soit en assemblée restreinte.

181 **Attributions examinées en séances plénières.** La commission médicale d'établissement donne un avis sur:

- la nomination des attachés;

- l'exercice des fonctions de praticiens hospitaliers sur plusieurs établissements en application des conventions passées entre établissements publics et établissements privés à but non lucratif participant au service public hospitalier;

- le plan de formation annuel du personnel médical;

- la désignation des praticiens enseignants des commissions de spécialité et d'établissement.

182 **Attributions examinées en séances restreintes.** Ce sont des attributions touchant aux questions individuelles pour lesquelles les membres non médicaux de la CME et la sage-femme ne peuvent siéger, ainsi que les membres des personnels médicaux qui sont d'un grade inférieur à celui dont le cas est examiné. Outre les questions de carrière, sont également examinés les nominations ou renouvellements des chefs de service ou des responsables de département. S'ajoute en outre l'examen pour chaque médecin de l'obligation d'entretien et de perfectionnement de leurs connaissances.

Seuls siègent alors à la CME les praticiens hospitaliers à temps plein ou à temps partiel. Les votes ont lieu à bulletin secret.

Sous-section 3
Fonctionnement

La CME est la seule commission représentant une catégorie du personnel de l'hôpital qui est présidée par un de ses membres. Elle est maître de son règlement intérieur pour autant qu'il ne viole pas les textes législatifs ou réglementaires.

183 **La présidence.** La commission médicale d'établissement élit au scrutin uninominal à deux tours parmi ses membres chefs de service ou praticiens hospitaliers son président et son vice-président. Dans les CHU, le président est obligatoirement élu parmi les chefs de service mais le vice-président peut être élu parmi les non-chefs de service.

Le président fixe l'ordre du jour et signe les convocations. Il est le conseiller de l'administration. Le président ne peut assurer ses fonctions au-delà de deux mandats successifs. Par contre, il peut à nouveau être élu président après une invalidité de quatre ans.

184 **Les séances.** La CME se réunit au moins quatre fois par an. Elle établit son règlement intérieur. Elle peut être convoquée en séance extraordinaire à la demande:

- du tiers au moins de ses membres;
- du président du conseil d'administration;
- du directeur de l'établissement;
- du préfet de département;
- du médecin-inspecteur régional de la santé.

Si le président est défaillant, ainsi que le vice-président, le préfet peut convoquer la CME sur l'ordre du jour fixé par celui ou ceux qui ont fait la demande d'une séance extraordinaire.

Les séances sont privées et leur secrétariat est assuré à la diligence du directeur de l'établissement.

Si le quorum n'est pas atteint (la moitié des membres plus un), le président convoquera une nouvelle assemblée dès le huitième jour qui suit la première assemblée.

En cas de partage des voix, sauf vote à bulletin secret, la voix du président est prépondérante.

Section 2
Le comité technique d'établissement (CTE)

185 **Présentation.** Le comité technique d'établissement a été créé par la loi du 31 juillet 1991 et se substitue au comité technique paritaire (CTP) qui lui-même avait une existence relativement récente puisqu'il était apparu par une simple circulaire du 11 décembre 1958 et avait été rendu obligatoire avec la loi du 31 décembre 1970.

Le CTE se démarque de l'ancien CTP dans la mesure où il n'est plus paritairement composé de représentants de l'administration et de représentants du personnel, et qu'il n'est plus présidé par le président du conseil d'administration ou son représentant. Le CTE a été renouvelé totalement dans sa composition si ce n'est dans ses attributions qui sont restées très proches de l'ancien CTP.

Sous-section 1
Composition

186 **La répartition en collèges.** La composition des CTE est numériquement différente selon le nombre d'agents (titulaires et contractuels), mais identiquement répartis entre trois collèges en référence aux catégories A (emplois de direction), B (emplois d'encadrement), C et D (emplois d'exécution) du statut général des fonctionnaires.

Selon le décret n° 2007-1241 du 21 août 2007 :

– le nombre des représentants à élire pour chaque collège est proportionnel à l'effectif des agents qui en relèvent ;

– les sièges sont attribués selon la règle suivante :

1° Il est attribué à chaque collège le nombre de sièges correspondant à la partie entière de la proportion (il faut donc diviser le nombre total des agents par le nombre total des sièges, tous collèges confondus) ;

2° Les sièges restant à attribuer le sont par ordre décroissant de la décimale jusqu'à atteindre le nombre total des sièges calculé selon le nombre total des agents de tout le collège.

Toutefois, cette règle ne doit pas conduire à ce que :

– sous réserve de l'application des dispositions de l'article R. 6144-45 du Code de la santé publique, une catégorie n'ait aucun siège ; or selon cet article R. 6144-45 : « lorsque le nombre des électeurs d'un collège est inférieur à cinq, ceux-ci sont attachés au collège de la catégorie hiérarchique immédiatement inférieure. Si l'effectif total de ces deux collèges est lui-même inférieur à cinq, les trois collèges vont alors fusionner. Si l'effectif du collège de la catégorie C est inférieur à cinq, celui-ci est alors fusionné avec le collège de la catégorie B. Dans tous les cas, le nombre de représentants à élire pour le collège ainsi constitué est proportionnel à son effectif total » ;

– le nombre de sièges des représentants de la catégorie A soit inférieur à deux dans les établissements comptant 501 agents au moins et 2000 agents au plus, et à trois dans les établissements de plus de 2000 agents.

L'effectif global des trois collèges réunis est désormais fonction du nombre des agents constituant le collège électoral.

187 Nombre total des membres du CTE dans les établissements publics de santé.

	Titulaires	Suppléants
Dans les établissements comptant moins de 50 agents	3	3
Dans les établissements de 50 à 99 agents	6	6
Dans les établissements de 100 à 500 agents	10	10
Dans les établissements de 501 à 2 000 agents	16	16
Dans les établissements de plus de 2 000 agents	20	20

La présidence revient de droit au directeur, chef d'établissement, ou à son représentant. Les membres sont élus pour trois ans au suffrage universel direct selon des modalités particulières.

188 **Élections des membres du CTE.** Les représentants du personnel au CTE sont élus pour quatre ans dans chaque collège à la représentation proportionnelle avec répartition des restes à la plus forte moyenne. En cas d'égalité de suffrages obtenus entre deux ou plusieurs listes, le dernier siège est attribué au candidat le plus âgé de ces listes.

Si le nombre de votants est inférieur à 30 % du nombre des électeurs inscrits, il est prévu un deuxième tour. Alors qu'au premier tour, seules les organisations syndicales peuvent présenter des candidats répartis par collèges, au deuxième tour prévu entre six et huit semaines après le premier tour quiconque peut se constituer en listes, mais il n'est pas possible de recevoir des candidatures individuelles. Cette disposition est nouvelle dans le droit hospitalier et ébranle le monopole syndical lorsqu'il y a une abstention massive révélant la défiance des agents envers les syndicats.

Les électeurs sont les agents titulaires, stagiaires et contractuels de droit public et de droit privé, alors que sont éligibles les électeurs qui sont en fonction depuis au moins trois mois dans l'établissement. Ne peuvent être élus les personnels en congé de longue durée, les agents frappés d'une rétrogradation ou d'une exclusion temporaire de fonctions à moins qu'ils n'aient été amnistiés et les agents frappés d'une incapacité électorale.

Le directeur règle les opérations électorales alors que la date des élections est fixée nationalement par le ministre chargé de la Santé, deux mois au moins avant le renouvellement des CTE.

Les électeurs peuvent voter par correspondance pour permettre entre autres à ceux qui ne sont pas en service au moment du vote de pouvoir participer à l'élection.

La constitution et la validité des élections sont portées dans les cinq jours de la proclamation des résultats devant le directeur qui statue dans les quarante-huit heures sur décision motivée adressée pour information au préfet du département.

Sous-section 2
Attributions

Le CTE est obligatoirement consulté sur l'organisation et le fonctionnement de l'établissement y compris en matière financière. Il a donc des attributions dans la sphère de compétence du conseil d'administration et du directeur.

189 **Attributions dans la sphère de compétence du conseil d'administration.** Selon le décret n° 2005-767 du 7 juillet 2005, pris en application de l'ordonnance hospitalière n° 2005-406 du 2 mai 2005, le CTE est obligatoirement consulté sur tous les projets de délibération du conseil d'administration, c'est-à-dire:

1° le projet d'établissement et le contrat pluriannuel mentionnés à l'article L. 6114-1, après avoir entendu le président de la commission médicale d'établissement;

2° la politique d'amélioration continue de la qualité et de la sécurité des soins ainsi que les conditions d'accueil et de prise en charge des usagers, notamment pour les urgences;

3° l'état des prévisions de recettes et de dépenses prévu à l'article L. 6145-1, ses modifications, ses éléments annexes, le rapport préliminaire à cet état, ainsi que les propositions de tarifs de prestations mentionnés à l'article L. 174-3 du Code de la sécurité sociale;

4° le plan de redressement prévu à l'article L. 6143-3;

5° les comptes et l'affectation des résultats d'exploitation;

6° l'organisation interne de l'établissement définie à l'article L. 6146-1 ainsi que les procédures prévues à l'article L. 6145-16;

7° les structures prévues à l'article L. 6146-10;

8° la politique sociale et les modalités d'une politique d'intéressement ainsi que le bilan social;

9° la mise en œuvre annuelle de la politique de l'établissement en matière de participation aux réseaux de santé mentionnés à l'article L. 6321-1 et d'actions de coopération mentionnées au titre III du présent livre, définie par le projet d'établissement et le contrat pluriannuel d'objectifs et de moyens;

10° les acquisitions, aliénations, échanges d'immeubles et leur affectation, ainsi que les conditions des baux de plus de dix-huit ans;

11° les baux emphytéotiques mentionnés à l'article L. 6148-2, les contrats de partenariat conclus en application de l'article 19 de l'ordonnance n° 2004-559 du 17 juin 2004 et les conventions conclues en application de l'article L. 6148-3 et de l'article L. 1311-4-1 du Code général des collectivités territoriales lorsqu'elles répondent aux besoins d'un établissement public de santé ou d'une structure de coopération sanitaire dotée de la personnalité morale publique;

12° la convention constitutive des centres hospitaliers et universitaires et les conventions passées en application de l'article L. 6142-5;

13° la prise de participation, la modification de l'objet social ou des structures des organes dirigeants, la modification du capital et la désignation du ou des représentants de l'établissement au sein du conseil d'administration ou de surveillance d'une société d'économie mixte locale, dans les conditions prévues par le présent code et par le Code général des collectivités territoriales;

14° le règlement intérieur.

En outre, le CTE est obligatoirement consulté sur les conditions et l'organisation du travail dans l'établissement, notamment les programmes de modernisation des méthodes et techniques de travail et leur incidence sur la situation du personnel. Il en va de même de la politique générale de formation du personnel, et notamment les plans de formation. Enfin, le CTE est aussi consulté sur les critères de répartition de la prime de service, la prime forfaitaire technique et la prise de technicité.

Le CTE est régulièrement tenu informé de la situation budgétaire et des effectifs prévisionnel et réel de l'établissement. Relevons encore, comme on a pu le signaler par ailleurs, que le CTE peut, conjointement avec la CME, demander au conseil d'administration que l'on inspecte les comptes proposés par le directeur.

190 **Attributions dans la sphère du directeur.** Ce sont:

– les conditions de l'organisation du travail, notamment les programmes de modernisation des méthodes et techniques de travail et leurs incidences sur la situation du personnel;

– les critères de répartition de la prime de service, de la prime de technicité et de la prime forfaitaire technique.

Notons, enfin, que le CTE est destinataire du rapport annuel établi par la commission médicale d'établissement sur l'évaluation technique et économique des soins dispensés dans l'établissement, expurgé, en la circonstance, des informations de nature à trahir le secret médical. Il n'a pas à donner un avis sur ce document. Il peut tout au plus prononcer des vœux et formuler une appréciation générale.

Sous-section 3
Fonctionnement

191 **La présidence.** Elle revient de droit au directeur de l'établissement. Il convoque le CTE et fixe l'ordre du jour. Le CTE élit parmi ses membres titulaires un secrétaire.

192 **Les séances.** Le CTE est convoqué par le président en séance ordinaire ou extraordinaire à la demande de la moitié des membres titulaires. Dans ce dernier cas, le CTE doit être réuni dans un délai d'un mois.

Les membres du CTE reçoivent les documents préparatoires aux réunions au moins quinze jours avant la réunion. Le CTE se réunit au moins une fois par trimestre.

Le quorum de la moitié des membres est exigé. Si le quorum n'est pas atteint, une nouvelle séance est convoquée dans les huit jours; aucun quorum n'est exigé dans cette dernière hypothèse. Les séances ne sont pas publiques. Le comité doit être informé de la suite donnée à ses avis ou à ses vœux dans un délai de deux mois par une communication écrite du président à chacun de ses membres.

Les délibérations du CTE n'étant pas de nature nominative, elles peuvent être communiquées à quiconque en formule la demande.

Le représentant du personnel bénéficie d'autorisations spéciales d'absence de la durée du CTE augmentée de deux fois pour permettre l'étude des dossiers.

Section 3
Les commissions administratives paritaires (CAP)

Prévues par le premier statut national des agents hospitaliers (décr. du 20 mai 1955), les commissions administratives paritaires locales et départementales furent originellement mises en place par un arrêté du 20 mars 1957. En application de la loi du 9 janvier 1986 portant statut des personnels hospitaliers, un décret n° 2003-655 du 18 juillet 2003 est venu, en abrogeant le décret n° 92-794 du 14 août 1992, modifier les conditions de constitution, composition, fonctionnement et attribution des CAP locales et départementales.

Sous-section 1
Constitution

193 **Création.** Une CAP locale est créée par délibération du conseil d'administration de l'établissement, dès que l'effectif d'au moins quatre agents est atteint pendant trois mois dans au moins un groupe.

Ce seuil est très bas pour permettre la constitution d'une CAP dans tous les établissements.

194 **Répartition en groupes.** Selon le décret du 18 juillet 2003, les CAP locales sont au nombre de trois :

– 3 commissions pour les personnels de catégorie A;

– 3 commissions pour les personnels de catégorie B;

– 3 commissions pour les personnels des catégories C et D.

Chacune de ces commissions est constituée d'un groupe unique, ce dernier étant lui-même constitué de trois sous-groupes: un pour les personnels techniques, un pour les personnels soignants et assimilés et le dernier pour les personnels administratifs, ces sous-groupes rassemblant les corps, grades et emplois hiérarchiquement équivalents.

195 **Cas particuliers des commissions paritaires départementales et nationales.** Les commissions paritaires départementales, également constituées en groupes (neuf au total), fonctionnent comme les commissions paritaires locales, mais ont été créées pour permettre:

– un recensement rapide des voix obtenues par chaque organisation syndicale afin de connaître leur représentativité pour la désignation des représentants du personnel dans les diverses instances consultatives (CHSCT, Conseil supérieur de la fonction publique hospitalière);

– la désignation des représentants du personnel aux commissions départementales de réforme, qui sont choisis parmi les représentants du personnel élus aux commissions paritaires départementales;

– la représentation des personnels dont la nomination appartient au préfet (personnels des établissements relevant des services départementaux de l'aide sociale à l'enfance, à l'exception des personnels de direction);

– la représentation des agents dont le nombre est insuffisant pour être représentés dans une commission locale;
– la suppléance des commissions paritaires locales lorsque:
  - le groupe le plus élevé hiérarchiquement d'une commission paritaire locale ne comporte qu'un seul agent et que la situation dudit agent doit être examinée en matière d'inscription à un tableau d'avancement ou en matière disciplinaire,
  - toutes les possibilités de remplacement se révèlent impossibles et qu'au moins deux représentants du personnel auprès de la commission locale ne peuvent siéger.

Les commissions paritaires nationales sont constituées pour connaître des questions de carrière intéressant le personnel nommé à l'échelon national (personnel de direction seulement).

Sous-section 2
Composition

196 **La parité.** Les CAP comprennent un nombre égal de représentants de l'administration et de représentants des personnels. Elles ne peuvent siéger que si le paritarisme est respecté. Ainsi, si un représentant du personnel titulaire et son suppléant ne peuvent momentanément siéger pour des raisons statutaires, la représentation de l'administration est réduite dans les mêmes proportions. Par contre, la réciproque n'est pas valable puisque si un représentant de l'administration ne peut siéger ainsi que son suppléant il n'y a pas lieu de réduire le nombre de représentants du personnel.

Les membres des CAP sont désignés pour quatre ans.

Les représentants du personnel

197 **Nombre et élection.** Les CAP locales et départementales sont constituées d'un nombre identique de représentants titulaires et suppléants selon le total des agents titulaires relevant de chacun des groupes.

Le nombre de représentants du personnel est déterminé comme suit:

– pour une commission compétente pour un effectif de 4 à 20 agents: un titulaire, un suppléant;

– pour une commission compétente pour un effectif de 21 à 200 agents: deux titulaires, deux suppléants;

– pour une commission compétente pour un effectif de 201 à 500 agents: trois titulaires, trois suppléants;

– pour une commission compétente pour un effectif de 501 à 1000 agents: quatre titulaires, quatre suppléants;

– pour une commission compétente pour un effectif plus de 1001 à 2000 agents: cinq titulaires, cinq suppléants ;

– pour une commission compétente pour un effectif de plus de 2000 agents: six titulaires, six suppléants.

Ils sont élus par l'ensemble des agents titulaires en activité, en détachement et en congé parental du groupe concerné au scrutin proportionnel à la plus forte moyenne sans panachage.

En cas de carence du titulaire, le suppléant siège. Si celui-ci est défaillant à son tour, il sera remplacé par l'un des candidats non élu de la même liste et du même groupe, désigné par l'organisation syndicale qui a présenté la liste. La commission nationale est composée des représentants élus des directeurs au scrutin proportionnel à la plus forte moyenne sans panachage.

Les représentants de l'administration

198 **Commissions paritaires locales.** Les représentants de l'administration sont désignés par le conseil d'administration dans le mois suivant la proclamation des résultats des élections des représentants des personnels.

Le président du conseil d'administration est président des CAP. Les autres membres de la composante « administration » sont désignés, titulaires et suppléants, pour moitié des sièges à pourvoir parmi les membres du conseil d'administration (y compris le président du conseil d'administration), pour l'autre moitié, parmi les agents de catégorie A titulaires de l'établissement. Si le nombre de ces agents est insuffisant, le choix est effectué parmi les agents de catégorie A titulaires exerçant dans l'un des établissements sanitaires et médico-sociaux du département, après accord des assemblées délibérantes des établissements concernés.

Toutefois, le directeur de l'établissement ou, le cas échéant, l'autorité distincte de celui-ci, investie du pouvoir de nomination, ne peut être désigné en qualité de représentant de l'administration. Les représentants du personnel, membres du conseil d'administration, ne peuvent être désignés aux CAP au titre de représentants de l'administration.

Une CAP locale est considérée comme régulièrement constituée lorsque, outre les sièges de représentants titulaires, la moitié des sièges de représentants suppléants de l'administration a été pourvue.

En outre, il est à noter que le décret du 18 juillet 2003 a ajouté la notion de représentation minimale d'un tiers des personnes de chaque sexe dans la composante fixée par l'administration (titulaires et suppléants).

199 **Commissions paritaires départementales.** Les représentants de l'administration, titulaires et suppléants, sont désignés par arrêté du préfet du département dans le mois suivant la proclamation des résultats des élections des représentants des personnels.

Ils sont choisis pour un quart parmi les membres du corps de l'inspection des Affaires sanitaires et sociales, fonctionnaires de catégorie A assurant le contrôle des établissements sanitaires et médico-sociaux. Les trois quarts restants des représentants de l'administration sont choisis parmi les personnels de direction des établissements relevant du titre IV (loi du 9 janv. 1986), à savoir les établissements sanitaires et médico-sociaux du département.

Le directeur départemental des Affaires sanitaires et sociales ou son représentant est membre de droit et s'ajoute aux membres représentants d'administration.

Pour la désignation de ses représentants, l'administration doit respecter une proportion minimale d'un tiers des personnes de chaque sexe calculée sur l'ensemble des représentants titulaires et suppléants.

Sous-section 3
Fonctionnement

200 **Présidence.** Les CAP locales sont présidées de droit par le président du conseil d'administration ou, en son absence, par l'un des représentants de l'administration présents, selon l'ordre de désignation précisé par la délibération du conseil d'administration fixant la liste des représentants de l'administration aux CAP, étant

entendu que sont désignés en tête les membres du conseil d'administration.

Les CAP départementales sont présidées de droit par le directeur départemental des Affaires sanitaires et sociales ou son représentant. En cas d'absence, le président de séance est choisi parmi les représentants de l'administration présents, dans l'ordre de désignation de l'arrêté du préfet fixant la liste des représentants de l'administration aux CAP départementales.

Le président a pour prérogatives:

- de convoquer les CAP;
- de fixer l'ordre du jour des séances.

Il n'a plus voix prépondérante en cas de partage de voix.

201 **Réunions**. Les CAP se réunissent au moins deux fois par an, et en séance extraordinaire, sur demande:

- du préfet de département, pour les CAP départementales seulement;
- du directeur de l'établissement;
- du tiers des membres titulaires;
- du tiers des membres du conseil d'administration.

Les séances ne sont pas publiques.

À la demande du tiers des membres, le vote peut être secret. Le quorum ne peut être atteint que si les trois quarts des membres sont présents. Autrement, une nouvelle séance est programmée dans les huit jours et la moitié des membres doit être présente.

Le secrétariat des séances est assuré par un agent de l'établissement désigné par le directeur, pour les CAP locales, par un fonctionnaire de la direction départementale des Affaires sanitaires et sociales désigné par le préfet, pour les CAP départementales. Un secrétaire adjoint est désigné par la CAP en son sein lors de chaque séance.

Les CAP siègent en formation restreinte lorsqu'elles sont réduites au groupe auquel appartient l'agent intéressé. En formation restreinte, les CAP doivent être composées de telle façon qu'en aucun cas un agent d'un grade donné ne soit appelé à formuler un avis concernant un agent d'un grade hiérarchiquement supérieur.

Les membres suppléants peuvent assister aux séances sans prendre part aux débats, sauf bien entendu lorsqu'ils remplacent un membre titulaire.

Sous-section 4
Attributions

202 **Généralités.** Les CAP n'ont à connaître que des questions individuelles des agents titulaires et, quelquefois, stagiaires (titularisations) et non titulaires (formation).

L'avis des CAP est obligatoirement recueilli soit en formation plénière, soit en formation restreinte. Selon le décret du 18 juillet 2003, lorsque l'autorité investie du pouvoir de nomination prend une décision différente de l'avis émis par la CAP, elle informe celle-ci dans un délai d'un mois des motifs qui l'ont conduite à ne pas suivre cet avis.

203 **En formation plénière.** Les CAP procèdent à l'examen:

– des propositions de licenciement des agents en disponibilité qui refusent leur réintégration au poste qui leur est assigné;

– de la situation des agents dont la démission est refusée et ce, à la demande des intéressés;

– des propositions de dégagement des cadres par suppression d'emploi;

– du recours formulé par un agent titulaire ou non titulaire qui s'est vu refuser par deux fois le bénéfice d'autorisation d'absence pour suivre, pendant son temps de travail, une action de préparation à un concours ou à un examen;

– du refus d'attribution d'un congé d'éducation ouvrière;

– du refus d'attribution d'un congé en vue de favoriser la formation des cadres et animateurs pour la jeunesse;

– des litiges relatifs à l'exercice du travail à temps partiel.

204 **En formation restreinte.** Les CAP procèdent à l'examen:

- des propositions d'inscription sur une liste d'aptitude en vue d'une promotion interne;
- des propositions de titularisation;
- des projets de recrutement sans concours au titre des emplois réservés et des titularisations des agents de catégorie C et D lorsque le statut de leur corps le prévoit;
- des recours contre les notations et la révision de notes et appréciations;
- des propositions d'avancement d'échelon et de grade et des inscriptions aux tableaux d'avancement;
- des propositions de sanctions disciplinaires;
- des propositions de licenciement pour insuffisance professionnelle;
- des propositions de sanction envers un fonctionnaire qui ayant cessé des fonctions (disponibilité ou retraite) n'a pas observé de réserve vis-à-vis d'activités privées que ses anciennes fonctions lui interdisaient d'exercer;
- des recours contre les décisions refusant le bénéfice du congé pour formation syndicale;
- de la saisine de la commission des recours du conseil supérieur de la fonction publique hospitalière.

Par rapport aux anciennes dispositions datant de 1982 et 1985, on constate un élargissement très important du nombre des questions relevant désormais de la formation restreinte.

Section 4
Les pôles d'activités et les unités fonctionnelles

Sous-section 1
Les pôles d'activités

205 **Date d'entrée en vigueur.** La réorganisation des hôpitaux en pôles d'activités devait être mise en œuvre au plus tard le 31 décembre 2006. Cette date prévue par l'ordonnance du 2 mai

2005 créant les pôles d'activités cliniques et médico-techniques n'a pas forcément été respectée. De façon formelle, les EPS ont créé des pôles pour la date imposée mais concrètement ils ont pris du temps – ce qui paraît normal – pour les faire fonctionner.

206 **Champ d'application.** La création des pôles d'activités concerne tous les établissements publics de santé, excepté les hôpitaux locaux dont la petite taille les exclut automatiquement de cette réforme. Il appartient à chaque établissement public de santé de mettre en œuvre sa propre organisation médicale sous l'autorité du conseil d'administration. Ce dernier définit l'organisation de l'établissement en pôles d'activités sur proposition du conseil exécutif. Ces pôles d'activités cliniques et médico-techniques sont définis conformément au projet médical de l'établissement. Ce n'est donc pas le projet médical qui les crée mais c'est lui qui les définit, d'où la très grande importance de réviser tous les projets médicaux.

207 **Structures internes.** Les pôles d'activités peuvent comporter des structures internes selon la terminologie quelque peu absconse de l'ordonnance du 2 mai 2005, qui ne manque pas de préciser que lesdites structures internes de prise en charge des malades par les équipes médicales soignantes ou médico-techniques, ainsi que les structures médico-techniques qui leur sont associées, peuvent être constituées par les services et les unités fonctionnelles.

208 **Le responsable de pôle et le conseil de pôle.** Chaque pôle d'activité est placé sous l'autorité d'un responsable et d'un conseil de pôle. Le responsable est un praticien (médecin à titre permanent) du pôle, inscrit sur une liste nationale d'habilitation, nommé par décision conjointe du directeur et du président de la CME dans les établissements non CHU, et dans les CHU il faut y adjoindre une troisième signature, à savoir celle du doyen de l'UFR (unité de formation et de recherche) des études médicales ou son coordonnateur s'il y a plusieurs UFR concernées. Pour leur nomination, l'avis du conseil de pôle sera requis siégeant en formation restreinte aux seuls médecins du pôle. Dans les CHU, deux autres avis seront requis, celui du conseil restreint de gestion de l'UFR et celui du président de l'unité de recherches en matière biomédicale et de santé publique, après avis de ce

comité!... Jusqu'à la mise en place des conseils de pôles, les avis sont émis par les médecins odontologues et pharmaciens, membres des conseils de service, parties aux futurs pôles d'activités. Les responsables de pôles ont une durée de mandat définie par le règlement intérieur de l'établissement pouvant aller de trois à cinq ans.

209 **Rôle du responsable de pôle d'activités.** Le rôle de responsable de pôle d'activités est de signer un contrat d'objectifs et de moyens avec le directeur chef d'établissement et le président de la CME.

Le praticien responsable de pôle élabore, avec le conseil de pôle, un projet qui prévoit l'organisation générale des orientations d'activités ainsi que les actions à mettre en œuvre pour développer la qualité et l'évaluation des soins.

Le praticien responsable du pôle met en œuvre, au sein du pôle, la politique générale de l'établissement et les moyens définis par le contrat interne. Il organise avec les équipes médicales soignantes ou d'encadrement du pôle, sur lesquelles il a autorité fonctionnelle, le fonctionnement technique du pôle dans le respect de la déontologie de chaque praticien et responsable de structures prévues par le projet de pôle. Enfin le praticien responsable du pôle est assisté, selon les activités du pôle, par une sage-femme cadre ou un cadre de santé, pour l'organisation, la gestion et l'évaluation des activités qui relèvent de leurs compétences et par un cadre administratif.

Les conseils de pôle d'activité

210 **Présentation.** L'ordonnance n° 2005-406 du 2 mai 2005 (cf. J.-M. Clément, *Deux ordonnances 2003-2005 pour une réforme hospitalière*, LEH Éditions, 2005, 227 p.) a créé les pôles d'activité clinique et médico-technique. Le décret n° 2005-1656 du 26 décembre 2005 précise les conditions de mise en place de ces pôles d'activité. Tout d'abord, selon l'ordonnance n° 2005-406 du 2 mai 2005, chaque pôle d'activité est doté d'un responsable de pôle qui est l'un des praticiens du pôle, nommé par décision conjointe du directeur et du président de la CME dans les établissements publics de santé non CHU, et dans les centres hospitalo-universitaires, par le directeur général, le président de la CME et le direc-

teur d'UFR ou le coordinateur des doyens d'UFR lorsqu'il y en a plusieurs. Le choix du praticien s'effectue sur une liste nationale d'habilitation. Les nominations de responsables de pôles d'activité clinique et médico-technique interviendront après avis du conseil de pôle siégeant en formation restreinte aux seuls personnels médicaux, odontologiques et pharmaceutiques de la CME et du conseil exécutif.

211 **Composition du conseil de pôle : les membres de droit.** Outre le responsable du pôle, président, sont membres de droit du conseil de pôle d'activité :

1° Dans les pôles d'activités cliniques et médico-techniques :

a – le praticien responsable de chacune des structures internes composant le pôle ;

b – le cadre supérieur de santé, la sage-femme cadre supérieur ou, à défaut, le cadre de santé ou la sage-femme cadre ainsi que le cadre administratif qui assistent le responsable du pôle ;

c – les cadres supérieurs de santé ou les sages-femmes cadres supérieurs qui assurent l'encadrement de plusieurs cadres mentionnés au d ci-dessous ;

d – le cadre de santé ou la sage-femme cadre qui assurent l'encadrement du personnel dans chacune des structures internes du pôle.

Lorsque le nombre de cadres mentionnés aux c et d ci-dessus excède celui des praticiens mentionnés au a, le nombre des cadres mentionnés au d est réduit, à due concurrence, dans des conditions définies par le règlement intérieur de l'établissement.

2° Dans les pôles d'activités autres que cliniques et médico-techniques :

a – le personnel de direction de pôle ;

b – le cadre qui assiste le responsable de pôle ;

c – les cadres qui assurent l'encadrement du personnel des structures internes du pôle.

212 **Composition du conseil de pôle : les autres membres.** Outre les membres de droit, le conseil de pôle comporte des membres titu-

laires et suppléants élus au scrutin uninominal majoritaire à un tour par et parmi les personnels relevant de chaque corps ou catégorie représentés au sein de deux groupes. Les sièges de suppléants ne donnent pas lieu à candidatures distinctes. La désignation des membres titulaires et suppléants est faite selon l'ordre décroissant du nombre de voix obtenues.

Les personnels mentionnés ci-dessus, titulaires, stagiaires ou contractuels, sont électeurs et éligibles au sein des corps et catégories de l'un ou l'autres des deux groupes ci-dessous :

1°) Le groupe des médecins, odontologistes et pharmaciens comprend les corps ou catégories suivants : professeurs des universités-praticiens hospitaliers, maîtres de conférences des universités-praticiens hospitaliers, praticiens hospitaliers universitaires, praticiens hospitaliers à temps plein et à temps partiel, chefs de clinique des universités-assistants des hôpitaux et assistants hospitaliers universitaires, assistants et assistants associés, praticiens contractuels et praticiens adjoints contractuels, praticiens attachés et praticiens attachés associés, internes et résidents ;

2°) Le groupe des personnels de la fonction publique hospitalière comprend les différents corps et catégories de personnels régis par le titre IV du statut général des fonctionnaires.

213 **Attributions du nombre de sièges.** Le règlement intérieur de l'établissement fixe le nombre de sièges attribués à chaque corps et catégorie de personnels de chacun des deux groupes, selon les modalités suivantes :

1°) Le nombre de sièges est calculé au prorata des effectifs des corps ou catégories des personnels au sein du groupe considéré, appréciés, en équivalents temps plein, au dernier jour du troisième mois précédant la date d'affichage ;

2°) Le nombre de représentants titulaires de chaque groupe ne peut ni être supérieur au tiers des électeurs du groupe ni excéder trente membres. L'application des dispositions qui précèdent ne saurait aboutir à ce qu'un corps ou une catégorie ne dispose pas au moins d'un siège ni à ce que, dans le groupe des médecins, odontologistes et pharmaciens, les praticiens titulaires ne disposent pas au moins de la moitié des sièges.

Le nombre de sièges de suppléants à pourvoir est égal, par corps ou catégorie, à celui des membres titulaires. Lorsque le nombre de membres titulaires est supérieur à dix, le règlement intérieur de l'établissement peut réduire le nombre des membres suppléants à la moitié de celui des titulaires sans qu'il puisse être inférieur à dix.

214 **Durée du mandat et membres suppléants.** La durée du mandat des membres élus du conseil de pôle d'activité est de quatre ans. Ce mandat est renouvelable.

Le règlement intérieur de l'établissement définit les conditions de la suppléance des membres titulaires momentanément empêchés de siéger.

En cas de cessation anticipée du mandat d'un membre titulaire, celui-ci est remplacé, pour la durée du mandat en cours, par le membre suppléant du corps ou de la catégorie considérée qui a obtenu le plus grand nombre de voix. Lorsque, plus de sept mois avant le renouvellement général du conseil, un corps ou une catégorie ne comportent plus de membres suppléants, il est pourvu à leur remplacement.

215 **Dispositions concernant le scrutin.** Le règlement intérieur de l'établissement fixe les modalités du scrutin, notamment les conditions du vote par correspondance.

La date de l'élection est fixée par le directeur de l'établissement. Un mois au moins avant, le directeur publie, par voie d'affichage, la date retenue, la liste des électeurs et des éligibles ainsi que le nombre de sièges de représentants titulaires et suppléants à pourvoir dans les deux groupes au titre de chacun des corps et catégories énumérés ci-dessus.

Le procès-verbal des opérations électorales est affiché pendant six jours francs après le scrutin. Les éventuelles réclamations sur la validité de ces élections sont adressées au directeur de l'établissement avant l'expiration de ce délai.

216 **Attributions du conseil de pôle.** Le conseil de pôle d'activités a notamment pour objet :

1° de participer à l'élaboration du projet de contrat interne, du projet de pôle et du rapport d'activité du pôle, dans le respect de la déontologie médicale, s'agissant des pôles cliniques et médico-techniques ;

2° de permettre l'expression des personnels, de favoriser les échanges d'informations et de faire toutes propositions sur les conditions de fonctionnement du pôle et de ses structures internes, notamment quant à la permanence des soins et l'établissement des tableaux de service.

Sous-section 2
Les unités fonctionnelles

La notion d'unité fonctionnelle n'est pas due à la loi du 31 juillet 1991, mais celle-ci lui donne pour la première fois une consécration législative. C'est sur le plan financier que furent créées les UF avec le décret du 11 août 1983. La loi du 31 juillet 1991 précise leur définition ainsi que leur fonctionnement. On peut s'interroger sur l'intitulé ou le fonctionnement des UF tel qu'il est actuellement précisé par le Code de la santé publique.

217 **Définition**. Les UF sont les structures élémentaires de prise en charge des malades par une équipe soignante ou médico-technique, identifiées par leurs fonctions et leur organisation. Les UF prennent la suite des pôles d'activité qui avaient été instaurés par Mme Barzach lorsque, ministre déléguée chargée de la Santé, elle avait fait voter la loi de réforme hospitalière du 24 juillet 1987.

Les UF sont les éléments de base constitutifs des services ou des départements.

Une seule UF peut constituer un service à part entière si, et seulement si, ladite UF ne présente aucune complémentarité directe avec d'autres unités de même discipline ou s'il n'existe pas d'unité ayant la même activité.

Plusieurs UF de même discipline peuvent constituer un service médical.

Plusieurs UF, au moins trois, peuvent constituer un département qui regroupe des UF de même discipline ou de disciplines complémentaires, voire différentes. La loi est muette sur la définition plus précise des départements médicaux.

Les UF peuvent faire partie des fédérations de services ou de départements dont les contours ont été volontairement laissés flous pour permettre toutes les constructions possibles.

218 **Organisation.** La loi du 31 juillet 1991 précise que l'UF est placée sous la responsabilité d'un praticien titulaire ou d'un praticien hospitalo-universitaire temporaire du service ou du département, dans le cadre de l'organisation générale définie par le chef de service ou de département et dans le respect du projet de service.

La notion de praticien titulaire laisse la place aux non-hospitalo-universitaires comme aux hospitalo-universitaires. Elle permet également une ouverture sur les praticiens à temps partiel. Quant à la notion de praticien hospitalo-universitaire temporaire, elle autorise les chefs de clinique et assistants à postuler pour ces responsabilités à la tête des UF. Le législateur a manifestement voulu l'émergence de ces médecins qui, jusqu'alors, étaient trop cantonnés à des fonctions hiérarchisées sous l'autorité omnipotente du chef de service.

À titre exceptionnel, un praticien hospitalier peut être chargé de plusieurs UF, mais cela ne correspond pas à la logique de la loi qui veut privilégier l'éclosion de responsables plutôt que la concentration des responsabilités sur quelques personnes.

Contrairement à l'organisation des pôles d'activités, le responsable de l'UF n'est pas obligatoirement proposé par le chef de service, même si son accord est nécessairement recueilli par le conseil d'administration qui, seul, désigne pour une période donnée le praticien hospitalier responsable. L'avis des praticiens titulaires du service et celui de la CME sont demandés dans cet ordre avant que le conseil d'administration ne se prononce. On relève donc que l'initiative n'appartient pas forcément au chef de service qui peut, là, se voir quelque peu contester même si cela est très subtilement effectué par le conseil d'administration. Cette disposition peut introduire des divergences entre chef de service et responsable d'UF, qui peuvent aboutir à des dysfonctionnements regrettables. Pour ne pas vouloir des chefs de service omnipotents, la loi risque de permettre la remise en cause d'une unité de commandement pourtant fort utile dans une organisation qui, par ailleurs, est marquée par son caractère hiérarchique.

Section 5
Le comité de lutte contre les infections nosocomiales (CLIN)

Depuis une circulaire du 18 octobre 1973, il a été instauré dans la plupart des établissements un comité de lutte contre l'infection qui avait pour vocation de lutter contre l'hospitalisme. Ce comité est devenu par décret n° 88-657 du 6 mai 1988 relatif à l'organisation de la surveillance et de la prévention des infections nosocomiales dans les établissements d'hospitalisation publics et privés participant au service public hospitalier le CLIN (comité de lutte contre les infections nosocomiales).

219 **Composition du CLIN.** Le décret n° 99-1034 du 6 décembre 1999, relatif à l'organisation de la lutte contre les infections nosocomiales dans les établissements de santé, modifie la composition du comité de lutte contre les infections nosocomiales dont le nombre des membres passe de douze à vingt-deux au maximum et oblige, avant le 31 décembre 2001, tous les établissements à constituer, en leur sein ou en coopération interétablissements, une équipe opérationnelle d'hygiène hospitalière comportant le personnel notamment médical, pharmaceutique et infirmier nécessaire à la mise en œuvre des actions de lutte contre les infections nosocomiales. Ce personnel doit avoir suivi une formation adaptée à ses fonctions.

Le CLIN est composé, après arrêté du conseil d'administration, de vingt-deux membres au maximum, répartis ainsi:

– le président de la commission médicale d'établissement ou de la conférence médicale ou son représentant désigné par lui au sein de ces instances;

– le représentant légal de l'établissement de santé ou la personne désignée par lui ;

– le directeur du service de soins infirmiers ou son représentant dans les établissements publics de santé ou, dans les établissements de santé privés, le responsable du service de soins infirmiers ;

– un pharmacien de la ou des pharmacies à usage intérieur prévues à l'article L. 595-1 ou, le cas échéant, le pharmacien titulaire d'officine ayant passé la convention avec l'établissement de santé en application de l'article L. 595-5 ;

– un biologiste de l'établissement ou, à défaut, un biologiste réalisant les analyses microbiologiques pour l'établissement ;

– deux membres proposés par la commission médicale d'établissement ou la conférence médicale parmi les médecins et chirurgiens de l'établissement ;

– le responsable de l'équipe opérationnelle d'hygiène ;

– le médecin responsable de l'information médicale ;

– un membre de l'équipe opérationnelle d'hygiène désigné par celle-ci en son sein ;

– un infirmier exerçant une activité de soins ; dans les établissements publics de santé cet infirmier est désigné en son sein par la commission du service de soins infirmiers ;

– au plus cinq professionnels paramédicaux ou médico-techniques ;

– au plus cinq membres choisis parmi les médecins, pharmaciens, sages-femmes, odontologistes, dont un médecin spécialiste de l'épidémiologie, un médecin spécialiste des maladies infectieuses et une sage-femme lorsqu'ils existent ; dans les établissements publics de santé, ces membres sont proposés par la commission médicale d'établissement.

220 **Fonctionnement du CLIN**. Il élit à la majorité de ses membres son président et un vice-président parmi ses membres PH ou parmi les médecins exerçant leur activité dans l'établissement pour les hôpitaux locaux.

C'est le représentant légal de l'établissement, à savoir le directeur, qui arrête la liste nominative du CLIN.

Le CLIN doit se réunir au moins trois fois par an. Il peut entendre toute personne compétente, appartenant ou non à l'établissement, sur les questions inscrites à l'ordre du jour. Les représentants des usagers membres du CA peuvent assister avec voix consultative à la séance du CLIN au cours de laquelle sont discutés le rapport d'activité et le programme annuel d'actions.

221 **Attributions du CLIN.** Il a pour mission :

1 – de coordonner l'action des professionnels de l'établissement de santé dans les domaines suivants :

– la prévention des infections nosocomiales, notamment par l'élaboration et la mise en œuvre de recommandations de bonnes pratiques d'hygiène,

– la surveillance des infections nosocomiales et leur signalement aux autorités sanitaires (DDASS et Centre de coordination de la lutte contre les infections nosocomiales),

– la définition d'actions d'information et de formation de l'ensemble des professionnels de l'établissement en matière d'hygiène hospitalière et de lutte contre les infections nosocomiales,

– l'évaluation périodique des actions de lutte contre les infections nosocomiales ;

2 – de préparer, chaque année, avec l'équipe opérationnelle d'hygiène hospitalière le programme d'actions de lutte contre les infections nosocomiales ;

3 – d'élaborer le rapport annuel d'activité de la lutte contre les infections nosocomiales ; ce rapport d'activité peut être consulté sur place, sur simple demande ; il comporte le bilan des activités, établi selon un modèle défini par arrêté du ministre chargé de la Santé ; ce bilan est transmis annuellement par le représentant légal de l'établissement de santé à la Direction départementale des affaires sanitaires et sociales et au Centre de coordination de la lutte contre les infections nosocomiales.

Dans le cadre de ses missions, le comité est notamment chargé de définir, en relation avec les professionnels de soins, les méthodes et indicateurs adaptés aux activités de l'établissement de santé permettant l'identification, l'analyse et le suivi des risques infectieux nosocomiaux.

Le comité de lutte contre les infections nosocomiales est consulté lors de la programmation de travaux, l'aménagement de locaux ou l'acquisition d'équipements susceptibles d'avoir une répercussion sur la prévention et la transmission des infections nosocomiales dans l'établissement.

La création du CLIN marque la volonté des pouvoirs publics de combattre efficacement l'hospitalisme, à savoir l'augmentation des durées de séjour due à l'infection hospitalière.

Section 6
La commission des soins infirmiers, de rééducation et médico-techniques

222 **Présentation**. La création dans chaque établissement public de santé d'un service de soins infirmiers est une innovation de la loi du 31 juillet 1991, avec en corollaire la constitution d'une commission des soins infirmiers. C'est la reconnaissance de la spécialité des soins infirmiers revendiquée depuis plus de vingt ans par les infirmières.

Psychologiquement, le législateur a voulu donner au personnel infirmier une structure représentative à part entière qui facilitera la concertation indispensable avec cette catégorie de personnel. Certes, la notion de service infirmier a été introduite par le décret du 18 octobre 1989 portant statut particulier des infirmiers généraux de la fonction publique hospitalière. L'article 2 de ce décret prévoit que « les infirmiers généraux de 1re classe sont responsables du service infirmier dans lequel ils exercent leur fonction. Ils participent à ce titre à l'équipe de direction ». Selon le député Alain Calmat, le service infirmier réunira les infirmiers et les aides-soignants. Le service infirmier est une structure transversale qui ne se superpose pas à d'autres et qui ne vient pas s'ajouter aux services médicaux. Il s'agit d'une structure de concertation comme le reflètent sa composition et ses compétences.

L'ordonnance du 2 mai 2005 a rebaptisé le service de soins infirmiers: service de soins infirmiers, de rééducation et médico-technique dont la contribution, le fonctionnement et les attributions ont été fixés par le décret n° 2005-1656 du 26 décembre 2005.

Sous-section 1
Composition

223 **Les collèges électoraux.** La commission des soins infirmiers, de rééducation et médico-techniques est composée de représentants élus des différentes catégories de personnels qui participent à la mise en œuvre des soins infirmiers, de rééducation et médico-techniques.

Les corps, grades ou emplois hiérarchiquement équivalents des personnels de la commission sont répartis en trois groupes ainsi qu'il suit :

1° Groupe des cadres de santé :

– collège de la filière infirmière : corps des infirmiers cadres de santé, corps des infirmiers de bloc opératoire cadres de santé, corps des infirmiers anesthésistes cadres de santé, corps des puéricultrices cadres de santé ;

– collège de la filière rééducation : corps des pédicures-podologues cadres de santé, corps des masseurs-kinésithérapeutes cadres de santé, corps des ergothérapeutes cadres de santé, corps des psychomotriciens cadres de santé, corps des orthophonistes cadres de santé, corps des orthoptistes cadres de santé, corps des diététiciens cadres de santé ;

– collège de la filière médico-technique : corps des préparateurs en pharmacie hospitalière cadres de santé, corps des techniciens de laboratoire cadres de santé, corps des manipulateurs d'électroradiologie médicale cadres de santé.

2° Groupe des personnels infirmiers, de rééducation et médico-techniques :

– collège des personnels infirmiers : corps des infirmiers de bloc opératoire, corps des infirmiers anesthésistes, corps des puéricultrices, corps des infirmiers ;

– collège des personnels de rééducation : corps des psychomotriciens, corps des orthophonistes, corps des orthoptistes, corps des diététiciens ;

– collège des personnels médico-techniques : corps des préparateurs en pharmacie hospitalière, corps des techniciens de laboratoire, corps des manipulateurs d'électroradiologie médicale.

3° Groupe des aides-soignants : collège du corps des aides-soignants.

224 **Les membres attributifs.** Cette commission, présidée par le coordonnateur général des soins infirmiers, de rééducation et médicotechniques, comprend des membres élus au scrutin uninominal majoritaire à un tour par et parmi les personnels relevant de chaque collège composant les groupes mentionnés ci-dessus.

Les fonctionnaires titulaires ou stagiaires et les agents contractuels en fonction dans l'établissement à la date du scrutin sont électeurs. Ils sont éligibles, à l'exception de ceux qui sont en congé de maladie depuis plus d'un an, à la date de clôture des listes.

Le nombre de sièges de suppléants à pourvoir est égal, par collège, à celui des membres titulaires. Les sièges de suppléants ne donnent pas lieu à candidatures distinctes. La désignation des titulaires et suppléants est faite selon l'ordre décroissant du nombre de voix obtenues.

Le règlement intérieur fixe le nombre de membres de la commission dans les conditions suivantes :

1° la commission ne peut comprendre plus de trente-deux membres ;

2° les groupes mentionnés ci-dessus y sont représentés dans les proportions respectives de trois huitièmes pour le groupe des cadres de santé, quatre huitièmes pour celui des personnels infirmiers, de rééducation et médico-techniques, et un huitième pour celui des aides-soignants ;

3° le nombre de sièges attribués aux deux premiers groupes est calculé au prorata des effectifs des personnels de chaque collège appréciés, en équivalents temps plein, à la date d'affichage des listes électorales. Chaque collège dispose d'au moins un représentant à la commission.

225 **Les membres consultatifs.** Les membres suivants participent avec voix consultative aux séances de la commission :

– le ou les directeurs des soins qui assistent le coordonnateur général des soins infirmiers, de rééducation et médico-techniques ;

– les directeurs des soins chargés des écoles et instituts de formation paramédicaux rattachés à l'établissement ;

– un représentant des étudiants de troisième année désigné par le directeur de l'institut de formation paramédicale après tirage au sort parmi ceux élus au conseil technique de chaque institut de formation en soins infirmiers, de rééducation ou médico-techniques, rattaché juridiquement à l'établissement ;

– un élève aide-soignant désigné par le directeur de l'institut de formation ou de l'école, après tirage au sort parmi ceux élus au conseil technique de cet organisme, rattaché juridiquement à l'établissement ;

– un représentant de la commission médicale d'établissement.

226 **Modalités du scrutin.** Le règlement intérieur de l'établissement fixe les modalités du scrutin, notamment les conditions du vote par correspondance.

La date de l'élection est fixée par le directeur de l'établissement. Un mois au moins avant, le directeur publie, par voie d'affichage, la date retenue, la liste des électeurs et des éligibles ainsi que le nombre de sièges de représentants titulaires et suppléants à pourvoir dans les différents collèges.

Le procès-verbal des opérations électorales est établi par le directeur de l'établissement et affiché immédiatement pendant six jours francs après le scrutin. Les éventuelles réclamations sur la validité de ces élections sont adressées au directeur de l'établissement avant l'expiration de ce délai. À l'issue de ce délai, le directeur proclame les résultats du scrutin.

227 **Durée du mandat.** La durée du mandat des membres élus de la commission est de quatre ans. Ce mandat est renouvelable.

Le règlement intérieur de la commission définit les conditions de la suppléance des membres titulaires momentanément empêchés de siéger. En cas de cessation anticipée du mandat d'un membre titulaire, celui-ci est remplacé, pour la durée du mandat en cours, par le suppléant qui a obtenu le plus grand nombre de voix au sein du même collège en ce qui concerne les deux premiers groupes mentionnés ci-dessus ou au sein du groupe des aides-soignants.

Lorsque, au moins sept mois avant le renouvellement général de la commission, le dernier suppléant d'un collège d'un des deux premiers groupes mentionnés ci-dessus ou du groupe des aides-soignants est nommé titulaire, il est aussitôt pourvu au remplacement des suppléants de ce collège.

Sous-section 2
Fonctionnement

228 **Réunion.** La commission se réunit au moins trois fois par an. Elle se dote d'un règlement intérieur et d'un bureau. Elle est convoquée par son président. Cette convocation est de droit à la demande du directeur de l'établissement ou de la moitié au moins des membres de la commission.

L'ordre du jour est fixé par le président.

229 **Quorum.** La commission délibère valablement lorsque la moitié au moins des membres élus est présente.

Lorsque ce quorum n'est pas atteint, une deuxième convocation est faite à huit jours d'intervalle. L'avis est alors émis valablement quel que soit le nombre de membres présents.

230 **Procès-verbal.** Chaque séance de la commission fait l'objet d'un procès-verbal adressé au directeur de l'établissement et aux membres de la commission dans un délai de quinze jours.

231 **Attributions.** La commission des soins infirmiers, de rééducation et médico-techniques est consultée sur :

1° l'organisation générale des soins infirmiers, de rééducation et médico-techniques, et de l'accompagnement des malades dans le cadre du projet de soins infirmiers, de rééducation et médico-techniques ;

2° la recherche dans le domaine des soins infirmiers, de rééducation et médico-techniques, et l'évaluation de ces soins ;

3° l'élaboration d'une politique de formation ;

4° l'évaluation des pratiques professionnelles ;

5° la politique d'amélioration continue de la qualité et de la sécurité des soins ;

6° le projet d'établissement et l'organisation interne de l'établissement.

Section 7
La commission des relations avec les usagers et de la qualité de la prise en charge (CRU)

Issue de la loi du 4 mars 2002 relative aux droits des malades et à la qualité du système de santé, la commission des relations avec les usagers et de la qualité de la prise en charge (CRU) remplace la commission locale de conciliation qui était apparue avec l'ordonnance hospitalière du 24 avril 1996.

La commission des relations avec les usagers se distingue de la précédente commission de conciliation – tant par sa composition – beaucoup plus dépendante du directeur, représentant légal – que par son fonctionnement plus précis et ses attributions plus larges.

232 **Composition.** La composition de la nouvelle CRU est modifiée en ce qu'elle est plus fournie et que l'on passe d'un médiateur médecin à deux médiateurs, l'un médecin et l'autre non médecin. Le président est désormais le directeur chef d'établissement.

Ancienne composition Décr. n° 98-1001 du 2 novembre 1998	**Nouvelle composition** Décr. n° 2005-213 du 2 mars 2005
1° Dans tous les établissements publics de santé hors AP-HP: – le président de la CME ou son représentant; – un médecin conciliateur et son suppléant désignés par le directeur après avis de la CME; – un membre de la commission du service des soins infirmiers (SSI) et son suppléant, désignés par le directeur du SSI parmi les personnels soignants (IDE et aides-soignants); – les représentants des usagers membres du CA. 2° Le cas particulier de l'AP-HP: même composition que ci-dessus, mais par hôpital ou groupe hospitalier ayant une commission de surveillance. La commission désigne en son sein son président et son vice-président.	1° Membres obligatoires dans tous les établissements de santé, publics et privés, y compris l'AP-HP: – le directeur, représentant légal, ou la personne qu'il désigne en tant que président de la commission; – deux médiateurs et leurs suppléants respectifs, désignés par le directeur, l'un choisi par les médecins en activité dans un établissement de santé ou ayant cessé leur activité depuis moins de cinq ans, après avis de la CME, l'autre désigné parmi les personnels non médecins de l'établissement concerné; – deux représentants des usagers et leurs suppléants désignés parmi les représentants des usagers dans le CA, ou par renonciation de ceux-ci parmi les personnes proposées par les associations d'usagers agréées par les pouvoirs publics. 2° Membres qui peuvent être appelés à siéger (établissements publics de santé hors AP-HP): – le président de la CME ou le représentant qu'il désigne parmi les médecins membres de cette commission; – un représentant de la commission des soins infirmiers et son suppléant, désignés par le directeur du SSI parmi les personnels soignants (IDE et aides-soignants); – un représentant du personnel et son suppléant choisis par les membres du CTE en son sein; – un représentant du CA et son suppléant, choisis par et parmi les représentants des collectivités locales et les personnalités qualifiées membres du CA. Pour l'AP-HP, la composition est identique, mais par groupe d'établissements ou établissement disposant d'une commission de surveillance.

La composition de la CRU comprend une nouvelle catégorie de membres qui peuvent être appelés à y siéger si le règlement intérieur de l'établissement le prévoit expressément, ce qui va obliger les établissements à se prononcer par leurs conseils d'administration respectifs.

Seuls les représentants titulaires ont voix délibérative; les suppléants peuvent y siéger à titre consultatif. Ainsi, la CRU pourra voir siéger 9 à 16 personnes, ce qui, pour une commission, représente déjà une certaine lourdeur de fonctionnement.

En considération de cela, les établissements seront peut-être enclins à se contenter de seulement 9 membres, ce qui nous paraît suffisant. C'est le directeur qui fixe la liste nominative de cette commission.

233 **Fonctionnement.** La commission se réunit quatre fois par an (une fois par trimestre), sur convocation de son président et aussi souvent que nécessaire pour procéder à l'examen des plaintes et des réclamations. De plus, la commission est réunie de droit à la demande de la moitié au moins des membres ayant voix délibérative.

L'ordre du jour, fixé par le président et comportant, le cas échéant, les questions posées par les membres ayant demandé la convocation extraordinaire, doit être communiqué aux membres de la CRU au moins huit jours avant la réunion. En cas d'urgence, ce délai peut être réduit sans pouvoir être inférieur à un jour franc.

La commission établit son règlement intérieur. Le secrétariat est assuré à la diligence du directeur. Les membres de la commission sont indemnisés au titre des frais de déplacement engagés dans le cadre de leur mission.

La durée du mandat des médiateurs et des usagers est de trois ans, renouvelables. Le mandat des autres membres prend fin en même temps que le mandat ou les fonctions au titre desquels les intéressés ont été désignés.

Le président ne prend pas part au vote.

234 **Attributions.** L'ancienne commission de conciliation avait pour mission d'assister et d'orienter toute personne qui s'estime victime d'un préjudice du fait de l'activité de l'établissement et de l'informer sur les voies de conciliation et de recours gracieux ou juridictionnel dont elle dispose.

La nouvelle commission des relations avec les usagers doit faciliter les démarches des usagers et veiller à ce qu'ils puissent, le cas échéant, exprimer leurs griefs auprès des responsables de l'établissement, entendre leurs explications et être informés des suites de leurs demandes. Mais ce rôle, déjà dévolu à la commission de conciliation, est élargi à l'accueil et la prise en charge en formulant des propositions. Dans le cadre de son attribution sur les plaintes et réclamations des usagers, la CRU dispose désormais de l'accès aux données médicales, sous réserve de l'accord écrit de la personne concernée et de ses ayants droit si elle est décédée.

Le décret du 2 mars 2005 met en place une procédure qui vise à imposer le traitement par la CRU de toutes les plaintes ou réclamations qui, formulées par écrit, continuent à être centralisées par le directeur qui, cependant, est obligé d'y répondre soit en proposant au plaignant de saisir le médiateur, soit en procédant directement à cette saisine. Le médiateur est le pivot de la CRU dans le sens où toutes les plaintes et réclamations font l'objet de son instruction; or comme il y a deux médiateurs, celui qui est médecin est compétent pour connaître ce qui met en cause l'organisation des soins et le fonctionnement médical du service, alors que le médiateur non médecin doit instruire les autres plaintes et réclamations. Lorsqu'une plainte ou réclamation intéresse les deux médiateurs, ceux-ci sont simultanément saisis.

Enfin, le médiateur doit rencontrer le plaignant dans les huit jours après sa saisine, puis un autre délai de huit jours doit permettre au médiateur d'adresser le compte rendu de sa rencontre au président de la CRU, qui le transmet sans délai aux autres membres de la commission. La commission peut rencontrer le plaignant et, encore dans un délai de huit jours après cette rencontre, le directeur doit répondre au plaignant en diffusant une copie aux membres de la CRU.

Section 8
Les associations d'usagers

La loi du 4 mars 2002 relative aux droits des malades et à la qualité du système de santé a promotionné la représentation des usagers dans les diverses instances du champ sanitaire, à condition qu'ils soient représentatifs d'associations dûment agréées par les pouvoirs publics.

Sous-section 1
Les conditions d'agrément

235 **Les actions à mener.** Les associations peuvent être agréées si elles justifient pour les trois années précédant la demande d'agrément de l'exercice d'une activité effective et publique appréciée au regard des actions qu'elle conduit:

1° en faveur de la promotion des droits des personnes malades et des usagers du système de santé auprès des pouvoirs publics et au sein du système de santé;

2° pour la participation des personnes malades et des usagers à l'élaboration des politiques de santé et pour leur représentation dans les instances hospitalières ou de santé publique;

3° en matière de prévention, d'aide et de soutien en faveur des personnes malades et des usagers du système de santé.

Les unions d'associations sont dispensées de justifier de trois années d'ancienneté et d'une activité effective et publique en vue de la défense des droits des personnes malades et des usagers du système de santé si les associations qui les composent remplissent ces conditions.

Les actions de formation mentionnées à l'article L. 1114-1 sont notamment celles que l'association conduit à l'égard de ses membres. Elles sont appréciées au regard de leur nature, de leur nombre, de leur fréquence et des moyens qui y sont consacrés.

Les actions d'information mentionnées au même article sont appréciées en tenant compte notamment de la réalisation et de la diffusion de publications ainsi que de la tenue de réunions d'information et de permanences. Dans le cas des unions d'associations, il est tenu compte des actions de formation et d'information conduites par les associations qui les composent.

La représentativité de l'association est attestée par un nombre suffisant de membres cotisant individuellement, eu égard au public auquel s'adresse l'association et au cadre territorial de ses activités. À défaut, l'association est regardée comme représentative si elle justifie d'une large audience auprès des personnes qu'elle entend représenter ou défendre. Dans le cas des unions d'associations, il est tenu compte du nombre de membres des associations qui les composent ou de l'audience de ces associations auprès des personnes qu'elles entendent représenter ou défendre.

Les statuts, les financements, les conditions d'organisation et de fonctionnement de l'association ne doivent pas être de nature à limiter son indépendance. En particulier, l'indépendance de l'association doit être garantie à l'égard des professionnels de santé, établissements de santé, services de santé et organismes dans lesquels sont réalisés des actes individuels de prévention, de diagnostic ou de soins, ainsi que des producteurs, exploitants et fournisseurs de produits de santé. L'association doit également présenter des garanties suffisantes au regard du respect des libertés individuelles. Toutes les associations composant une union d'associations sont tenues au respect des conditions fixées par le présent article.

Sous-section 2
La procédure d'agrément

236 **Agrément national et régional.** Peuvent faire l'objet d'un agrément national, délivré par le ministre chargé de la Santé, les associations qui justifient soit d'au moins 5000 membres cotisant individuellement, soit de membres cotisant individuellement répartis sur au moins six régions, dont aucune ne représente plus de 50 % du nombre total de membres. Dans le cas des unions d'associations, il est tenu compte du nombre de membres des associations qui les composent.

Peuvent également faire l'objet d'un agrément national les associations qui démontrent le caractère national de leur activité.

Les associations qui ne remplissent pas les conditions mentionnées aux deux premiers alinéas peuvent être agréées au niveau régional par le préfet de chaque région dans laquelle elles exercent leur activité.

237 **La demande d'agrément.** La demande d'agrément est adressée par lettre recommandée avec demande d'avis de réception ou par voie électronique par le représentant légal de l'association, selon le cas, au ministre chargé de la Santé ou au préfet de région. La composition du dossier joint à cette demande est fixée par arrêté du ministre chargé de la Santé.

Le ministre chargé de la Santé ou le préfet de région transmet le dossier à la Commission nationale d'agrément.

La Commission nationale d'agrément rend son avis dans un délai de quatre mois à compter de la date de réception du dossier complet par l'administration. Elle se prononce, le cas échéant, sur le respect des conditions définies à l'article R. 1114-9.

238 **La décision prise sur avis conforme de la Commission nationale d'agrément.** La décision prise sur avis conforme de la Commission nationale d'agrément est notifiée à l'association, par lettre recommandée avec demande d'avis de réception. Le silence gardé par l'autorité administrative compétente pendant plus de six mois à compter de la date de réception du dossier complet par l'autorité administrative initialement saisie vaut décision de rejet.

239 **Durée d'agrément.** Les associations sont agréées pour une durée de cinq ans à compter de la date de la décision d'agrément.

Les décisions d'agrément font l'objet d'une publication, selon le cas, au Recueil des actes administratifs de la préfecture de région ou au *Journal officiel* de la République française. « L'agrément est renouvelé dans les mêmes conditions. La demande de renouvellement d'agrément est déposée au plus tard pendant le septième mois précédant la date d'expiration de l'agrément en cours. »

240 **Représentation.** Les membres d'une association agréée au niveau national peuvent représenter les usagers du système de santé dans les instances hospitalières ou de santé publique nationales, régionales, départementales ou locales.

Les membres d'une association agréée au niveau régional peuvent représenter les usagers du système de santé dans les instances hospitalières ou de santé publique régionales, départementales ou locales situées dans cette région.

Dans le cas des unions d'associations, les fonctions de représentation des usagers du système de santé peuvent être assurées par les membres des associations qui les composent.

Lorsqu'une association agréée ou une association membre d'une union agréée gère un service ou une structure assurant des actes de prévention, de diagnostic ou de soins, ses membres ne peuvent représenter les usagers du système de santé dans les instances d'un service ou d'une structure ayant un champ d'activité analogue dans le même département.

241 **Agrément d'union d'associations.** L'agrément d'une union d'associations n'entraîne pas de droit l'agrément des associations qui la composent.

En cas de fusion d'associations, dont l'une au moins est agréée, l'agrément doit être à nouveau sollicité, mais la condition d'ancienneté prévue à l'article R. 1114-1 n'est pas exigible.

En cas de changement dans sa composition, une union d'associations agréée en informe dans les meilleurs délais l'autorité administrative qui a délivré l'agrément.

242 **Rapport annuel d'activité.** Les associations agréées rendent compte annuellement de leur activité à l'autorité administrative qui a délivré l'agrément, selon des modalités fixées par arrêté du ministre chargé de la Santé.

243 **Retrait d'agrément.** L'agrément peut être retiré, sur avis conforme de la Commission nationale d'agrément, lorsque l'association cesse de satisfaire aux conditions requises pour l'agrément ou lorsqu'elle ne respecte pas l'obligation prévue à l'article R. 1114-15.

L'autorité administrative qui envisage de procéder au retrait d'un agrément informe l'association intéressée, par lettre recommandée avec demande d'avis de réception, des motifs de ce retrait et l'appelle à formuler ses observations dans un délai d'un mois.

La proposition de retrait d'agrément et les observations de l'association sont transmises à la Commission nationale d'agrément qui rend son avis dans un délai de deux mois.

La décision de retrait est notifiée à l'association intéressée par lettre recommandée avec demande d'avis de réception. Elle fait l'objet de la mesure de publicité prévue à l'article R. 1114-12.

244 **Déchéance des mandats.** Le retrait de l'agrément ou la dissolution d'une association entraînent la déchéance des mandats exercés par les représentants des usagers nommés sur proposition de cette association dans les instances mentionnées à l'article L. 1114-1.

Sous-section 3
La Commission nationale d'agrément

245 **Composition.** La Commission nationale d'agrément, instituée par l'article L. 1114-1, est composée comme suit:

1 – quatre membres de droit:

1° le directeur général de la santé ou son représentant;

2° le directeur de l'hospitalisation et de l'organisation des soins ou son représentant;

3° le délégué interministériel à l'Innovation sociale et à l'Économie sociale ou son représentant;

4° le président de la Mission interministérielle de vigilance et de lutte contre les dérives sectaires ou son représentant;

2 – dix membres nommés par arrêté du ministre chargé de la Santé:

1° un représentant de l'Assemblée nationale et un représentant du Sénat;

2° un membre du Conseil d'État, en activité ou honoraire, nommé sur proposition du vice-président du Conseil d'État;

3° un membre de la Cour de cassation, en activité ou honoraire, nommé sur proposition du premier président de la Cour de cassation;

4° trois personnalités choisies en raison de leur compétence dans le domaine de la santé ou des associations et trois personnalités choisies en raison de leur expérience de la vie associative.

Le président de la Commission est nommé par arrêté du ministre chargé de la Santé parmi les membres mentionnés au 2.

Le mandat des membres de la Commission prend fin en même temps que le mandat ou les fonctions au titre desquels ils ont été désignés. Les membres mentionnés aux b, c et d du 2° de l'article R. 1114-5 sont nommés pour une durée de cinq ans renouvelable.

Les membres de la Commission ne peuvent siéger lorsqu'ils ont un intérêt direct ou indirect à l'affaire examinée.

Ils désignent parmi eux un vice-président chargé d'assurer la présidence de la Commission si le président est empêché ou intéressé par une affaire.

Des suppléants en nombre égal au nombre de titulaires mentionnés au 2° de l'article R. 1114-5, non compris le président soit neuf membres, sont désignés dans les mêmes conditions que ceux-ci. Un membre titulaire empêché ou intéressé par une affaire est remplacé par son suppléant.

Le remplacement d'un membre de la Commission en cas de cessation de fonction en cours de mandat s'effectue dans les mêmes conditions que sa nomination et pour la durée du mandat restant à courir.

246 **Fonctionnement.** La Commission se réunit sur convocation de son président qui fixe l'ordre du jour.

Le président désigne parmi les membres de la Commission un ou plusieurs rapporteurs.

La Commission ne peut délibérer que si la moitié au moins des membres est présente. Dans le cas contraire, une nouvelle séance peut se tenir sans obligation de quorum après un délai de quinze jours.

Les décisions sont prises à la majorité des membres présents. En cas de partage égal des voix, celle du président est prépondérante.

La Commission établit son règlement intérieur. Elle rédige un rapport annuel d'activité qui est transmis au ministre chargé de la Santé et rendu public. Le secrétariat de la Commission est assuré par la Direction générale de la santé qui procède en particulier à l'instruction des demandes d'agrément.

247 **Exercice.** Les fonctions de membre titulaire ou suppléant de la Commission sont exercées à titre gracieux. Elles ouvrent droit aux indemnités pour frais de déplacement et de séjour dans les conditions prévues par le décret n° 90-437 du 28 mai 1990, fixant les conditions et les modalités de règlement des frais occasionnés par les déplacements des personnels civils sur le territoire métropolitain de la France lorsqu'ils sont à la charge des budgets de l'État, des établissements publics nationaux à caractère administratif et de certains organismes subventionnés.

Par dérogation à l'alinéa précédent, une indemnité de fonction, non soumise à retenue pour pension civile de retraite, est attribuée au président de la Commission et, lorsqu'il le supplée, au vice-président. Son montant est fixé par arrêté des ministres chargés du Budget et de la Santé.

CHAPITRE 6

La médecine du travail dans l'institution hospitalière

C'est l'arrêté du 29 juin 1960 qui a organisé la médecine du travail dans les hôpitaux et qui a institué le comité d'hygiène et de sécurité (CHS). Deux décrets du 16 août 1985 sont venus modifier cette réglementation: l'un concerne les CHSCT, l'autre a trait à l'organisation et au fonctionnement des services médicaux du travail.

Ces deux textes se situent dans le prolongement des droits nouveaux accordés aux travailleurs par la loi du 23 décembre 1982.

Section 1
Le comité d'hygiène et de sécurité et des conditions de travail (CHSCT)

Par rapport à l'ancien CHS, le CHSCT renforce considérablement les prérogatives du personnel. Cela est significatif tant pour la création que pour la composition, le fonctionnement et les attributions des CHSCT.

Sous-section 1
Création

248 **Seuil de création.** Il est créé un CHSCT dans les établissements qui occupent cinquante agents au minimum. Il s'agit d'agents salariés, employés réellement, quel que soit leur statut (titulaire, non titulaire, stagiaire, personnel médical, personnel non médical).

Les cinquante agents doivent avoir été rémunérés pendant au moins douze mois au cours des trois dernières années.

Au-dessous du seuil de cinquante agents, les missions du CHSCT sont assurées par les représentants du personnel au comité technique d'établissement. On sait, en effet, qu'il n'y a pas de seuil de création des CTE, qui sont donc constitués dans tous les établissements.

249 **Les possibilités de décentralisation des CHSCT.** La loi du 23 décembre 1982 apporte une innovation importante en donnant la possibilité de créer un CHSCT dans les établissements annexes des établissements occupant globalement plus de cinq cents salariés.

Le décret du 16 août 1985 dispose que c'est le chef d'établissement qui prend les décisions après consultation du comité technique d'établissement.

La loi du 23 décembre 1982 modifiée précise selon l'article 1236-6 du Code du travail que « le CTE détermine en accord avec l'employeur le nombre des CHSCT qui doivent être constitués, eu égard à la nature, la fréquence, la gravité des risques, aux dimensions et à la répartition des locaux ou groupes de locaux ainsi qu'aux modes d'organisation du travail. Le CTE prend, le cas échéant, les mesures nécessaires à la coordination de l'activité des différents CHSCT ».

En cas de désaccord entre le comité technique d'établissement et le directeur, chef d'établissement, « le nombre des comités distincts ainsi que les mesures de coordination (entre les différents comités distincts) sont fixés par l'inspecteur du travail ». En cas de réclamation de l'une ou l'autre partie, l'arbitrage est exercé par le directeur régional du travail.

Sous-section 2
Composition

Sauf le président qui est le chef d'établissement, le CHSCT est entièrement composé des représentants du personnel tant non médical que médical.

250 Les diverses composantes des CHSCT.

1 – À titre délibératif.

Le directeur est président de droit du CHSCT. Le personnel non médical, non pharmaceutique, non odontologique, dispose de:

- trois représentants jusqu'à 199 agents;
- quatre représentants entre 200 et 499 agents;
- six représentants entre 500 et 1499 agents;
- neuf représentants au-delà de 1500 agents.

Les médecins, pharmaciens et odontologistes ont droit à:

- deux représentants au-delà de 2500 agents ;
- un représentant jusqu'à 2500 agents;

2 – À titre consultatif.

Lorsqu'ils existent dans l'établissement, siègent avec voix consultative:

- le ou les médecins du travail chargés de la surveillance médicale du personnel;
- le responsable des services économiques;
- l'ingénieur ou, à défaut, le technicien chargé de l'entretien des installations;
- l'infirmier général;
- un professeur des universités praticien hospitalier chargé de l'enseignement de l'hygiène;
- l'inspecteur du travail;
- les agents du service de protection des organismes de Sécurité sociale.

De plus, le CHSCT peut appeler occasionnellement à siéger, à titre consultatif, toute personne intéressée par l'ordre du jour de la séance considérée.

251 **Les modalités de désignation des représentants des personnels.**

1 – Désignation des représentants des personnels non médicaux, non pharmaceutiques et non odontologiques.

Lorsqu'il existe une ou des organisations syndicales dans l'établissement, celle-ci désigne ses représentants dont le nombre sera en proportion au nombre de voix obtenues lors des dernières élections aux commissions administratives paritaires à l'échelon départemental. Contrairement aux représentants du personnel aux conseils d'administration, les représentants du personnel aux CHSCT peuvent être renouvelés à n'importe quel moment si le syndicat qui les a mandatés le décide.

Les représentants désignés ne sont pas obligatoirement des personnels titulaires.

Lorsqu'il n'existe pas d'organisation syndicale dans l'établissement, les représentants sont élus par l'ensemble du personnel au scrutin uninominal à un tour, comme dans le cas où il n'y a pas d'organisation syndicale pour désigner le représentant du personnel au conseil d'administration. Rien n'impose que les candidats soient titulaires.

2 – Désignation des représentants des personnels médicaux, pharmaceutiques et odontologiques.

Pour ces personnels, la désignation de leurs représentants au CHSCT est assurée par la commission médicale d'établissement en son sein.

Sous-section 3
Fonctionnement

252 **Réunions.** L'ordre du jour de chaque réunion est établi conjointement par le président et le secrétaire du CHSCT. Le président est le directeur de l'établissement, et le secrétaire est un membre du CHSCT élu par ses collègues.

L'ordre du jour doit être communiqué par le président quinze jours au moins avant la date de la réunion du CHSCT aux membres du comité, à l'inspecteur du travail ainsi qu'aux agents des services de prévention des organismes de Sécurité sociale.

Les réunions se tiennent dans l'établissement et, sauf exception justifiée par l'urgence, pendant les heures de travail.

Le CHSCT se réunit au moins tous les trimestres à l'initiative du chef d'établissement. Il peut se réunir en outre en séance extraordinaire:

– soit à la demande motivée de deux de ses membres représentants du personnel;

– soit à la suite de « tout accident ayant entraîné ou ayant pu entraîner des conséquences graves ».

Le CHSCT prend des décisions et des résolutions à la majorité des membres présents.

Les procès-verbaux des réunions, le rapport écrit du chef d'établissement sur l'hygiène, la sécurité et les conditions de travail dans l'établissement, le programme annuel de prévention des risques professionnels et d'amélioration des conditions de travail sont conservés dans l'établissement et doivent être à la disposition de l'inspecteur du travail, du médecin-inspecteur du travail et des agents des services de prévention des organismes de Sécurité sociale.

253 **Les crédits d'heures des représentants des personnels.** Contrairement aux autres crédits d'heures accordés aux représentants des personnels aux conseils d'administration, comités techniques paritaires, commissions administratives paritaires et autres commissions, les autorisations d'absence s'imposent aux directions quel que soit l'intérêt du service, sauf urgence absolue mettant en cause la sécurité des malades.

En application de l'article L. 236-7 du Code du travail, chaque membre des CHSCT a droit à un crédit d'heures égal à:

– deux heures par mois dans les établissements occupant jusqu'à 99 salariés;

– cinq heures par mois dans les établissements occupant de 100 à 299 salariés;

– dix heures par mois dans les établissements occupant de 300 à 499 salariés;

– quinze heures par mois dans les établissements occupant de 500 à 1499 salariés;

– vingt heures par mois dans les établissements occupant plus de 1500 salariés.

Ce temps peut être dépassé dans des circonstances exceptionnelles. Ce crédit d'heures s'entend par CHSCT si, dans l'établissement, il y a plusieurs CHSCT.

Sous-section 4
Attributions

254 **Des attributions élargies.** Par rapport à l'arrêté du 29 juin 1960, la loi du 23 décembre 1982 élargit les attributions des CHSCT et renforce leur pouvoir – qui reste cependant consultatif – afin de préserver l'unité de commandement dans l'établissement. Remarquons cependant que ce pouvoir consultatif peut être très contraignant au point que certaines décisions peuvent s'imposer au directeur après recours aux inspections et expertises.

Les missions courantes

Les CHSCT ont pour mission de contribuer à la protection de la santé et de la sécurité des salariés de l'établissement, y compris de celle des salariés mis à la disposition de l'établissement par une entreprise extérieure, même à titre temporaire.

Le CHSCT contribue à l'amélioration des conditions de travail, notamment en vue de faciliter l'accès des femmes à tous les emplois et de répondre aux problèmes liés à la maternité.

Le CHSCT procède à l'analyse des risques professionnels et des conditions de travail. Il contribue à la promotion de la prévention des risques professionnels et peut proposer des actions de promotion qui ne peuvent être refusées par le chef d'établissement que sur motivation de sa décision. Le comité donne un avis sur:

– les documents se rattachant à sa mission et notamment sur le règlement intérieur de l'établissement;

– le rapport annuel présenté par le chef d'établissement exposant le bilan de la situation générale de l'hygiène, de la sécurité et des conditions de travail et énumérant les actions qui ont été menées au cours de l'année écoulée pour améliorer l'hygiène, la sécurité et les conditions de travail;

– le programme annuel de prévention des risques professionnels et d'amélioration des conditions de travail. Ce programme fixe la liste détaillée des mesures devant être prises au cours de l'année à venir en précisant pour chacune d'elles les conditions d'exécution et l'estimation de son coût. Le CHSCT peut proposer un ordre de priorité et l'adoption de mesures supplémentaires.

Les missions exceptionnelles

255 **Le droit d'alerte.** La loi du 23 décembre 1982 est très protectrice de la santé des travailleurs au point de leur permettre « de se retirer d'une situation de travail dont ils avaient un motif raisonnable de penser qu'elle présentait un danger grave et imminent pour la vie ou pour la santé de chacun d'eux ».

Cette faculté ne peut être exercée que pour autant qu'elle ne puisse créer pour autrui une nouvelle situation de risque grave et imminent. C'est le droit d'alerte qui peut être exercé en cas de danger grave et imminent soit par un représentant du personnel au CHSCT, soit par un travailleur qui alerte un représentant du CHSCT.

Le représentant alerté du CHSCT doit en aviser immédiatement par écrit l'employeur, et consigne cet avis sur un registre spécial ouvert sous le timbre du CHSCT.

À défaut d'accord entre l'employeur et le CHSCT, l'inspecteur du travail saisi peut, selon la nature des questions soulevées:

– mettre en demeure le chef d'établissement de prendre les mesures utiles pour remédier aux circonstances ayant entraîné le droit d'alerte;

– saisir le juge des référés pour voir ordonner toutes mesures propres à faire cesser ce risque. Le juge peut assortir sa décision d'une astreinte liquidée au profit du Trésor public.

Le recours aux inspections et expertises

256 **Inspection.** Déjà contenue dans l'arrêté du 29 juin 1960, la mission d'inspection est confirmée par la loi du 23 décembre 1982 qui fixe leur fréquence à au moins une par trimestre avant chaque réunion du CHSCT.

Le CHSCT doit dans ce cadre effectuer des enquêtes en « matière d'accident du travail ou de maladie professionnelle ou à caractère professionnel ».

257 **Expertise.** Le recours à l'expertise est nouveau. L'article L. 236-9 du Code du travail dispose que « le CHSCT peut faire appel à un expert lorsqu'un risque grave, révélé ou non par un accident du travail ou une maladie à caractère professionnel, est constaté dans l'établissement ».

En cas de désaccord entre la majorité du CHSCT et le chef d'établissement sur la nécessité d'une telle expertise, la décision est du ressort du président du tribunal de grande Instance statuant en référé après saisine par une des parties en cause. L'expert a toute latitude pour assurer sa mission et ses honoraires sont payés par l'établissement.

On remarque qu'une intervention des autorités judiciaires se déroule dans un domaine couvert jusqu'alors par le juge administratif. Par ailleurs, ces dispositions n'ont été utilisées qu'avec discernement selon les statistiques établies par les ministères de tutelle.

Section 2
La médecine du travail

Dans ce domaine également, le Code du travail s'applique. C'est le décret n° 85-947 du 16 août 1985 qui a précisé les conditions d'organisation et de fonctionnement des services médicaux du travail dans les établissements relevant du titre IV (loi du 9 janv. 1986).

Ce décret est un complément indispensable au décret n° 85-946 du 16 août 1985 relatif au CHSCT. Il apporte les précisions sur l'application de la loi du 23 décembre 1982 à propos de l'organisation et du fonctionnement de la médecine du travail ainsi que sur les missions affectées aux médecins du travail.

Sous-section 1
Organisation et fonctionnement

La médecine du travail est un élément fondamental d'une politique de protection de la santé. L'efficacité du service repose sur le médecin du travail. Il n'est donc pas étonnant que le décret du 16 août 1985 s'efforce de respecter son indépendance et aménage précisément l'obligation pour chaque établissement de recourir à un service de médecine du travail.

L'indépendance du médecin du travail

258 **Un salarié.** Le médecin du travail est un salarié de l'établissement qui l'emploie. Cependant, l'article 95 du Code de déontologie médicale (décr. n° 95-1000 du 6 sept. 1995) énonce que « en aucune circonstance, le médecin ne peut accepter de limitation à son indépendance dans son exercice médical de la part de l'entreprise ou de l'organisme qui l'emploie. Il doit toujours agir en priorité, dans l'intérêt de la santé des personnes et de leur sécurité au sein des entreprises ou des collectivités ou il exerce ».

Pour déférer à ces principes, le décret du 16 août 1985 dispose des conditions de recrutement qui peuvent souffrir d'exceptions.

259 **Conditions générales de recrutement.** Le médecin du travail est choisi sur examen des titres obligatoires (CES ou DES de médecine du travail).

Il est nommé par le directeur après:

- consultation du comité technique paritaire;
- consultation du médecin-inspecteur régional du travail;
- avis conforme de l'inspecteur du travail.

Il signe un contrat de travail communiqué au conseil départemental de l'Ordre des médecins et qui correspond à un contrat type approuvé par le conseil national de l'Ordre.

260 **Exceptions aux conditions générales de recrutement.** Dans les CHU, les fonctions de médecin du travail peuvent être confiées à un professeur des universités, praticien hospitalier en médecine du travail. Dans ce cas, il n'y a pas lieu de signer un contrat de travail, mais il est procédé à une nomination selon les règles exposées ci-dessus pour les autres médecins du travail.

L'obligation d'assurer la médecine du travail

261 **Conditions de l'obligation.** Les établissements relevant du titre IV doivent créer ou adhérer à un service de médecine du travail auquel les moyens humains et matériels doivent être donnés pour assurer leur mission.

La création ou l'adhésion à un service de médecine du travail est obligatoire dans les établissements ou syndicats interhospitaliers comptant plus de 1500 agents salariés (titulaires, non titulaires, non médicaux, médicaux) employés au 31 décembre de la dernière année civile. Elle est facultative dans les établissements ou syndicats comptant moins de 1500 salariés. Les établissements peuvent adhérer à un service commun à plusieurs établissements ou syndicats ou peuvent signer une convention avec un service médical du travail interentreprises. Le montant des dépenses est réparti au prorata du nombre des agents employés par chacun.

Le service de médecine du travail doit pouvoir disposer de certains moyens, et, en particulier il doit occuper un médecin à temps complet pour 1500 agents ou par tranche de 1500 agents. La tranche inférieure à 1500 ne justifie qu'un médecin du travail à temps partiel. L'un d'entre eux doit coordonner les activités administratives de l'ensemble des médecins du travail.

Les moyens matériels et humains autres que médicaux font l'objet d'un rapport annuel établi par le directeur et présenté pour avis au comité technique paritaire et au CHSCT. Il est ensuite transmis dans le délai de deux mois à compter de sa présentation assorti des avis des CTP et CHSCT, au conseil d'administration, à l'autorité de tutelle, au médecin-inspecteur régional du travail et à l'inspecteur du travail.

Sous-section 2
Missions

Ce sont celles dévolues au médecin du travail tant en ce qui concerne les conditions de travail que la réalisation des examens médicaux des agents hospitaliers.

Les conditions de travail

Le décret du 16 août 1985 dispose que le médecin du travail est le conseiller du chef d'établissement, mais aussi des personnels et de leurs représentants.

262 **Étendue des missions.** Le médecin du travail est notamment consulté sur:

– l'amélioration des conditions de vie et de travail dans l'établissement. Les conditions de vie impliquent l'intervention du médecin du travail dans des locaux non strictement professionnels comme les restaurants d'entreprise, les locaux culturels et sportifs, etc. C'est une disposition introduite par le décret du 16 août 1985;

– l'hygiène générale de l'établissement, en particulier l'hygiène alimentaire et les installations sanitaires. L'hygiène alimentaire est une disposition nouvelle introduite par le décret du 16 août 1985;

– la protection des agents contre l'ensemble des nuisances et notamment contre les risques d'accident du travail, d'utilisation des produits dangereux ou d'exposition à ces produits;

– les aménagements des postes de travail, notamment en ce qui concerne le travail de nuit et le travail par équipe;

– l'éducation sanitaire du personnel en rapport avec l'activité professionnelle;

– les nouvelles constructions ou les aménagements de locaux anciens, les modifications de l'organisation technique du travail du personnel.

263 **Prérogatives accordées au médecin du travail**. Le médecin du travail doit être informé des diverses déclarations de maladie

professionnelle, de maladie contractée en service et des accidents du travail, ainsi que de tous les événements ayant un rapport avec ses missions.

Il a le droit d'accéder à tous les locaux et services afin de signaler éventuellement les aménagements et mesures propres à faciliter de meilleures conditions du travail.

Il a le droit de faire procéder aux analyses et mesures qu'il estime nécessaires par un organisme agréé choisi sur une liste établie par le ministre chargé du Travail. Les frais des analyses et mesures sont à la charge de l'établissement.

En cas de désaccord sur l'opportunité de ces actions entre le médecin du travail et le chef d'établissement, la décision appartient à l'inspecteur du travail après avis du médecin-inspecteur régional du travail.

Les résultats accompagnés des moyens de protection proposés sont communiqués par le médecin du travail au chef d'établissement qui doit en informer le personnel concerné ainsi que le CHSCT.

Les examens médicaux des agents

Les examens médicaux sont du domaine des médecins du travail au moment de l'embauche et pendant la vie professionnelle de l'agent.

264 **Visite d'embauche.** Tout candidat à un emploi hospitalier doit, pour concourir, passer une visite médicale auprès d'un médecin agréé, vérifiant la bonne aptitude de l'agent à un emploi public et, en particulier, s'il est indemne ou guéri de toute affection tuberculeuse, cancéreuse ou mentale. À la suite de la réussite au concours sur titres et/ou sur épreuves, le candidat doit faire l'objet, avant sa prise de fonctions, d'un examen médical par le médecin du travail. Le médecin du travail, informé du poste postulé, doit, selon le décret du 16 août 1985:

– rechercher si l'agent n'est pas atteint d'une affection dangereuse pour son futur entourage;

– s'assurer qu'il est médicalement apte au poste de travail auquel son affectation est envisagée.

Au moment de cette visite, le médecin du travail constitue un dossier médical qui suivra l'agent pendant sa vie professionnelle.

265 **Pendant la vie professionnelle.** Il appartient au médecin du travail de :

– procéder à la visite médicale annuelle obligatoire pour tous les agents ;

– prescrire tout examen complémentaire en cas de changement de poste de travail ;

– dépister les maladies professionnelles ;

– dépister les affections susceptibles d'exposer l'entourage de l'agent à des risques de contagion ;

– vérifier l'application des normes réglementaires en matière de protection des agents contre les rayons ionisants ;

– donner son avis lors de la réforme du travail d'un agent arrêté à la suite d'une maladie ordinaire dont la durée dépasse six mois, d'une longue maladie et d'une maladie de longue durée. À ces cas s'ajoutent les reprises des agents à la suite de toute absence de plus de trois semaines pour maladie, afin de vérifier l'aptitude de l'agent à reprendre son ancien emploi ;

– donner, à titre préventif, son avis à l'initiative de l'agent, de son médecin traitant ou du médecin-conseil des organismes de Sécurité sociale, lorsqu'une modification de l'aptitude de l'agent est prévisible, en vue de faciliter son reclassement.

CHAPITRE 7

Les médecins, les odontologistes et les pharmaciens

Le développement de la science médicale se réalise en milieu hospitalier, qui se définit soit comme terrain de recherche, soit comme terrain d'expérimentation. Les réussites techniques ont permis d'accroître le nombre des malades susceptibles de bénéficier d'un traitement; en contrepartie, elles ont exigé un recrutement plus important de médecins hospitaliers. Entre 1972 et 1982, le personnel médical hospitalier a doublé, passant de 23 412 à 47234. Le personnel médical est composé d'internes, de praticiens plein temps et temps partiel, et de médecins libéraux venant exercer épisodiquement en milieu hospitalier. Enfin de nombreuses réformes touchant toutes les catégories médicales ont été engagées depuis 1999-2000.

Section 1
Les résidents et les internes

266 **Avant 1982.** Médecins en formation et reconnus comme tels par l'article 106 du décret du 17 avril 1943, les internes ne bénéficiaient pas d'une formation théorique qu'ils revendiquaient.

Jusqu'en 1982, il y avait deux catégories d'internes:

- les internes de CHU;

- les internes de régions sanitaires.

La loi du 23 décembre 1982 a créé un nouvel internat dont le décret n° 83-785 du 2 septembre 1983 précise le statut.

Sous-section 1
Internat et résidanat

267 **L'évolution des textes.** La loi du 6 juillet 1979 avait créé un résidanat de deux ans pour les médecins se destinant à être généralistes et un internat pour les futurs spécialistes. Ces dispositions, en accord avec les exigences d'harmonisation des études médicales des divers pays membres de la Communauté économique européenne, ont été reconduites par la loi du 23 décembre 1982 qui, cependant, pour répondre à une demande des omnipraticiens, a supprimé le résidanat pour lui substituer un internat de médecine générale. C'est ce que l'on appelle l'internat pour tous. Celui-ci a été à nouveau modifié par une loi du 30 juillet 1987 portant diverses mesures d'ordre social dont les articles 56 à 58 suppriment l'internat de médecine générale au profit du résidanat réservé aux futurs médecins généralistes et de l'internat auquel on accède après concours passé pendant ou après le résidanat, pour être spécialiste.

La loi du 23 décembre 1982 organisait l'internat en quatre filières qui correspondaient à un régime d'études spécifiques. Le décret n° 88-321 du 7 avril 1988 fixe l'organisation du troisième cycle des études médicales en distinguant le résidanat et l'internat.

268 **Les différentes filières.** Le schéma ci-contre précise les dispositions relatives au résidanat et à l'internat.

Schéma des études de médecine

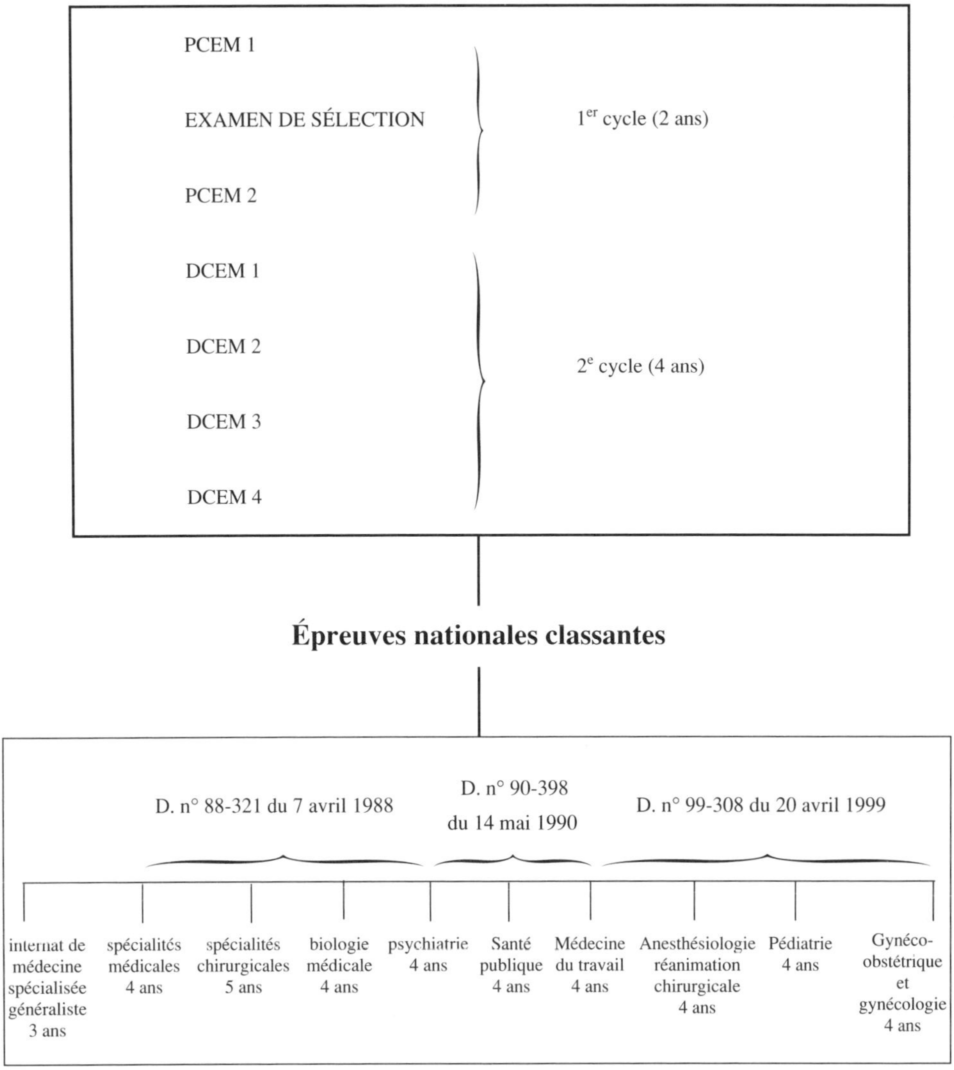

La loi n° 87-588 du 30 juillet 1987 supprime l'internat de médecine générale ainsi que les filières de santé publique et de recherche médicale. La santé publique et la médecine du travail ont été réintroduites sous forme d'option par le décret n° 90-398 du 14 mai 1990.

La loi du 17 janvier 2002 dite de modernisation sociale crée une 10e option en internat de médecine spécialisée généraliste. Il n'y a donc plus de résidanat; il n'y a que des médecines de spécialité.

L'article 60 de la loi du 17 janvier 2002 réforme en profondeur l'organisation du troisième cycle des études médicales: d'une part, il généralise l'internat comme voie d'accès au troisième cycle et, ce faisant, érige la médecine générale au rang de spécialité; d'autre part, il prévoit des mesures d'adaptation pour la reconnaissance des qualifications des médecins ayant été diplômés hors de l'Union européenne.

La généralisation de l'internat

269 **Le concours de l'internat.** Tous les étudiants souhaitant effectuer un troisième cycle d'études médicales devront désormais se présenter au concours de l'internat, qui sera un examen national et classant alors qu'actuellement les étudiants qui ne souhaitent pas se diriger vers une spécialité peuvent s'inscrire, sans passer d'épreuves de classement, au troisième cycle de médecine générale appelé « le résidanat ».

Dans un objectif de revalorisation et d'amélioration de la formation, la médecine générale sera donc traitée comme une spécialité à laquelle on accède via l'internat. La durée de formation en médecine générale est portée de deux ans et demi à trois ans. Cet allongement de la durée des études va avoir lieu dès la période transitoire, quand la réorganisation des programmes sera en place.

La médecine générale devient donc une discipline universitaire sanctionnée par un diplôme d'études spécialisées de médecine générale et ouvrant sur des postes de professeurs d'université et de praticiens hospitaliers de médecine générale.

Le contenu et la durée des formations comme les modalités selon lesquelles les internes pourront acquérir une formation par la recherche seront fixés par décret ainsi que les dispositions permettant les changements d'orientation en cours de troisième cycle. Sur ce dernier point les modalités actuelles ne seront pas modifiées, simplement cette réorientation sera possible sur une base plus large, puisqu'elle pourra s'effectuer entre les spécialités, mais aussi la médecine générale.

270 **L'accès au troisième cycle.** Il sera désormais subordonné à la validation de la totalité des modules d'enseignement. La possibilité d'accéder au troisième cycle sans avoir validé la totalité des certificats suscitait des difficultés en conduisant parfois à la rétrogradation en deuxième cycle d'étudiants qui n'avaient finalement pas réussi à valider les certificats qui leur manquaient. De plus, dans la mesure où la validation du deuxième cycle des études médicales donne lieu, depuis l'arrêté du 10 octobre 2000, à la délivrance d'un diplôme de valeur universitaire, le principe même d'une dérogation ne peut être maintenu.

271 **Les postes ouverts à l'internat.** En conséquence de cette réforme, le nombre de postes ouverts à l'internat sera égal au nombre d'étudiants ayant validé le deuxième cycle, la formation de troisième cycle s'opérant désormais, y compris pour la médecine générale, par la voie de l'internat.

Celui-ci devient un concours national, les deux zones Nord et Sud étant supprimées. En fonction du rang obtenu à l'issue des épreuves, les internes choisiront la spécialité qu'ils souhaitent exercer, la région et l'hôpital.

Les modalités d'accès au troisième cycle des étudiants étrangers ou à diplôme étranger

272 **L'équivalence et l'accès à la qualification.** Tout d'abord, la reconnaissance de l'équivalence des diplômes européens de deuxième cycle est opérée afin de faciliter aux étudiants européens l'accès à une formation en France. Les conventions de coopération et d'échange d'étudiants entre établissements hospitaliers européens seront ainsi possibles.

Ensuite, l'article 60 de la loi du 17 janvier 2002 fixe les procédures d'accès à la qualification qui concernent principalement les médecins à diplôme étranger non communautaire.

La reconnaissance du statut de ces médecins a été progressivement opérée, une étape importante ayant été franchie par la loi du 27 juillet 1999 portant création d'une couverture médicale universelle (CMU).

273 **L'accès à la spécialité.** La question de l'accès à la spécialité demeure cependant, puisque ces médecins ne sont pas titulaires d'un diplôme d'études spécialisées, diplôme mentionnant la qualification et sur la base duquel s'opère la reconnaissance de celle-ci par le conseil de l'ordre.

Les conditions de l'obtention de la qualification de spécialiste seront fixées par décret. Elle s'opérera selon un dispositif similaire à celui prévu pour la délivrance des autorisations individuelles d'exercice, c'est-à-dire à la suite de l'examen par une commission tripartite (représentants des médecins, des ministères de la Santé et de l'Éducation nationale).

Sont concernés à ce titre:

- les médecins diplômés avant 1984;

- les médecins à diplôme étranger à qui une autorisation individuelle d'exercice a été délivrée;

- les praticiens adjoints contractuels;

- les titulaires d'un certificat universitaire de chirurgie;

- les médecins titulaires d'un diplôme interuniversitaire de spécialité et d'un doctorat français obtenu après 1984;

- les médecins titulaires d'un doctorat français (ou obtenu dans un pays de l'Union européenne) et d'une spécialisation acquise dans un pays de l'Union européenne;

- les médecins souhaitant faire reconnaître une qualification en cours de carrière.

Dans ces trois derniers cas, aucune possibilité de reconnaissance de la qualité de spécialiste n'était jusqu'ici possible.

En outre, en application des règles européennes, pourront être autorisés à exercer la médecine en France les médecins de l'Union européenne dont la qualification de spécialiste acquise à l'extérieur de l'Union aura été reconnue par un pays membre.

Sous-section 2
Le statut de l'interne

Avec le décret du 2 septembre 1983, les internes reçoivent une formation pratique et théorique. La formation pratique est assurée par l'hôpital alors que la formation théorique est assurée par l'Université. Le décret du 20 novembre 1999, fixant le statut des internes en médecine et en pharmacie, précise la fonction d'interne et définit ses conditions d'exercice.

La fonction d'interne

274 **Des obligations.** Les internes exercent leurs fonctions par délégation et sous la responsabilité du praticien auprès duquel ils sont affectés. Ils assurent des fonctions de prévention, de diagnostic et de soins.

Diverses obligations s'imposent à l'interne:

– c'est un praticien en formation spécialisée. Il lui incombe donc de consacrer la totalité de son temps à ses activités médicales ou pharmaceutiques et à sa formation;

– il a des obligations normales qui s'élèvent à onze demi-journées par semaine, auxquelles s'ajoute la participation au service des gardes et astreintes. Deux demi-journées par semaine sont accordées pour leur formation universitaire.

L'interne en médecine spécialisée (option biologie médicale) participe, en outre, à l'étude du métabolisme des substances médicamenteuses et toxiques, ainsi qu'à l'élaboration et à la validation des analyses biologiques concourant à la prévention, au diagnostic et à la surveillance des traitements.

L'interne en pharmacie participe à l'ensemble des activités du service dans lequel il est affecté par délégation et sous la responsabilité du praticien ou du pharmacien auprès duquel il est placé. Il a notamment pour missions:

– de participer à la préparation, au contrôle et à la fourniture des médicaments, produits ou objets mentionnés à l'article L. 5121-1 du Code de la santé publique, et des dispositifs médicaux stériles, ainsi qu'à l'étude du métabolisme des substances médicamenteuses et toxiques;

– de participer à l'élaboration et à la validation des analyses biologiques concourant à la prévention, au diagnostic et à la surveillance des traitements;

– d'assurer la liaison entre le service où il est affecté et les services de soins.

L'interne en odontologie exerce, par délégation et sous la responsabilité du chef de service dont il relève, des fonctions de prévention, de diagnostic et de soins qui concernent les maladies de la bouche, des dents et des maxillaires.

275 **Des contraintes.** Les internes sont soumis au règlement des établissements ou organismes dans lesquels ils exercent leur activité. Ils doivent s'acquitter des tâches qui leur sont confiées d'une manière telle que la continuité et le bon fonctionnement du service soient assurés.

Ils ne peuvent en particulier, sous peine de sanctions disciplinaires, s'absenter de leur service qu'au titre des congés et des obligations liées à leur formation théorique et pratique.

En ce qui concerne les activités extérieures, il est accordé aux internes qui le souhaitent de participer à l'encadrement médical de séjours d'activités physiques, sportives et culturelles organisés pour des personnes atteintes de pathologies lourdes, dans le cadre de leur traitement. Cet encadrement est accordé pour une durée maximale de deux mois par an.

Les conditions d'exercice

L'interne étant dorénavant en formation hospitalière et universitaire, son cursus dépend d'une double gestion.

276 **La gestion administrative.** Les internes sont rattachés administrativement à un CHR, selon décision du directeur régional des Affaires sanitaires et sociales chargé de l'organisation des concours d'internat.

Les internes sont nommés par le directeur général du CHR auquel ils sont rattachés. Par contre, c'est le directeur régional des Affaires sanitaires et sociales qui affecte les internes dans des établissements hospitaliers publics ou privés à but non lucratif participant au service public hospitalier, ou auprès d'organismes extra-hospitaliers ainsi qu'auprès des médecins généralistes agréés.

Les internes dépendent:

– pour la mise en disponibilité et la discipline, du CHR auquel ils sont rattachés;

– pour les autres actes de gestion, y compris la rémunération et les congés, de l'établissement hospitalier public dans lequel ils ont été affectés. Mais les internes affectés dans un autre établissement ou organisme relèvent du CHR de rattachement.

277 **La gestion universitaire.** Elle consiste en:

– l'organisation de l'enseignement théorique;

– le contrôle de la formation;

– la préparation et la collation des DES pour les internes de spécialités. Chaque diplôme d'études spécialisées est placé, dans chaque interrégion, sous la responsabilité d'un enseignant titulaire chargé de coordonner l'organisation des enseignements théoriques et pratiques.

Les caractéristiques principales du statut

Les internes bénéficient de conditions d'exercice relativement favorables tant en ce qui concerne les positions que les avantages sociaux, voire la discipline.

278 **Les positions.** L'interne est un agent non titulaire qui peut être:

– en activité, position pendant laquelle l'interne perçoit un traitement principal et, le cas échéant, des indemnités de gardes et astreintes ainsi qu'une indemnité compensatrice en l'absence d'avantages en nature (logement et nourriture);

– en disponibilité, position de l'interne qui, hors de son service d'origine, cesse de bénéficier de ses droits statutaires. La disponibilité est une possibilité offerte selon les nécessités de service; la réintégration devient automatique à la fin de la disponibilité selon les places disponibles;

– en service national.

279 **Les avantages sociaux.** Les internes sont affiliés à un régime de retraite: régime général de la Sécurité sociale et IRCANTEC (Institution de retraite complémentaire des agents non titulaires de l'État et des collectivités locales).

Les internes ont droit à divers congés:

– congés annuels: trente jours ouvrables dont vingt-quatre jours maximum pris en une seule fois (le samedi étant décompté comme jour ouvrable);

– congé de maladie: un congé supplémentaire de quinze mois, sans traitement, à l'issue des droits à congés de maladie, peut être accordé;

– congé de maternité;

– congé de longue maladie;

– congé pour maladie contractée pendant l'exercice des fonctions ou accident imputable aux fonctions.

280 **La discipline.** La discipline des internes a été codifiée par le décret n° 85-1227 du 19 novembre 1985.

L'avertissement et le blâme sont prononcés par le directeur général du CHR de rattachement de l'interne, après consultation du praticien ou du pharmacien responsable du stage de l'interne, et après que l'intéressé aura pu présenter sa défense en ce qui concerne le blâme.

L'exclusion temporaire des fonctions pour une durée inférieure à cinq ans est prononcée par le directeur général du CHR de rattachement, après consultation du praticien ou du pharmacien responsable du stage de l'interne, et au vu de l'avis émis par le conseil de discipline de la région sanitaire dans le ressort de laquelle se sont produits les faits reprochés.

La procédure disciplinaire est soumise à la procédure contradictoire permettant le respect de la défense.

La mise en œuvre des avantages accordés aux internes par le protocole du 19 décembre 2001

281 **Le repos de sécurité.** Les pouvoirs publics ont signé, le 19 décembre 2001, un protocole d'accord avec les représentants des internes prévoyant l'amélioration de leur statut. Dans l'attente du décret modificatif, une circulaire DHOS n° 2002-260, du 29 avril 2001, anticipe sur les dispositions réglementaires qui doivent être publiées prochainement. Le nouveau décret devrait rappeler l'instauration d'un repos de sécurité dont le principe avait été établi par un décret du 9 janvier 2001. Le repos de sécurité sera constitué d'une interruption totale de toute activité hospitalière d'une durée de onze heures. Il sera pris immédiatement après chaque garde de nuit. Il ne pourra être décompté dans les obligations de service hospitalières et universitaires. Cependant, la circulaire précise que « l'interruption totale de toute activité hospitalière n'impliquera pas l'impossibilité pour l'interne d'être présent à l'hôpital, notamment dans le cadre d'activités pédagogiques nécessaires à sa formation ». La circulaire du 29 avril 2002 précise les notions de permanence des soins et annonce une amélioration de la protection sociale.

282 **La permanence des soins.** La permanence des soins ne pourra, dorénavant, être assurée uniquement par des internes que lorsque le tableau des gardes comportera au moins cinq internes y figurant régulièrement, conformément à la circulaire DGS/DH n° 2000-429, du 9 juillet 2000. Dans le cas contraire, le tableau de garde des internes devra être complété par un tableau de garde médicale.

Les commissions d'adéquation doivent, dorénavant, veiller à ce que les affectations des internes en tiennent compte. Il est d'ailleurs souhaitable que s'instaure, dès maintenant, une collaboration entre les commissions d'adéquation et les commissions des gardes et astreintes afin de mettre en œuvre ces nouvelles modalités (le cas échéant, regroupement de gardes, mise en place de gardes mixtes, remplacement de certaines gardes, lorsqu'elles n'apparaissent plus indispensables, par des astreintes).

Une modification du décret du 10 novembre 1999 est en cours. L'ensemble des gardes effectuées par les internes sera intégré dans les onze demi-journées hebdomadaires de service, la mise en place d'une garde d'internes relevant, dorénavant, de la commission médicale d'établissement, sur avis de la commission des gardes.

À ce titre, les internes devront être représentés à la commission des gardes lorsque celle-ci traitera de l'organisation des gardes les concernant.

283 **La protection sociale améliorée**. Le décret statutaire, en cours de modification, prévoit que:

– le bénéfice du congé de paternité est accordé aux internes et aux résidents selon les modalités prévues par la législation de la Sécurité sociale avec maintien de la rémunération. Des dispositions transitoires permettront aux pères d'enfants adoptés ou nés depuis le 1er janvier 2002 (ou nés en 2001, mais dont la date présumée de naissance était postérieure au 31 déc. 2001) de bénéficier d'un congé de paternité dans les quatre mois suivant la date de parution du décret;

– la totalité de la rémunération est maintenue pendant les trois premiers mois de congé de maladie.

L'arrêté relatif aux gardes des internes et résidents en cours de modification permettra aux femmes enceintes d'être désormais dispensées de la totalité du service de gardes à compter du troisième mois de grossesse, alors qu'actuellement elles ne sont dispensées que des gardes de nuit.

Enfin, le bénéfice d'autorisation d'absence pour soigner un enfant malade ou en assurer momentanément la garde est désormais étendu aux internes et résidents, dans des conditions identiques à celles prévues pour les personnels relevant de la fonction publique hospitalière, conformément aux dispositions de la circulaire n° 84/DH/8D/58 du 7 décembre 1984.

Le directeur des hôpitaux précise enfin que « les mesures visées ci-dessus doivent pouvoir être mises en œuvre pour le prochain semestre d'internat, soit le 1er mai 2002, conformément au protocole d'accord du 19 décembre 2001. Dans le cas où, compte tenu d'une actualité très chargée, les textes concernés n'auraient pas pu être publiés à cette date, je vous engage cependant à prendre d'ores et déjà, et dans toute la mesure du possible, les dispositions nécessaires à leur mise en application ».

Section 2
Les praticiens : médecins, odontologistes et pharmaciens

Les décrets n° 87-788 du 28 septembre 1987 relatifs au post-internat dans les hôpitaux non CHR et U et n° 87-622 du 3 août 1987 instaurant un clinicat et un assistanat dans les CHR et U, sont venus compléter les décrets du 24 février 1984. Ainsi, on distingue dorénavant les personnels médicaux non titulaires et les personnels médicaux titulaires.

Sous-section 1
Les personnels médicaux non titulaires

Le post-internat des hôpitaux non hospitalo-universitaires

284 **Le décret n° 87-788 du 28 septembre 1987.** Il crée un post-internat dans les hôpitaux non CHR et U, ouvert aux internes de spécialité ou aux résidents qui ne peuvent pas prétendre aux postes de chefs de clinique ou d'assistants hospitaliers universitaires. Depuis un décret n° 94-377 du 10 mai 1994 les hôpitaux locaux peuvent recruter des assistants pour assurer des activités de réadaptation fonctionnelle ainsi que des soins de suite et de longue durée.

Dénommés assistants spécialistes s'ils sont issus de l'internat (de spécialité avant 1987) ou assistants généralistes s'ils sont issus de l'internat de médecine générale (avant 1987) ou du résidanat depuis 1987, ces médecins non titulaires exercent dans les hôpitaux non CHR et U, à plein-temps dix demi-journées par semaine, des fonctions de diagnostic, de soins et de prévention, sous l'autorité du praticien hospitalier exerçant les fonctions de chef de service.

285 **Recrutement.** Les praticiens étrangers à la CEE peuvent être recrutés en qualité d'assistants associés généralistes ou spécialistes. Les assistants associés exercent leurs fonctions sous la responsabilité directe du chef de service ou de département dans lequel ils sont affectés ou, en cas d'empêchement de celui-ci, de l'un de ses collaborateurs, médecin, chirurgien, odontologiste, biologiste ou pharmacien. Ils sont associés au service de garde, mais ne sont pas autorisés à effectuer des remplacements.

Le recrutement des assistants fait l'objet d'un contrat écrit passé entre le directeur de l'hôpital et l'assistant intéressé, sur proposition du chef de service, après avis de la CME et du médecin-inspecteur régional de la Santé.

La période de six ans s'impose, quel que soit l'hôpital ou les hôpitaux dans lesquels elle a été effectuée.

Le recrutement des assistants des hôpitaux est d'abord prévu pour une période initiale d'un an ou de deux ans renouvelable par période d'un an jusqu'à un maximum de six ans.

286 **Fin du contrat.** Le non-renouvellement du contrat à l'issue d'une période d'engagement est notifié avec un préavis de deux mois. Les démissions doivent être présentées avec le même préavis.

En cas d'insuffisance professionnelle, le directeur peut mettre fin au contrat sans indemnité ni préavis, sur avis conforme de la CME et du médecin-inspecteur régional de la Santé. L'avertissement et le blâme sont prononcés par le directeur après avis de la CME, la suspension ou le licenciement sont décidés par le préfet de département sur proposition du MIR et après avis de la CME et du directeur de l'établissement.

287 **Suspension.** Depuis un décret du 10 mai 1994 lorsque l'intérêt du service l'exige, un assistant peut être immédiatement suspendu de ses fonctions, à titre provisoire par le directeur de l'établissement, sur proposition du chef de service ou de département. Le directeur informe aussitôt de cette suspension le préfet de département et le MIR de la santé. Si des poursuites disciplinaires sont engagées à l'encontre de l'assistant, la décision de suspension peut être confirmée par le préfet, après avis du MIR, dans le délai d'un mois suivant la décision du directeur, pour une durée qui ne peut au total excéder trois mois. À défaut de confirmation par le

préfet de la décision du directeur dans le délai d'un mois, la décision de suspension cesse de plein droit.

Le post-internat dans les hôpitaux universitaires

288 **Le décret du 3 août 1987.** Il instaure:

– le clinicat dans les disciplines médicales;

– l'assistanat hospitalier universitaire dans les disciplines biologiques et mixtes.

Les chefs de clinique et les assistants hospitaliers universitaires participent aux activités d'enseignement, de soins et de recherche, ainsi qu'aux contrôles des connaissances.

Par ailleurs, ce texte précise diverses dispositions.

289 **Recrutement.** Il se fait par décision conjointe du directeur général du CHR et du directeur de l'UFR, sur proposition du praticien hospitalier exerçant les fonctions de chef de service, après avis du conseil de l'UFR et de la commission médicale d'établissement.

290 **Candidatures.** Pour postuler aux fonctions de chef de clinique, les candidats doivent dans les trois années suivant la fin de leur internat:

– être titulaires du doctorat en médecine;

– avoir validé au moins quatre années d'internat accomplies dans un CHR ou U.

Peuvent faire acte de candidature aux fonctions d'assistant hospitalier universitaire:

– les candidats réunissant les conditions imposées pour être recrutés comme chef de clinique;

– dans les trois années suivant la fin de leur internat, les titulaires du diplôme d'État de docteur en pharmacie ayant validé la totalité de leur internat;

– les titulaires d'un des diplômes suivants, dans les trois années suivant la date d'obtention de ce diplôme:
  - diplôme d'études et de recherches en biologie humaine,

- doctorat d'État en biologie humaine ou diplômes admis en équivalence,
- diplôme d'État de docteur en médecine, et titulaires d'une maîtrise, dans les trois années suivant la date à laquelle ils remplissent ces conditions.

291 **Nominations.** Elles sont effectuées pour deux ans renouvelables deux fois par période d'un an.

292 **Statut juridique.** Les chefs de clinique et les assistants hospitaliers universitaires ont un statut de personnels non titulaires.

293 **Congés annuels.** Trente jours ouvrables, le samedi étant compté comme jour ouvrable. La durée des congés pouvant être pris en une seule fois ne peut excéder vingt-quatre jours ouvrables.

294 **Congés maternité ou adoption.** (Cf. congé Sécurité sociale.)

295 **Congés maladie.** Le tableau ci-dessous résume les différents droits des praticiens non titulaires en matière de congés maladie.

Différentes maladies	Durée des congés		
Maladie ordinaire	3 mois à 2/3 du traitement +	6 mois à 1/2 traitement +	12 mois sans rémunération et après avis comité médical
Maladies de longue durée (tuberculose, cancer, maladie mentale, poliomyélite) constatées par le ocmité médical	12 mois à 2/3 du traitement +	6 mois avis comité médical +	18 mois sans traitement
Longue maladie constatée par le comité médical par période de six mois	6 mois à 2/3 du traitement +	24 mois à 1/3 du traitement	
Maladie ou accident imputable au service constaté par le comité médical	12 mois à plein traitement +	24 mois à 2/3 du traitement	
N.B. : Par traitement, il faut entendre le total des rémunérations hospitalières et universitaires			

296 **Positions.** Les praticiens non titulaires peuvent bénéficier:

1° d'une délégation pour une période de six mois en vue de remplir une mission d'étude (traitement réduit au maximum à la fraction universitaire). Délégation renouvelable exceptionnellement pour six mois sans rémunération;

2° d'un congé sans rémunération pour assurer des remplacements:

- de trente jours maximum pendant la 1re année de leurs fonctions ;

- de quarante-cinq jours pendant la 2e année de leurs fonctions et les années suivantes, le cas échéant.

297 **Discipline.** Les sanctions dont ils sont passibles sont:

- l'avertissement;

- le blâme;

- la suspension avec privation totale ou partielle de la rémunération;

- le licenciement.

L'avertissement et le blâme sont prononcés conjointement par le directeur général du CHR et le directeur de l'UFR de médecine concernés. La suspension et le licenciement relèvent des prérogatives d'une commission de discipline nationale (cf. art. 5 de l'ord. n° 58-1373 du 30 déc. 1958). La décision finale appartient à l'autorité de nomination.

Sous-section 2
Les praticiens contractuels: les limites au recrutement

Le décret n° 93-701 du 27 mars 1993 portant statut des praticiens contractuels permet aux hôpitaux de recruter à titre temporaire des médecins selon des limites, des modalités et des obligations spécifiques qui doivent tenir compte des indisponibilités. Par ailleurs, leur rémunération est strictement encadrée.

298 **Les cas dans lesquels le recrutement reste possible**. Les praticiens contractuels à temps plein ou à temps partiel ne peuvent être recrutés que dans les cas suivants et à ces conditions:

- pour exercer des fonctions temporaires en vue de faire face à un surcroît occasionnel d'activité de l'établissement public de santé.

La durée d'engagement ne peut excéder six mois par période de douze mois;

– pour assurer, en cas de nécessité de service, le remplacement des praticiens hospitaliers à temps plein ou à temps partiel dont le remplacement ne peut être assuré dans les conditions prévues par leur statut, lors de leurs absences ou de leurs congés statutaires. Le contrat peut être conclu pour une période maximale de six mois renouvelable dans la limite d'une durée totale d'engagement d'un an;

– pour occuper, en cas de nécessité de service et lorsqu'il s'avère impossible d'opérer un tel recrutement en application des dispositions statutaires en vigueur, un poste d'interne ou de résident non pourvu à l'issue de chaque procédure d'affectation. Le contrat peut être conclu pour une période maximale de six mois renouvelable dans la limite d'une durée totale d'engagement d'un an;

– pour occuper, en cas de nécessité de service et lorsqu'il s'avère impossible d'opérer un tel recrutement en application des dispositions statutaires en vigueur, un poste de praticien à plein-temps ou à temps partiel resté vacant à l'issue de chaque procédure statutaire de recrutement. Le contrat peut être conclu pour une période maximale de six mois renouvelable dans la limite d'une durée totale d'engagement de deux ans;

– pour exercer des fonctions temporaires liées à des activités nouvelles ou en voie d'évolution nécessitant des connaissances hautement spécialisées. Le contrat peut être conclu par période maximale de six mois renouvelable dans la limite d'une durée totale d'engagement de deux ans, sous réserve d'emploi budgétaire disponible;

– pour assurer certaines missions spécifiques, temporaires ou non, nécessitant une technicité et une responsabilité particulières et dont la liste est définie par arrêté conjoint des ministres chargés du Budget et de la Santé. Le contrat peut être conclu pour une période maximale de six mois renouvelable dans la limite d'une durée totale d'engagement de deux ans, sous réserve d'emploi budgétaire disponible.

299 **Exception.** La seule exception au recrutement des praticiens contractuels à temps partiel concerne les anesthésistes-réanimateurs

pour les centres hospitalo-universitaires, hormis les services d'aide médicale urgente des CHU et les services mobiles de réanimation où le recrutement de ces contractuels est autorisé.

La durée maximale de recrutement est de deux ans en cumulant, le cas échéant, les charges de recrutement visées ci-dessus.

Sous-section 3
Les praticiens contractuels : les modalités de recrutement

300 **Les conditions.** Pour pouvoir être recruté en qualité de praticien contractuel, le postulant doit :

- remplir les conditions d'exercice de la profession en France requises par le Code de la santé publique ;

- s'il postule en tant que praticien spécialiste, être inscrit au tableau de l'ordre dont il relève, en qualité de praticien qualifié dans la spécialité correspondante ;

- justifier, par un certificat délivré par un médecin agréé inscrit sur la liste d'aptitude établie en application de l'article 1er du décret n° 86-442 du 14 mars 1986 susvisé, qu'il remplit les conditions d'aptitude physique et mentale nécessaires à l'exercice des fonctions hospitalières concernées ;

- n'avoir fait l'objet ni d'une privation des droits civiques, ni d'une interdiction d'exercice de la profession ;

- être en position régulière au regard de la réglementation du service national ;

- pour les étrangers autres que les ressortissants communautaires, être en situation régulière au regard de la réglementation relative aux conditions de séjour et de travail.

301 **La nomination.** Les praticiens contractuels sont recrutés par le directeur de l'établissement public de santé après avis du chef de service ou de département intéressé, de la commission médicale d'établissement et, dans un délai de trente jours, du directeur

régional des Affaires sanitaires et sociales. Celui-ci vérifie notamment que le recrutement est compatible avec le projet médical de l'établissement et qu'il respecte les dispositions du présent décret.

En cas de recrutement pour une durée égale ou inférieure à trois mois, seuls sont requis les avis du chef de service ou de département et du président de la commission médicale d'établissement.

302 **Le contrat.** Le contrat de recrutement est un contrat administratif. Il est passé par écrit.

Un double de ce contrat est adressé sans délai au directeur régional des Affaires sanitaires et sociales ainsi qu'au praticien contractuel concerné. Ce dernier en transmet aussitôt un exemplaire au conseil de l'ordre dont il relève.

1 – Le contrat précise:

– les titres, diplômes ou qualifications du praticien concerné;

– les dispositions de l'article 2 ci-dessus au titre desquelles le recrutement est effectué;

– la nature des fonctions occupées ainsi que les obligations de service incombant au praticien, notamment en ce qui concerne sa participation au service de gardes et astreintes;

– la date de prise de fonctions du praticien, la durée du contrat ainsi que la date à laquelle celui-ci prend fin et, le cas échéant, la période d'essai fixée à un mois pour un contrat d'une durée inférieure à six mois et à deux mois pour un contrat d'une durée égale ou supérieure à six mois;

– la durée du préavis en cas de résiliation anticipée du contrat ou de démission, à savoir un mois pour un contrat inférieur à six mois et deux mois pour un contrat d'une durée égale ou supérieure à six mois;

– l'indication du régime de protection sociale (régime général de la Sécurité sociale et régime complémentaire de retraite de l'IRCANTEC);

– la rémunération fixée en fonction des conditions de recrutement et des prescriptions financières du présent décret.

Le renouvellement de l'engagement peut être prononcé sous forme d'avenant au contrat initial, lorsque le motif du recrutement est inchangé.

2 – L'interruption du contrat.

En cas de faute grave ou d'insuffisance professionnelle, le directeur peut, après avoir communiqué les griefs à l'intéressé et l'avoir invité à présenter ses observations dans le délai de huit jours, mettre fin au contrat par décision motivée prise après avis de la commission médicale d'établissement et notifiée au praticien contractuel concerné.

Lorsque l'intérêt du service l'exige, un praticien contractuel peut être suspendu par le directeur de l'établissement public de santé après avis du chef de service ou de département et du président de la commission médicale d'établissement, pour une durée maximale de deux mois. Pendant la période de suspension, il perçoit la rémunération correspondant à ses obligations normales de service.

303 **Les obligations.** Les praticiens contractuels employés à temps plein s'engagent à consacrer la totalité de leur activité professionnelle au service de l'établissement public de santé employeur.

Les praticiens contractuels employés à temps partiel peuvent, à condition d'en informer le directeur de l'établissement, exercer une activité rémunérée en dehors du service effectué dans l'établissement public de santé employeur.

En aucun cas, les praticiens contractuels ne peuvent exercer une activité libérale au sein de l'établissement public de santé, ni être autorisés à effectuer des expertises ou consultations au sens de l'article 28 du décret n° 84-131 et de l'article 6 du décret n° 84-135 du 24 février 1984 susvisés. Ces deux textes concernent les praticiens hospitaliers mono- et bi-appartenant.

Les praticiens contractuels mentionnés à l'article 1er du présent décret participent au service de gardes et astreintes.

304 **Les incompatibilités.** Ne peuvent être recrutés en qualité de médecins, biologistes, pharmaciens ou odontologistes contractuels :

– les praticiens régis par les décrets susvisés du 22 septembre 1965, du 20 avril 1972 (n° 72-360 et n° 72-361), du 24 février 1984 (n° 84-131 et n° 84-135), du 29 mars 1985 et du 24 janvier 1990;

– les attachés et les attachés associés régis par le décret du 30 mars 1981 susvisé;

– les assistants des hôpitaux régis par le décret du 28 septembre 1987 susvisé;

– les personnels régis par les décrets susvisés du 24 septembre 1960, du 17 juillet 1985, du 11 mars 1986 et du décret n° 86-555 du 14 mars 1986;

– les personnels régis par le décret susvisé du 16 août 1955;

– les personnels régis par le décret susvisé du 2 septembre 1983.

Les personnels énumérés ci-dessus peuvent être recrutés en qualité de praticiens contractuels un mois après la date à laquelle ils cessent de relever de ces statuts. Ce délai est porté à six mois pour les personnels régis par le décret du 30 mars 1981.

305 **L'encadrement de la rémunération.** La rémunération des praticiens contractuels est fixée selon les règles suivantes:

1 – Les praticiens contractuels recrutés en application des incompatibilités mentionnées ci-dessus sont rémunérés sur la base des émoluments applicables aux praticiens à temps plein ou aux praticiens à temps partiel recrutés en début de carrière, proportionnellement à la durée de travail définie au contrat en ce qui concerne les praticiens à temps partiel.

Ces émoluments peuvent être majorés dans la limite des émoluments applicables aux praticiens parvenus au 4e échelon de la carrière majorés de 10 %.

– Les praticiens contractuels recrutés en application du décret du 28 septembre 1987 susvisé ci-dessus sont rémunérés sur la base des émoluments applicables aux assistants spécialisés en 1re et 2e années proportionnellement à la durée de travail définie au contrat. Ces émoluments ne peuvent être supérieurs à ceux applicables aux assistants spécialisés en 3e et 4e années.

– Les praticiens contractuels recrutés en application du décret susvisé du 2 septembre 1983 ci-dessus sont rémunérés sur la base des émoluments applicables aux praticiens à temps plein ou pour les praticiens à temps partiel, proportionnellement à la durée du travail définie au contrat, dans les conditions précisées par arrêté ministériel.

2 – Les gardes et astreintes.

La participation des praticiens contractuels aux gardes et astreintes est indemnisée, selon les modalités définies par l'arrêté prévu à l'alinéa 2 de l'article 28 du décret n° 84-131 du 24 février 1984 susvisé. Les conditions financières ont nécessité de nombreuses discussions entre les différents services du ministère de la Santé et du ministère chargé du Budget. L'accord qui s'est conclu sur une rémunération supérieure à quelque 30 % des émoluments de début de carrière sera-t-il suffisant pour attirer les nombreux praticiens manquant dans les disciplines chirurgicales, radiologiques et d'anesthésie-réanimation?

3 – Les dispositions des Codes du travail et de la Sécurité sociale s'appliquent de façon relative aux congés de maladie, de maternité ou d'adoption, et aux diverses indemnités de cessation de fonction (cf. art. L. 1223-4 du Code du travail).

Sous-section 4
Les personnels médicaux: les praticiens titulaires à plein-temps

306 **Les textes.** Les décrets n°s 84-131 et 84-135 du 24 février 1984 concernent les praticiens plein-temps alors que le décret n° 85-384 du 29 mars 1985 réforme le statut des praticiens à temps partiel.

Le point commun à ces trois décrets est la suppression de toute hiérarchie médicale avec l'avènement d'une responsabilité personnelle de chaque praticien. La déhiérarchisation a amené la définition d'une nouvelle carrière dite linéaire pour qualifier l'avancement par échelon dans un grade unique.

Hormis ces points communs, les situations diffèrent sensiblement selon qu'elles se rapportent soit aux praticiens à plein-temps, soit aux praticiens à temps partiel.

Les nouveaux statuts des praticiens à plein-temps apportent une séparation du grade et de la fonction. Ils reflètent la volonté des pouvoirs publics de passer d'une médecine en pratique individuelle ou par petites unités très hiérarchisées, à une pratique collégiale non hiérarchisée.

Les décrets du 24 février 1984 modifient totalement la pratique médicale à l'hôpital pour les praticiens à plein-temps. Ils maintiennent la distinction entre les praticiens mono-appartenants et les bi-appartenants tout en ouvrant une filière unique qui se prolonge par une promotion au professorat d'université.

Les praticiens hospitaliers mono-appartenants

Les internes de spécialités et quelques cas dérogatoires peuvent, après un post-internat de un ou deux ans, passer le concours de praticien hospitalier mono-appartenant.

Le recrutement se fait sur concours hormis quelques cas dérogatoires. Il existe deux types de concours depuis le décret n° 99-517 du 25 juin 1999 organisant le concours national de praticien des établissements publics de santé.

307 **Le concours de type I.** Avec épreuve orale, il s'agit d'examen sur dossier des titres et travaux et des services rendus, ouvert:

1° aux chefs de clinique des universités-assistants des hôpitaux régis par le décret n° 84-135 du 24 février 1984 susvisé, comptant au moins deux ans de services effectifs en cette qualité, et aux anciens chefs de clinique des universités-assistants des hôpitaux;

2° aux assistants hospitaliers et universitaires régis par le décret n° 84-135 du 24 février 1984 susvisé comptant au moins deux ans de services effectifs en cette qualité, et aux anciens assistants hospitaliers et universitaires et anciens assistants hospitalo-universitaires en biologie;

3° aux assistants hospitaliers et universitaires et aux anciens assistants hospitaliers et universitaires des centres de soins, d'enseignement et de recherche dentaires, régis par le décret du 24 janvier 1990 susvisé, comptant au moins deux ans de services effectifs en cette qualité, et aux anciens assistants des universités-odontologistes assistants des services de consultations et de traitements dentaires;

4° aux anciens assistants des universités-assistants des hôpitaux;

5° aux assistants spécialistes des hôpitaux et aux anciens assistants spécialistes des hôpitaux mentionnés à l'article 2 du décret du 28 septembre 1987 susvisé, titulaires d'un diplôme, certificat ou autre titre permettant l'exercice de la spécialité au titre de laquelle ils concourent et comptant au moins deux ans de services effectifs en cette qualité;

6° aux chefs de clinique et aux anciens chefs de clinique de la faculté libre de médecine de Lille, comptant au moins deux ans de services effectifs en cette qualité;

7° aux assistants spécialistes et anciens assistants spécialistes des établissements publics territoriaux d'hospitalisation des territoires d'outremer comptant au moins deux ans de services effectifs en cette qualité;

8° aux attachés consultants;

9° aux chercheurs, titulaires d'un diplôme, certificat ou autre titre permettant l'exercice de la médecine, de la pharmacie ou de la chirurgie dentaire. Les intéressés doivent compter au moins six années de services effectifs en cette qualité dans un emploi permanent de l'un des organismes suivants: Institut national de la santé et de la recherche médicale, Centre national de la recherche scientifique, Laboratoire national de la santé, Institut Pasteur;

10° aux enseignants-chercheurs régis par le décret du 6 juin 1984 susvisé, titulaires d'un diplôme, certificat ou titre permettant l'exercice de la médecine, de la pharmacie, ou de la chirurgie dentaire et comptant six années de fonctions en cette qualité;

11° aux médecins, aux chirurgiens-dentistes et aux pharmaciens des centres de lutte contre le cancer. Les intéressés doivent compter au moins six années de services effectifs en cette qualité dans un emploi permanent de ces centres;

12° aux médecins et aux pharmaciens chimistes des armées titulaires du titre de spécialiste des hôpitaux des armées ou de spécialiste de laboratoire de chimie du service de santé des armées comptant au moins six années de services effectifs en cette qualité;

13° aux médecins-inspecteurs de santé publique, aux pharmaciens-inspecteurs de santé publique comptant au moins six années de services effectifs en cette qualité;

14° aux pharmaciens résidents, régis par le décret n° 72-361 du 20 avril 1972, comptant au moins six années de services effectifs en cette qualité.

Les services énumérés aux 9, 10, 11 et 13 du présent article doivent avoir été effectués à temps plein, les services effectués à temps partiel étant pris en compte au prorata de leur durée.

Pour le calcul de la durée de service requise, les fonctions énumérées aux 1, 2, 3 et 4 du présent article sont cumulables sous réserve, pour chacune d'entre elles, d'avoir été effectuée pendant au moins une année effective. Les fonctions énumérées aux 9, 10, 11 et 13 sont cumulables, sous réserve, pour chacune d'entre elles, d'avoir été exercée pendant au moins trois années effectives.

308 **Le concours de type II.** Avec épreuves écrites anonymes de connaissances pratiques, il s'agit d'une épreuve orale et d'un examen sur dossier des titres et travaux et des services rendus, ouvert:

1° aux titulaires d'un diplôme d'études spécialisées permettant l'exercice de la profession, d'un certificat d'études spéciales national relevant des disciplines médicales ou pharmaceutiques, d'un diplôme, certificat ou autre titre délivré par l'un des États parties à l'accord sur l'Espace économique européen; ces diplômes doivent permettre l'exercice de la discipline ou de la spécialité au titre de laquelle les candidats demandent à se présenter à ces épreuves;

2° aux titulaires du certificat d'études supérieures du groupe B ou de certificats d'études cliniques spéciales qualifiants propres à l'odontologie ou à la chirurgie dentaire;

3° aux anciens internes:

- de la filière recherche;
- des centres hospitaliers régionaux faisant partie de centres hospitaliers et universitaires;
- de la région de Paris;
- de régions sanitaires;
- de psychiatrie;

– des hôpitaux Saint-Philibert, Saint-Antoine et de la Charité de Lille, des hôpitaux Saint-Joseph, Saint-Michel, Notre-Dame-de-Bon-Secours, de la Croix-Saint-Simon, Saint-Camille, Gouin, Léopold-Bellan, des Diaconesses et Notre-Dame-du-Perpétuel-Secours, à Paris;

– de la maison départementale de Nanterre;

– de pharmacie;

4° aux pharmaciens-gérants recrutés par concours, conformément aux dispositions du décret du 17 avril 1943 susvisé;

5° aux assistants spécialistes et aux anciens assistants spécialistes des hôpitaux mentionnés à l'article 2 du décret du 28 septembre 1987 susvisé, non titulaires d'un diplôme, certificat ou autre titre permettant l'exercice de la spécialité au titre de laquelle ils concourent, aux assistants généralistes, aux anciens assistants généralistes, comptant au moins deux années de service en l'une ou l'autre de ces qualités;

6° aux médecins, chirurgiens-dentistes et pharmaciens titulaires d'un diplôme, certificat ou autre titre permettant l'exercice de leur profession, ainsi qu'aux médecins, chirurgiens-dentistes et pharmaciens autorisés à exercer la profession de médecin, de chirurgien-dentiste ou de pharmacien en France. Les médecins et les chirurgiens-dentistes doivent compter au moins trois années de pratique professionnelle effective dans la discipline ou dans la spécialité au titre de laquelle ils se présentent, selon des modalités prévues par arrêté du ministre chargé de la Santé et du ministre chargé des Universités. Pour les pharmaciens, la durée de la pratique professionnelle effective mentionnée ci-dessus est fixée à cinq années;

7° aux médecins et pharmaciens inscrits sur les listes d'aptitude mentionnées aux articles 3 et 4 de la loi du 4 février 1995 susvisée s'ils remplissent les conditions d'exercice de la profession prévues par les articles L. 356, L. 514 et L. 514-1 du Code de la santé publique. Ils concourent au titre de la discipline ou de la spécialité correspondant à celle de leur inscription sur la liste d'aptitude à la fonction de praticien adjoint contractuel. Les conditions de durée d'exercice au 6 ci-dessus ne leur sont pas opposables.

Les candidats peuvent se présenter quatre fois au plus, tous types de concours confondus.

309 **Le recrutement sans concours.** À titre dérogatoire, peuvent être nommés praticiens hospitaliers sans concours:

– les praticiens à temps partiel dont le poste a été transformé à temps plein sous réserve qu'ils comptent au moins cinq années de service en qualité de praticiens à temps partiel;

– les praticiens associés, c'est-à-dire les personnalités médicales françaises ou étrangères remplissant les conditions requises pour l'exercice de la profession en France, dans la limite de 1 % de l'effectif des praticiens hospitaliers en activité. Ces praticiens sont nommés pour deux ans renouvelables deux fois.

Les praticiens hospitaliers sont nommés par le ministre de la Santé pour une période probatoire d'un an renouvelable une fois, à l'issue de laquelle ils sont titularisés ou licenciés sans indemnité.

La nomination des praticiens hospitaliers en tant que titulaires leur donne les droits ouverts par le décret n° 84-131 du 24 février 1984 tant en ce qui concerne les congés maladie, le détachement, la disponibilité que la mission temporaire.

310 **Particularités.** Notons quelques particularités propres à ce statut:

– il est interdit au praticien placé en disponibilité d'ouvrir un cabinet ou d'exercer une activité rémunérée dans une clinique, un laboratoire ou une officine privés situés dans le secteur sanitaire de l'établissement ou du secteur d'affectation, ce qui ouvre a contrario le champ d'une activité privée hors de ces cas;

– la mission temporaire est une variante de la position d'activité pouvant être accordée par le préfet de département pour une durée maximale de trois mois par période de deux ans, soit payée par l'établissement d'origine, soit ouvrant droit à un congé sans solde.

Les praticiens bi-appartenants temporaires: les praticiens hospitaliers universitaires (PHU)

311 **Les PHU.** Il s'agit des praticiens hospitaliers (PH) qui:

– ont été reçus au concours de PH de type I (v. n° **307**) et sont inscrits sur la liste d'aptitude dressée à l'issue de ce concours;

– comptent au moins deux ans de services effectifs en qualité de chef de clinique des universités-assistant des hôpitaux, ou d'assistant hospitalier universitaire ou d'assistant des universités-assistant des hôpitaux et exercent ces fonctions ou ont cessé de les exercer depuis moins d'un an.

Les candidats nommés PHU sont simultanément nommés et titularisés en qualité de PH. Ils sont placés en position de détachement par arrêté du ministre chargé de la Santé.

312 **Les conditions de nomination.** Les PHU sont nommés dans leur emploi par décision conjointe du directeur général du CHR et du directeur de l'UER concernée. Ils sont nommés pour six ans maximum, étant entendu qu'ils doivent compter deux ans de services effectifs en qualité de chef de clinique des universités-assistant des hôpitaux ou d'assistant des universités-assistant des hôpitaux et exercer ces fonctions ou avoir cessé de les exercer depuis moins d'un an pour pouvoir postuler.

À l'issue de leur détachement et à défaut d'être titularisés dans un corps du personnel enseignant et hospitalier, les PHU sont réintégrés dans un emploi de PH.

313 **Les spécificités.** La rémunération des PHU, identique à celle des PH, est cependant versée pour moitié par le CHR d'affectation et pour moitié par l'Université, la totalité servant d'assiette pour la retenue pour retraite.

D'autre part, les PHU ont la possibilité d'être placés, à titre exceptionnel, en position de délégation pour une période de six mois au plus en vue de remplir une mission d'étude pendant laquelle ils perçoivent tout ou partie de la rémunération universitaire. Cette mission peut être prolongée de six mois pendant lesquels les PHU ne percevront aucune rémunération. Dans cette situation et lorsqu'ils sont rémunérés, les PHU ont droit à l'avancement et à la retraite.

La promotion: les bi-appartenants permanents

Bénéficiant d'un salaire plus élevé que les praticiens hospitaliers, les praticiens hospitaliers enseignants des universités sont issus du même tronc commun. Leur situation est donc une promotion qui est à double phase pour les praticiens ressortissants des disciplines biologiques et mixtes, et à simple phase pour les praticiens relevant des disciplines médicales.

314 **Les praticiens des disciplines biologiques et mixtes.** L'arrêté du 25 février 1985 fixe la liste des disciplines biologiques et mixtes. Citons parmi les disciplines biologiques, l'histologie et l'embryologie, la biophysique, la biochimie et, parmi les disciplines mixtes, l'anatomie, l'anatomie pathologique, la physiologie, la biologie cellulaire, la médecine du travail, la médecine légale, etc. Pour ces disciplines biologiques et mixtes, le recrutement des bi-appartenants à titre permanent s'effectue en deux temps; d'abord le recrutement des maîtres de conférences, dont seront ensuite issus les professeurs.

1 – Les maîtres de conférences sont recrutés selon deux concours:

– le premier ouvert aux PHU et aux PH ayant au moins un an d'ancienneté, titulaires du diplôme d'enseignement et de recherche en biologie humaine ou du doctorat en biologie humaine, ou de diplômes admis en équivalence;

– le deuxième portant sur un neuvième au moins et trois neuvièmes au plus des emplois mis en recrutement est ouvert aux titulaires du doctorat – prévu par la loi du 26 janvier 1984 sur l'enseignement supérieur – qui ne sont pas PH ou PHU.

Les maîtres de conférences sont nommés en qualité de stagiaires par décision conjointe des ministres de la Santé et des Universités.

Au bout d'un an, ils peuvent être titularisés, admis à effectuer un deuxième stage, réintégrés dans leur corps d'origine ou licenciés sans indemnité.

2 – Les professeurs d'université des disciplines biologiques et mixtes sont recrutés par un concours de recrutement ouvert:

– aux maîtres de conférences ayant au moins deux ans d'ancienneté dans cette qualité;

– par dérogation, selon deux concours spéciaux ouverts pour un à deux douzièmes des postes mis au concours.

3 – Les praticiens des disciplines cliniques.

Les praticiens hospitaliers professeurs des universités sont recrutés:

– par concours ouvert aux PHU ayant au moins deux ans d'ancienneté en cette qualité;

– par concours dérogatoires ouverts pour un à deux douzièmes des postes mis au concours:

- le premier est ouvert aux chercheurs d'organismes publics à caractère scientifique,
- le second est ouvert aux PH ayant huit ans d'ancienneté en cette qualité et ayant exercé une activité d'enseignement universitaire.

Les praticiens bi-appartenants relèvent des mêmes droits et obligations statutaires que les praticiens mono-appartenants en ce qui concerne les positions et le régime des congés. Par contre, le régime disciplinaire diffère.

4 – Le consultanat.

Il fut instauré par la loi du 24 juillet 1987. Il est accordé par le préfet de région après avis du CA et de la CME, de rémunérer, pendant un maximum de trois ans après l'âge limite d'activité, des PH-PU en surnombre qui gardent des fonctions à l'intérieur, voire à l'extérieur de l'établissement. Dans cette dernière hypothèse, ces fonctions d'expertise et de conseil peuvent être exercées dans des services déconcentrés de l'État (DDASS, DRASS) de la circonscription de l'établissement, dans les services centraux de l'État ou dans les ARH de leur circonscription, ou enfin dans les services de l'HAS.

Sous-section 5
Les personnels médicaux: les praticiens titulaires à temps partiel

Depuis le décret n° 2001-271 du 28 mars 2001, le statut des praticiens à temps partiel concerne les médecins, les biologistes, odontologistes et pharmaciens.

Quoique leur nombre ait considérablement diminué et que leur pourcentage ne représente plus que 12 % des praticiens hospitaliers, les praticiens à temps partiel n'ont pas disparu et ces postes qui n'exigent pas une présence à temps plein peuvent susciter un regain d'intérêt.

Ils disposent des mêmes fonctions que les praticiens à temps plein. Leur service normal est de six demi-journées hebdomadaires, il peut être ramené à cinq, voire quatre demi-journées dans certaines disciplines et spécialités dont la liste est fixée par arrêté du ministre chargé de la Santé.

Les horaires et obligations de service des praticiens sont précisés par le règlement intérieur de l'établissement qui est établi par le conseil d'administration, après avis de la commission médicale d'établissement et approbation du préfet de département.

315 **Recrutement.** Les praticiens à temps partiel peuvent être recrutés dans des établissements hospitaliers non universitaires et non locaux ainsi que dans des emplois hospitaliers des CHU placés hors statut hospitalo-universitaire.

Peuvent faire acte de candidature aux postes vacants de praticiens hospitaliers à temps partiel:

1 – Les praticiens des hôpitaux à temps partiel comptant au moins trois années de services effectifs dans le même service, sauf dérogation exceptionnelle accordée par le préfet de région.

Ce délai n'est pas opposable aux praticiens en fonction dans l'établissement où survient la vacance, même à ceux dont le poste est transformé ou supprimé;

2 – Les praticiens hospitaliers à temps plein comptant trois années de fonctions effectives dans le même service qui sollicitent leur intégration en qualité de praticiens des hôpitaux à temps partiel.

Ce délai n'est pas opposable aux praticiens en fonction dans l'établissement où survient la vacance, même à ceux dont le poste est transformé ou supprimé;

3 – Les praticiens hospitaliers et les praticiens des hôpitaux à temps partiel qui sollicitent une réintégration à l'issue d'un détachement ou d'une disponibilité;

4 – Les membres du personnel enseignant et hospitalier titulaires comptant au moins trois années de service en cette qualité;

5 – Les candidats inscrits sur une liste d'aptitude en cours de validité, après réussite au concours national de praticiens des établissements publics de santé.

Les intéressés ne peuvent faire acte de candidature que sur les postes publiés dans la spécialité correspondant à celle de leur inscription sur la liste d'aptitude.

Nomination

Les nominations sont proposées par arrêté du préfet de région après avis de la commission paritaire régionale qui dispose des avis motivés de la CME et du CA transmis par le directeur d'établissement au préfet du département d'implantation.

316 **Cessation de fonctions.** Il peut être mis fin aux fonctions des praticiens à temps partiel pour diverses raisons:

– du fait du praticien:
- insuffisance professionnelle pouvant ouvrir droit à une indemnité,
- faute professionnelle,
- perte de nationalité;

– du fait de l'établissement: transformation du poste en poste à plein-temps après avoir recherché des possibilités de mutation dans le même établissement ou dans un autre établissement (sur un poste de même discipline).

La transformation de poste ouvre droit soit à la mise en disponibilité d'office pour une période d'un an renouvelable deux fois, soit au licenciement avec indemnité égale au montant des émoluments forfaitaires afférents au dernier mois d'activité, multiplié par le nombre d'années de service effectif, dans la limite de douze.

La réforme des conditions de nomination et d'affectation des PH (CSP, art. R. 6152-5 et s.)

317 **Présentation.** Le décret n° 2006-1221 du 5 octobre 2006 modifie les conditions d'affectation des praticiens hospitaliers et apporte un *aggiornamento* au décret n° 84-131, du 24 février 1984, qui est la conséquence de l'ordonnance n° 2005-406 du 2 mai 2005 créant les pôles d'activités cliniques et médico-techniques (J.-M. Clément,

Deux ordonnances pour une réforme, coll. « Tout savoir sur... », LEH Éditions, 2005).

318 **La procédure de recrutement.** Le tableau ci-dessous décrit la procédure applicable :

Ancienne formule	Nouvelle formule
• Poste déclaré vacant par le ministre de la Santé et publié au *JO* ;	• Poste vacant dans un pôle d'activité clinique ou médico-technique déclaré par le ministre chargé de la Santé ; • Chaque vacance donne lieu à un profil de poste dont les caractéristiques (spécialités, position dans la structure hospitalière) sont fixées par arrêté du ministre chargé de la Santé ;
• Les vacances de postes à recrutement prioritaire font l'objet d'une liste distincte publiée au *JO* ;	• Les vacances de poste à recrutement prioritaire font l'objet d'une liste distincte ;
• Les candidatures doivent être déposées dans le délai de 1 mois à compter de la publication de la vacance de poste.	• Les candidatures à un poste doivent être déposées dans le délai de 15 jours à compter de la publication de la vacance de poste ; • Le directeur de l'établissement de santé peut, avant de communiquer au ministre chargé de la Santé la vacance d'un ou plusieurs postes, en organiser la publicité en vue de pourvoir ces postes en mutation interne.

319 **La nomination.** Le tableau ci-dessous détaille le régime juridique de la nomination :

Ancienne formule	Nouvelle formule
• Les nominations sont prononcées par arrêté du ministre chargé de la Santé après avis de la Commission statutaire nationale qui dispose des avis motivés de la CME et du CA transmis par le directeur de l'établissement au préfet de département, sauf en ce qui concerne les postes à pourvoir en psychiatrie pour lesquels ces avis ne sont pas requis ;	• Les nominations dans l'établissement public de santé sont prononcées par arrêté du ministre chargé de la Santé après avis de la CME et du conseil exécutif. Si les avis sont divergents, l'avis de la Commission nationale statutaire est requis ;
• Le praticien doit rejoindre son poste dans un délai de 2 mois à compter de la réception de la notification ;	• Le praticien doit rejoindre son poste dans un délai de 2 mois à compter de la réception de la notification, sauf dérogation accordée par le directeur de l'ARH sur proposition du directeur de l'établissement dans lequel il est nommé après avis du responsable du pôle d'activité ;

Ancienne formule	Nouvelle formule
• Le praticien doit établir sa résidence effective à proximité du lieu d'exercice de ses fonctions, dans des conditions compatibles avec les responsabilités qu'il exerce dans le secteur public hospitalier apprécié dans chaque cas par le préfet de département.	• Le praticien doit établir sa résidence effective à proximité du lieu d'exercice de ses fonctions, dans des conditions compatibles avec les responsabilités qu'il exerce dans le secteur public hospitalier après validation par le directeur de l'ARH.

320 **Affectations par le directeur.** L'affectation est totalement nouvelle, même si elle préexistait sous l'empire du précédent texte, par la procédure d'installation. Faute de crédits, un directeur pouvait-il refuser l'installation ? Cela avait été jugé conforme par le tribunal administratif de Paris (TA Paris, Boulanger-Dufour, 13 janv. 2000), confirmé par l'arrêt de la cour administrative d'appel de Paris (CAA Paris, Boulanger-Dufour, 1er juin 2004), mais annulé par le Conseil d'État (CE, Boulanger-Dufour, 5 juill. 2006). Le Conseil d'État, dans cet arrêt, souligne que le directeur, en tant qu'autorité administrative, doit donner suite à un arrêté de nomination et ne peut se retrancher derrière une décision du conseil d'administration supprimant le poste de PH concerné.

L'affectation telle qu'elle est instaurée par le décret n° 2006-1221 du 5 octobre 2006, va susciter un contentieux, car elle suppose des avis qui pourraient être divergents, nonobstant la procédure d'arbitrage prévue par la Commission nationale statutaire.

1° Lorsqu'il est pourvu à une vacance par candidature externe, dès réception de l'arrêté de nomination du ministre chargé de la Santé, l'affectation est prononcée par le directeur chef d'établissement sur le poste dans le pôle d'activité, sur proposition du responsable du pôle et du président de la CME ;

2° En cas de mutation interne, le praticien déjà nommé dans l'établissement est affecté à un pôle d'activité par le directeur chef d'établissement sur le poste dans le pôle d'activité, sur proposition du responsable du pôle et du président de la CME ;

3° En cas de transfert d'un pôle d'activité à un autre pôle du même établissement de santé, intervenant dans le cadre d'une réorganisation interne, le praticien affecté sur ce pôle fait l'objet d'une nouvelle affectation dans le pôle d'accueil, sur proposition du responsable de ce pôle et du président de la CME, dès lors que le profil du poste est compatible avec la spécialité d'exercice du praticien ;

4° En cas de fusion de deux ou plusieurs établissements de santé, les praticiens hospitaliers des établissements sont affectés sur un poste dans un pôle du nouvel établissement sur proposition du responsable du pôle d'accueil et du président de la CME.

321 **Affectation exceptionnelle par le ministre chargé de la Santé.** Lorsque le responsable du pôle d'activité et le président de la CME émettent une proposition divergente, l'affectation est prononcée par arrêté du ministre chargé de la Santé, après avis de la Commission statutaire nationale.

322 **Enregistrement.** Dans tous les cas, l'affectation est enregistrée par l'Établissement national chargé de la gestion des personnels de la fonction publique hospitalière et des praticiens hospitaliers dont la création date de l'ordonnance du 5 mai 2005.

323 **L'exception psychiatrique.** À titre transitoire et pour une période de cinq ans, les praticiens hospitaliers de psychiatrie, à temps plein ou à temps partiel, voient leur nomination prononcée par le ministre chargé de la Santé dans un pôle d'un établissement public de santé, après avis de la Commission statutaire nationale qui dispose des avis motivés de la CME et du conseil exécutif transmis par le directeur chef d'établissement.

Section 3
La médecine libérale à l'hôpital

324 **Les quatre principes liés à l'acte médical.** Le Code de déontologie rappelle les caractéristiques de l'acte médical qui se traduit par:

- le colloque singulier entre un médecin et un malade;
- l'entente directe qui est la libre fixation des honoraires résultant d'un accord entre le médecin et le malade;
- le secret professionnel;
- la liberté de prescription.

325 **L'entente directe.** Parmi ces quatre principes, l'entente directe caractérise la pratique médicale libérale. Certes, le conventionnement des médecins a quelque peu annulé ce principe qui reste cependant virtuel avec le lien monétaire puisque les médecins libéraux ont constamment rejeté le tiers-payant. Le malade doit payer son médecin en faisant l'avance d'honoraires qui lui seront remboursés par la suite par les caisses de Sécurité sociale.

En milieu hospitalier, on distingue:

– la pratique libérale des médecins plein temps dans le cadre de leur secteur libéral, selon les dispositions contenues dans la loi du 27 janvier 1987;

– la pratique libérale des médecins libéraux venant visiter leurs malades en hôpital local ou en clinique ouverte;

– la participation des médecins libéraux aux soins hospitaliers par l'intermédiaire du paiement de vacations: ce sont les médecins attachés.

Sous-section 1
Le secteur libéral des médecins plein temps

Les décrets du 25 novembre 1987 viennent en application de l'article 23 de la loi du 27 janvier 1987 portant diverses mesures d'ordre social, qui avait introduit le secteur libéral à l'hôpital par modification de la loi hospitalière du 31 décembre 1970. Il s'agit des décrets n° 87-944 exposant les conditions de l'exercice en secteur libéral et n° 87-945 précisant le taux de la redevance due par les praticiens lorsqu'ils exercent en secteur libéral. Une circulaire du 10 décembre 1987 expose les conditions d'application de ces dispositions législatives et réglementaires.

Conditions

326 **Conditions de forme**:

– être temps plein, sauf les assistants des hôpitaux, les praticiens hospitaliers associés et les praticiens recrutés à titre provisoire;

– exercer une spécialité identique à celle pratiquée en exercice hospitalier;

– avoir signé un contrat avec le directeur d'un établissement après avis de la commission médicale d'établissement et du conseil d'administration, et approbation du préfet du département;

– aucun lit, aucun équipement médico-technique ne peut être réservé à l'exercice de l'activité libérale.

327 **Conditions d'exercice.** Les praticiens exerçant en secteur libéral peuvent, pour l'ensemble des praticiens, excepté les biologistes, radiologistes et anesthésistes-réanimateurs:

– soit consacrer une ou deux demi-journées par semaine à des consultations;

– soit utiliser des lits du service pour l'hospitalisation de malades personnels: le nombre de lits susceptibles d'accueillir des malades en secteur libéral ne peut excéder 8 % des lits du service. En toute hypothèse, le nombre de lits ne peut être, pour un même praticien, supérieur à quatre ou inférieur à deux. Il ne s'agit en aucun cas de lits réservés, comme jadis, pour le secteur privé;

– soit consacrer une demi-journée par semaine – éventuellement fractionnée – à des consultations et utiliser des lits du service pour l'hospitalisation de malades.

Pour les biologistes, radiologistes et anesthésistes-réanimateurs, pratiquer des analyses, examens ou traitements:

– soit en consacrant une ou deux demi-journées par semaine à des malades qui ont demandé à être traités par eux personnellement au titre de l'activité libérale;

– soit en consacrant une demi-journée par semaine aux patients mentionnés ci-dessus et en pratiquant des analyses, examens ou traitements au bénéfice de malades qui sont traités au titre de l'activité libérale d'un autre praticien;

– soit en pratiquant exclusivement des analyses, examens ou traitements au bénéfice de malades qui sont traités au titre de l'activité libérale d'un autre praticien.

328 **Conditions envers les malades.** Ce sont les suivantes :

– le patient doit formuler expressément et par écrit en cas d'hospitalisation son choix d'être traité au titre de l'activité libérale;

– le patient doit recevoir au préalable toutes indications quant aux règles qui lui sont applicables du fait de son choix;

– aucun malade ne peut être transféré dans le secteur libéral s'il a été adressé dans l'établissement au titre du secteur public, ni être transféré dans le secteur public, s'il a été admis dans le secteur privé. Le transfert d'un secteur à l'autre peut, toutefois, à titre exceptionnel, être autorisé par le directeur sur la demande motivée du malade ou de ses ayants droit et après avis du chef de service.

329 **Limites.** La pratique libérale est limitée par les textes, selon l'activité des praticiens, à la fois quant au temps qu'ils peuvent y consacrer, quant au nombre de lits qui peuvent accueillir leurs malades et quant à la rémunération qu'ils peuvent percevoir à ce titre.

Cela aboutit à ce que le secteur libéral ne puisse:

– en durée, excéder 20 % de la durée du service hospitalier hebdomadaire;

– en nombre d'actes et de consultations, à ce que ceux-ci soient supérieurs à ceux pratiqués en service public.

Les honoraires d'activité libérale peuvent être perçus directement par le praticien ou par l'intermédiaire de la caisse de l'établissement employeur. Ce retour à une pratique libérale date de l'ordonnance hospitalière du 4 septembre 2003 qu'a annulé la perception exclusive par la caisse de l'établissement instaurée depuis une loi dite CMU du 27 juillet 1999.

330 **La redevance.** Elle a été fixée par le décret n° 2006-274 du 7 mars 2006.

Périodicité:

– soit prélevée trimestriellement;
– soit exigée trimestriellement.

Pourcentage dans les CHR et U:

– actes en C, CS, CNPSY: 25 % ;
– actes en K, KC: 40 % ;
– actes en B: 60 % ;
– actes en Z: 60 %.

Pourcentage dans les autres établissements:

- actes en C, CS, CNPSY: 15 % ;
- actes en K, KC: 20 % ;
- actes en B: 60 % ;
- actes en Z: 60 %.

Le décret n° 2005-742 du 1er juillet 2005 fixe à 20 % de son montant le reversement par l'hôpital de la part de forfait technique payé trimestriellement au praticien radiologue en activité libérale.

331 **Protection sociale.** La protection sociale est différente selon que les praticiens bénéficient ou non de l'activité libérale.

Surveillance: les commissions de l'activité libérale

332 **Commission d'établissement.** Sa mission est de veiller au bon déroulement de l'activité libérale, au respect des dispositions législatives et réglementaires la régissant ainsi que des stipulations des contrats des praticiens. Elle soumet aux autorités compétentes les questions relatives à l'exercice de l'activité libérale.

Elle peut s'autosaisir ou être saisie par le préfet du département, le président du conseil d'administration, le président de la commission médicale d'établissement, le directeur de l'établissement ou un praticien sur son activité libérale.

Lorsqu'il s'agit de manquements répétés d'un praticien, la commission ne s'autosaisit pas; seul le préfet peut la saisir pour lui demander son avis sur le retrait ou la suspension de l'activité libérale.

Ses membres sont nommés par le préfet du département. Elle comprend:

- un membre du conseil départemental de l'ordre des médecins n'exerçant pas dans l'établissement et n'ayant pas d'intérêt dans la gestion d'un établissement de soins privés, désigné sur proposition du président du conseil départemental de l'ordre des médecins;
- deux représentants désignés par le conseil d'administration, parmi ses membres non-médecins hospitaliers;
- deux praticiens exerçant une activité libérale, désignés par la commission médicale d'établissement;

– un représentant de la DDASS, désigné par son directeur;

– un représentant de la CPAM, désigné par son directeur;

– un praticien n'exerçant pas d'activité libérale, désigné par la CME.

La commission élit son président parmi les membres à bulletin secret.

Le mandat de la commission est de trois ans. Elle établit son règlement intérieur, précisant les conditions d'organisation des séances. Elle se réunit à l'initiative de son président. Ses membres sont soumis à l'obligation de secret. Le secrétariat est assuré à la diligence de la direction de l'établissement.

Le praticien concerné par la saisine de la commission peut prendre connaissance des pièces de son dossier trente jours au moins avant la réunion de la commission. Il peut demander à être entendu, présenter des observations écrites, et se faire assister par un ou des défenseurs. En cas de partage des voix, celle du président est prépondérante. Lorsqu'elle est saisie par le préfet, la commission rend son avis deux mois au plus tard après cette saisine; passé ce délai, cet avis n'est plus requis.

333 **Commission nationale de l'activité libérale**. Elle est nommée pour trois ans par arrêté du ministre chargé de la Santé et comprend:

– un président, membre du Conseil d'État, nommé sur proposition du vice-président du Conseil d'État, ou membre de la Cour des comptes, nommé sur proposition du premier président de la Cour des comptes;

– le président du Conseil national de l'ordre des médecins ou un vice-président chargé de le représenter;

– deux membres de l'inspection générale des Affaires sociales, ou leurs suppléants ayant la même qualité nommés sur proposition du chef de l'inspection générale des Affaires sociales;

– trois représentants des personnels enseignants et hospitaliers titulaires ou leurs suppléants nommés sur proposition de la conférence des présidents de commission médicale d'établissement de CHU, dont deux choisis parmi les praticiens autorisés à exercer une activité libérale, et un parmi ceux qui n'ont pas une activité libérale;

– deux représentants des praticiens hospitaliers ou leurs suppléants nommés sur proposition de la conférence des présidents de commission médicale d'établissement des hôpitaux non universitaires parmi les praticiens autorisés à exercer une activité libérale;

– deux administrateurs non-médecins ou leurs suppléants, dont un administrateur de CHU et un administrateur d'un établissement hospitalier non universitaire, nommés sur proposition de la Fédération hospitalière de France;

– le directeur de la CNAM ou son représentant.

La Commission nationale donne un avis au ministre chargé de la Santé sur les recours hiérarchiques, obligatoires avant toute instance contentieuse, visant à contester les décisions de suspension ou de retrait de l'autorisation d'exercice de l'activité libérale prises par le préfet de département.

Sanction

Suspension, pour une durée maximale d'un an, et retrait sont prononcés par le préfet et notifiés par celui-ci au praticien concerné et au directeur de l'établissement. Le refus de renouvellement s'apparente à une sanction lorsqu'il est motivé par les erreurs commises par le praticien concerné (CE, 30 janv. 2002, Richbourg).

Sous-section 2
La pratique libérale des médecins en hôpital local

La caractéristique de l'hôpital local, précisée par le décret n° 92-1210 du 13 novembre 1992 est de ne pas disposer de praticiens salariés sauf exception pour les soins de suite et les soins de longue durée ainsi que pour le médecin responsable de la coordination des activités médicales et de l'organisation de la continuité des soins. Tous les médecins libéraux peuvent venir y consulter à la suite d'une autorisation et sous certaines obligations.

334 **L'autorisation.** Les malades hospitalisés en hôpital local choisissent librement leur médecin ou leur sage-femme parmi les méde-

cins ou sages-femmes de ville, à condition que ceux-ci soient au préalable inscrits sur une liste dressée par le préfet de département tous les trois ans. Pour être inscrits, il faut que les médecins ou sages-femmes:

– soient inscrits à l'Ordre des médecins ou des sages-femmes;

– résident dans la circonscription de la commune siège de l'établissement afin de faire face aux urgences.

335 **Les obligations.** Un médecin désigné par le directeur de l'hôpital local est chargé d'assurer, pour trois ans renouvelables une fois, la coordination médicale (répartition des gardes et astreintes). Ce choix doit être soumis à l'avis de la CME selon le décret n° 2007-1741 du 11 décembre 2007. Le CA fixe la quotité du temps de travail correspondant à cette fonction qui peut être à plein temps ou à temps partiel ; dans ce dernier cas le médecin responsable des activités médicales de la coordination des activités médicales, de l'organisation de la continuité médicale des soins et de leur évaluation peut être un des médecins libéraux bénéficiant d'un contrat salarial à temps partiel.

Le CA définit, après avis de la CME, les principes d'organisation de la continuité médicale des soins assurés par les médecins libéraux qualifiés en médecine générale et les autres praticiens salariés de l'établissement.

336 **Rémunérations.** Pour les malades payants non bénéficiaires des lois sur la Sécurité sociale, le médecin peut demander à son client les honoraires qu'il aura fixés librement avec lui. Le médecin devra reverser 10 % du montant des honoraires conventionnés ou du tarif d'autorité.

Pour les malades assurés sociaux, le médecin demande le tarif de ville par jour et par malade traité. Pour les malades relevant de l'aide sociale, il est versé par l'établissement au médecin 50 % du tarif départemental d'aide médicale. Dans ces deux derniers cas, l'hôpital retient 10 % du montant des honoraires, une partie étant affectée à l'amélioration de l'équipement et le restant, à l'amélioration des conditions de fonctionnement.

337 **L'indemnité forfaitaire.** Les médecins libéraux perçoivent une indemnité forfaitaire de cinq euros (décr. n° 2002-786 du 3 mai

2002) pour chaque participation à des réunions statutaires (CA, CME, CTE, CHSCT, CLIN, etc.).

Sous-section 3
La pratique libérale des médecins en clinique ouverte

Le décret n° 60-939 du 5 septembre 1960 modifié précise les conditions de création et d'exercice des médecins non salariés en clinique ouverte.

338 **Conditions de création, extension, suppression.** L'autorisation d'ouverture des cliniques ouvertes est subordonnée à:

- l'insuffisance quantitative et qualitative de l'initiative privée dans la circonscription de l'hôpital;
- la satisfaction prioritaire des besoins de la clientèle hospitalière du secteur public;
- la résidence d'un ou plusieurs chirurgiens, en cas de clinique ouverte chirurgicale, dans un rayon de vingt kilomètres autour de l'établissement afin de réduire au maximum le délai d'intervention en cas d'urgence. Ce périmètre est fixé par le préfet sur proposition du médecin départemental de la santé;
- l'isolement des locaux par rapport au restant de l'hôpital.

La création et l'extension sont à l'initiative des conseils d'administration, approuvées par le préfet de département après avis des directeurs départementaux des Affaires sanitaires et sociales et médecins-inspecteurs départementaux, ainsi que du Conseil de l'ordre des médecins et du syndicat des médecins le plus représentatif dans le département.

La suppression peut être sollicitée par le conseil d'administration ou imposée par le préfet de département en cas de déficit des comptes de la clinique ouverte pendant deux années consécutives, alors que les prévisions pour le troisième exercice confirment le déséquilibre financier.

339 **Conditions d'exercice médical.** La caractéristique essentielle des cliniques ouvertes est que les malades qui désirent y être hospi-

talisés reçoivent les soins des médecins, chirurgiens ou spécialistes de leur choix appartenant ou non au corps médical de l'hôpital. Seules les sages-femmes appelées en clinique ouverte doivent exercer exclusivement en secteur libéral.

Les médecins plein temps peuvent être appelés en consultation de clinique ouverte, leurs honoraires étant assimilés à ceux du secteur libéral.

340 **Honoraires.** La fixation des honoraires se réalise par entente directe. Les médecins reversent 10 % du montant de leurs honoraires à l'hôpital qui affecte ces fonds à l'amélioration de l'équipement.

Sous-section 4
La participation des médecins libéraux aux soins hospitaliers

341 **Les médecins attachés.** À titre occasionnel, n'importe lequel des médecins libéraux peut être appelé en consultation par un médecin hospitalier: cela est plus fréquent en ce qui concerne les chirurgiens qui peuvent se faire assister du médecin traitant de l'opéré. La rémunération est à l'acte selon le cas opératoire, ou à la consultation.

À titre permanent, les hôpitaux font appel à des médecins libéraux qui viennent effectuer des vacations ; ce sont les médecins attachés qui permettent un meilleur dialogue entre médecine hospitalière et médecine de ville.

On distingue deux catégories de médecins attachés qui relèvent de dispositions communes. Des dispositions particulières s'appliquent aux attachés et aux attachés associés.

Les dispositions communes

Elles ont trait aux vacations, à la nomination et aux congés.

342 **Vacations.** Leur durée est de trois heures trente chacune et la fixation des horaires revient au conseil d'administration après avis de la commission médicale, et au vu de la demande des chefs de service.

Les attachés peuvent effectuer huit vacations hebdomadaires en CHU et six en non-CHU, sauf dérogation accordée par le directeur régional des Affaires sanitaires et sociales.

343 **Nomination.** Le pouvoir de nomination appartient au directeur de l'hôpital sur proposition des chefs de service concernés.

344 **Congés.** Les attachés effectuant au moins trois vacations hebdomadaires dans un ou plusieurs établissements ont droit à :

– un congé annuel de cinq semaines qui peut être fractionné par périodes hebdomadaires et pendant lequel ils perçoivent, par semaine, la totalité de la rémunération correspondant à la moyenne de leur rémunération hebdomadaire calculée sur la période de onze mois précédant le début de leur congé ;

– un congé de maladie de trois mois pendant lequel ils perçoivent les deux tiers de la rémunération qu'ils ont touchée, augmenté de trois mois supplémentaires au cours desquels ils perçoivent le tiers de leur rémunération ;

– un congé de maternité de seize semaines à plein traitement.

Ces congés maladie et maternité sont accordés :

– après un an de fonction pour les attachés non issus de la ligne hospitalo-universitaire ;

– immédiatement pour les attachés issus de la ligne hospitalo-universitaire (anciens chefs de clinique-assistants, assistants-assistants, assistants hospitaliers universitaires, etc.).

Dispositions particulières aux attachés

345 **Attributions.** Selon l'article 1er du décret n° 88-674 du 6 mai 1988 :

« Les attachés sont notamment chargés de seconder le chef de service et ses collaborateurs permanents, soit dans les divers aspects de leurs activités de diagnostic et de soins, soit dans la mise en œuvre de techniques d'examen ou de traitement non habituellement pratiquées par les membres du personnel médical. »

Ils sont placés sous l'autorité du chef de service et exécutent les tâches que celui-ci leur confère. Ils peuvent être appelés à :

– participer aux différents services de garde de nuit, les dimanches et jours fériés;

– assurer les remplacements imposés par les différents congés ou absences occasionnelles des praticiens de l'établissement;

– répondre aux besoins hospitaliers exceptionnels et urgents survenant en dehors de leurs horaires normaux de service.

346 **Nomination.** Peuvent être nommés attachés tous les médecins, docteurs en médecine répondant aux conditions de l'article L. 356 du Code de la santé publique, biologistes et pharmaciens relevant des dispositions de l'article L. 514 du même code.

Les attachés qui effectuent au moins trois vacations hebdomadaires peuvent après deux ans de fonction, sur leur demande et après avis favorable du ou des chefs de service intéressés et de la commission médicale d'établissement, être prorogés dans leurs fonctions pour une période de trois ans renouvelable par tacite reconduction. Pour cette période triennale, le nombre de vacations ne peut être inférieur à trois.

347 **Titre.** Le titre d'attaché n'est accordé qu'après deux ans de fonction, sauf pour ceux qui viennent de l'Université (CHU), qui en bénéficient dès leur entrée en fonctions. Les attachés ayant plus de trois ans de fonction effectuent au moins trois vacations hebdomadaires et se voient accorder les titres:

– d'attaché en premier, après cinq ans de fonction ou deux ans de fonction s'ils sont issus des CHU;

– d'attaché consultant, après huit ans de fonction ou cinq ans de fonction s'ils sont issus des CHU.

Dans un même établissement, le nombre des attachés en premier ne peut excéder la moitié, et celui des attachés consultants, le quart du nombre total des attachés effectuant au moins trois vacations par semaine.

348 **Sanctions.** Les sanctions applicables aux attachés sont:

– l'avertissement;

– le blâme;

– l'exclusion temporaire de fonction prononcée pour une durée qui ne peut excéder un mois avec privation de toute rémunération;

– le licenciement;

– le licenciement avec exclusion de toute autre fonction hospitalière.

L'avertissement et le blâme sont prononcés par le directeur de l'établissement après avis de la commission médicale d'établissement. Les autres sanctions sont prononcées par le préfet de département sur proposition du directeur régional des Affaires sanitaires et sociales et après avis de la commission médicale d'établissement.

En cas d'urgence, et avant sanction disciplinaire, un attaché peut être suspendu pour une période maximale de trois mois par le préfet de département sur proposition du directeur régional des Affaires sanitaires et sociales.

Dispositions particulières aux attachés associés

349 **Attributions.** Ils ne participent à l'activité hospitalière que sous la responsabilité directe du chef du service où ils sont affectés ou de l'un de ses collaborateurs, médecin, chirurgien, odontologiste, biologiste ou pharmacien. Ils peuvent exécuter des actes médicaux de pratique courante et sont associés au service de garde, mais ne sont pas autorisés à effectuer des remplacements.

350 **Nomination.** Nommés pour une période maximale d'un an renouvelable, les attachés associés doivent être titulaires du doctorat en médecine, pharmacie, biologie ou odontologie délivré par une université française ou par une université étrangère dont le diplôme est reconnu par la France. Ce sont des candidats qui ne remplissent pas les conditions pour être nommés attachés, c'est-à-dire qui ne sont pas ressortissants d'un pays membre de la CEE.

351 **Sanctions.** Avertissement, blâme et licenciement sont prononcés par le directeur de l'établissement, après avis du chef de service intéressé et de la commission médicale d'établissement, et après que l'intéressé a pu présenter sa défense.

Section 4
Les réformes engagées depuis 1999-2000

De nombreuses réformes ont amélioré la situation des différentes catégories médicales depuis 1999.

Sous-section 1
Les indemnités pouvant être servies aux PH

L'indemnité d'engagement de service public exclusif est étendue aux praticiens, chefs et assistants universitaires.

352 **Mise en place et évolution.** L'indemnité d'engagement de service public exclusif a été instaurée par le décret n° 2000-503, du 8 juin 2000, modifiant l'article 28 (rémunération) du décret n° 84-131 du 24 février 1984. Cette indemnité ne concernait que les praticiens hospitaliers mono- (PH) ou bi-appartenants (PH-PU). Un décret n° 2003-142, du 21 février 2003, l'étend aux chefs de clinique des universités-assistants des hôpitaux, aux assistants hospitaliers universitaires et aux praticiens hospitaliers universitaires qui s'engagent pendant la durée de leurs fonctions à ne pas exercer une activité libérale.

Cette indemnité mensuelle a été fixée par l'arrêté du 21 février 2003 à 304,90 € pour la période allant du 15 mars 2002 au 31 novembre 2002, et à 460,55 € à compter du 1er janvier 2003. Le montant de cette indemnité est identique à celui versé aux PH et PH-PU (cf. arr. du 8 juin 2000).

353 **Obtention de l'indemnité.** L'indemnité d'engagement de service public exclusif est accordée sans préjudice des activités suivantes:

- production d'œuvres scientifiques, littéraires ou artistiques;
- activités d'intérêt général exercées à l'extérieur de l'établissement de rattachement;
- aux expertises et consultations judiciaires ou administratives;

– aux activités de formation mutuelle exercées par les psychiatres en dehors de leurs obligations de service;

– aux activités des chargés de mission d'inspection de pharmacies effectuées par les pharmaciens des hôpitaux.

Un contrat d'engagement de service public exclusif doit être signé par chaque praticien voulant recevoir cette indemnité. En cas de dénonciation du contrat avant la fin de leurs fonctions en qualité de chef de clinique-assistant des universités, d'assistant hospitalier universitaire et de praticien hospitalier universitaire, il est procédé au recouvrement du montant de l'indemnité déjà versée au titre du contrat dénoncé.

Par contre, l'indemnité est versée lorsque les chefs de clinique-assistants des universités, les assistants hospitaliers universitaires et les praticiens hospitaliers universitaires exercent tout ou partie de leurs fonctions dans un établissement public de santé en application d'une convention établie dans les conditions prévues par le décret n° 63-1015, du 7 octobre 1963:

1 – lorsqu'ils sont placés en congé annuel;

2 – lorsqu'ils sont placés en congé de maladie ou de maternité, d'adoption ou de paternité selon les conditions suivantes:

1° dans le cas de maladie, maladie de longue durée ou de longue maladie:

- pendant trois mois par contrat d'engagement;

2° dans le cas de maladie professionnelle ou d'accident du travail:

- pendant six mois par contrat d'engagement;

3° pendant la durée des congés de maternité, d'adoption ou de paternité.

Les autres indemnités

Présentation. Le décret n° 2006-1222 du 5 octobre 2006 précise, ainsi qu'il suit, la liste des indemnités pouvant être servies aux praticiens hospitaliers.

354 **Indemnités de participation à la permanence des soins.** Elles sont réservées pour la participation à la permanence de soins ou de réalisation de périodes de travail au-delà des obligations de service hebdomadaires. Il s'agit :

– des indemnités de sujétion correspondant au temps de travail effectué dans le cadre des obligations de service hebdomadaires la nuit, le samedi après-midi, le dimanche et les jours fériés ;

– des indemnités forfaitaires pour tout temps de travail additionnel accompli, sur la base du volontariat, au-delà des obligations de service hebdomadaires ;

– des indemnités correspondant aux astreintes et aux déplacements auxquels elles peuvent donner lieu.

Les indemnités mentionnées aux deux alinéas précédents sont versées lorsque, selon le choix du praticien, le temps de travail additionnel, les astreintes et les déplacements ne font pas l'objet d'une récupération.

355 **Enseignement et formation.** Des indemnités pour participation aux jurys de concours, à l'enseignement et à la formation des personnels des établissements publics de santé.

356 **Allocation spécifique.** Une allocation spécifique versée aux praticiens hospitaliers ayant signé l'engagement de service public exclusif. Cette allocation, non soumise à cotisation de retraite complémentaire, est versée en une seule fois.

357 **Indemnités visant à développer le travail en réseau.** Il s'agit de :

– l'indemnité pour activité dans plusieurs établissements, versée pour favoriser le développement de la mise en réseau des établissements mentionnés à l'article 2 du titre IV du statut général des fonctionnaires et les actions de coopération mentionnées à l'article L. 6134-1 ;

– l'indemnité d'activité sectorielle et de liaison versée aux psychiatres des hôpitaux exclusive de l'indemnité due au respect des objectifs de qualité et d'activité.

358 **Respect des objectifs.** Une indemnité correspondant à une part complémentaire variable de la rémunération principale et subordonnée au respect d'un engagement contractuel déterminant, des objectifs de qualité et d'activité mesurés par des indicateurs définis par arrêté.

On remarquera la part variable de l'indemnité va permettre d'instaurer la rémunération complémentaire à l'activité selon les principes dégagés par la nouvelle tarification à l'activité (T2A). L'arrêté du 28 mars 2007 précise le calcul de cette indemnité.

359 **Indemnité d'activité sectorielle et de liaison.** Elle est allouée aux PH en psychiatrie.

Sous-section 2
Les médecins hospitalo-universitaires

Ils bénéficient d'une bonification d'ancienneté pour l'exercice d'un mandat de président ou de directeur d'établissement public d'enseignement.

360 **La bonification d'ancienneté.** Le décret n° 2003-142, du 21 février 2003, permet aux PH-PU et aux maîtres de conférences praticiens hospitaliers qui ont exercé pendant une durée d'au moins trois ans un mandat de président ou de directeur d'établissement public d'enseignement supérieur de bénéficier, sur leur demande, d'une bonification d'ancienneté d'une durée égale à 60 % de la durée effective d'un seul mandat. Cette bonification, qui prend effet le premier jour du mois suivant la demande, n'est accordée qu'une seule fois au titre de maître de conférences ou de PH-PU; par contre, le cumul des deux cas où l'intéressé aurait été investi d'un mandat dans chacune des fonctions n'est pas interdit par le décret du 21 février 2003. Ces dispositions sont applicables à compter du 1er mars 2003.

Sous-section 3
L'instauration du repos de sécurité

Le repos de sécurité modifie l'organisation du temps de travail

361 **Le repos de sécurité.** Une série de cinq décrets, en date du 6 décembre 2002 (*JO* du 8 déc. 2002, p. 20310 et s.), insère dans le statut des PH à temps plein et à temps partiel, dans celui des assistants et des praticiens contractuels le repos de sécurité qui

oblige désormais les administrations hospitalières à accorder aux médecins un repos quotidien de onze heures consécutives par période de vingt-quatre heures. Par dérogation à ces dispositions, les médecins peuvent accomplir une durée de travail continue maximale de vingt-quatre heures, qui les fait bénéficier, à l'issue de cette période, d'un repos d'une durée équivalente.

Les nouveaux décrets apportent également la reconnaissance du temps de soins, lors d'une astreinte, comme temps de travail effectif dont il est tenu compte pour l'attribution du repos quotidien.

362 **Le service hebdomadaire d'un praticien hospitalier.** Le service hebdomadaire d'un PH à temps plein est fixé à dix demi-journées, sans que la durée de travail puisse excéder quarante-huit heures par semaine, cette durée étant calculée en moyenne sur une période de quatre mois. Lorsque le travail est effectué la nuit, la durée du travail est comptée pour deux demi-journées. Lorsque l'activité médicale est organisée en temps continu, l'obligation de service hebdomadaire du praticien est, par dérogation, calculée en heures, en moyenne sur une période de quatre mois, et ne peut dépasser quarante-huit heures.

363 **Le temps de travail additionnel.** Le praticien peut accomplir, sur la base hebdomadaire et au-delà de ses obligations de service hebdomadaire, un temps de travail additionnel donnant lieu soit à récupération, soit à indemnisation.

Confirmation du repos de sécurité pour les internes et les résidents

364 **Mise en place.** Le décret n° 2002-1149, du 10 septembre 2002, et un arrêté du même jour instaurent le repos de sécurité pour les internes et les résidents en médecine.

Selon le décret modifiant le statut des internes (décr. n° 99-930 du 10 nov. 1999) les obligations de service des internes « sont fixées à onze demi-journées par semaine dont deux consacrées à la formation universitaire, qui peuvent être regroupées selon les nécessités de l'enseignement suivi et cumulées dans la limite de douze jours sur un semestre ».

365 **Gardes et astreintes.** L'interne participe au service des gardes et astreintes. La récupération d'une garde de nuit, qui était d'une

demi-journée (cf. arr. du 23 avr. 1999, art. 2 abrogé) passe à deux demi-journées. Le nouvel alinéa 3 de l'article 2 du décret susvisé du 10 novembre 1999 est ainsi libellé (décr. du 10 sept. 2002): « L'interne participe au service de gardes et astreintes. Les gardes effectuées par l'interne au titre du service normal de garde sont comptabilisées dans ses obligations de service à raison de deux demi-journées pour une garde. Il peut également assurer une participation supérieure au service normal de garde. L'interne bénéficie d'un repos de sécurité à l'issue de chaque garde de nuit. Le temps consacré au repos de sécurité ne peut donner lieu à l'accomplissement des obligations de service hospitalières ou universitaires ». L'arrêté suscité paru le même jour que le décret du 10 septembre 2002 définit ainsi qu'il suit le repos de sécurité: « Le temps consacré au repos de sécurité n'est pas décompté dans les obligations de service hospitalières et universitaires. Le repos de sécurité, d'une durée de onze heures, est constitué par une interruption totale de toute activité hospitalière et doit être pris immédiatement après chaque garde de nuit ».

Sous-section 4

Les échanges de personnels médicaux dans le cadre des actions de coopération internationale

366 **Les actions de coopération internationale.** Les conventions de coopération internationale ont été ajoutées aux compétences des conseils d'administration des établissements publics de santé par la loi hospitalière du 31 juillet 1991 actuellement en vigueur. Ces délibérations sont exécutoires de plein droit dès leur réception par le représentant de l'État. Un décret n° 2002-1316 du 25 octobre 2002 précise les conditions d'échange des personnels médicaux et non médicaux dans le cadre de ces conventions de coopération internationale. Désormais, selon les dispositions de ce décret inséré en R. 713-3-22 à 27 du Code de la santé publique: « Dans le cadre des missions définies à l'article L. 6112-1 du Code de la santé publique et sous réserve de garantir la continuité du service public hospitalier, les établissements publics de santé peuvent engager des actions de coopération internationale avec des personnes de droit public et de droit privé international dans le même

domaine que le leur ». Chaque action de coopération fait l'objet d'une convention qui précise, entre autres, les modalités d'échange et de formation des personnels médicaux et non médicaux.

367 **La formation complémentaire.** Dans ce cadre, l'article R. 713-3-23 du Code de la santé publique dispose que:

« Bénéficient d'une formation complémentaire dans le cadre des conventions mentionnées à l'article L. 6134-1:

– les médecins et pharmaciens titulaires d'un diplôme de docteur en médecine ou en pharmacie permettant l'exercice dans le pays d'obtention ou d'origine et qui n'effectuent pas d'études en France en vue de la préparation d'une attestation de formation spécialisée. Ils sont désignés en qualité de stagiaires associés pour une période de six mois renouvelable dans les conditions définies au 1 de l'article 39 du décret n° 99-930, du 10 novembre 1999, fixant le statut des internes et des résidents en médecine, des internes en pharmacie et des internes en odontologie;

– les personnels infirmiers des États, dont la liste est fixée par arrêté du ministre chargé de la Santé, titulaires d'un diplôme d'infirmier permettant l'exercice dans le pays d'obtention ou d'origine. La formation complémentaire est effectuée sous forme de stages hospitaliers d'adaptation.

Un arrêté du ministre chargé de la Santé fixe les modalités de sélection, d'affectation et de rémunération des personnels mentionnés au présent article. »

368 **Les arrêtés d'application.** On attend maintenant la publication des arrêtés cités ci-dessus. Espérons qu'ils ne mettront pas autant de temps pour être publiés que le décret du 25 octobre 2002 qui s'est fait attendre plus de onze ans!...

Sous-section 5
Création d'un compte épargne-temps

369 **Mise en place.** Le décret n° 2002-1358, du 18 novembre 2002, crée un compte épargne-temps (CET) pour les personnels médicaux, pharmaceutiques et odontologiques suivants:

– praticiens hospitaliers à temps plein régis par le décret n° 84-131, du 24 février 1984;

– praticiens hospitaliers à temps partiel régis par le décret n° 85-384, du 29 mars 1985;

– assistants des hôpitaux régis par le décret n° 87-788, du 28 septembre 1987;

– praticiens contractuels régis par le décret n° 93-701, du 27 mars 1993;

– médecins et pharmaciens recrutés dans les établissements publics de santé, les établissements publics de santé privés participant au service public hospitalier et l'Établissement français du sang.

370 **Régime du CET.** Le compte épargne-temps permet à son titulaire d'accumuler des droits à congés rémunérés. Il est ouvert à la demande des praticiens concernés qui sont informés annuellement, par le directeur de l'établissement, des droits épargnés.

Le compte épargne-temps peut être alimenté dans la limite de trente jours par an par:

– le report des congés annuels, sans que le nombre de jours de congés pris dans l'année puisse être inférieur à vingt;

– le report de tout ou partie des jours de réduction du temps de travail dans les conditions prévues par le décret du 7 octobre 2002 susvisé.

1 – Le compte épargne-temps est ouvert pour une durée de sept ans.

Toutefois, pour les praticiens âgés de 55 ans à la date d'ouverture du compte, cette durée est prolongée jusqu'à la date de départ à la retraite.

2 – Les droits à congés acquis par le praticien au titre du compte épargne-temps sont, au choix de celui-ci:

– soit exercés en une seule fois et en totalité à compter de l'expiration du délai mentionné au I du présent article;

– soit exercés progressivement; dans ce cas, les droits acquis au titre du compte épargne-temps au cours d'une année doivent être soldés avant l'expiration d'un délai de sept ans à compter de leur année d'acquisition.

3 – En cas de cessation définitive des fonctions, l'intéressé est tenu au préalable de solder son compte épargne-temps.

À défaut, il perd ses droits.

371 **Délais de prévenance.** Le praticien qui demande le bénéfice de tout ou partie du temps épargné doit respecter un délai de prévenance. Ce délai est:

- d'un mois pour une demande de congés inférieure à six jours;
- de deux mois pour une demande de congés compris entre six et vingt jours;
- de quatre mois pour une demande de congés compris entre vingt jours et six mois;
- de six mois pour une demande de congés supérieure à six mois.

372 **Rejet de la demande.** La demande d'exercice de tout ou partie du droit à congés acquis au titre du compte épargne-temps ne peut-être rejetée qu'en raison des nécessités du service.

Ce refus ne peut toutefois priver l'intéressé de ses droits au bénéfice du temps épargné. En particulier, aucun refus ne peut être opposé lorsque le temps épargné est égal ou supérieur au temps de service restant à courir avant la date du départ à la retraite sans que l'utilisation des droits puisse entraîner le report de la date de cessation des fonctions.

373 **Utilisation de plein droit.** Le compte épargne-temps peut être utilisé de plein droit à l'issue d'un congé de maternité ou d'adoption, dès lors que la demande en a été faite auprès de l'autorité investie du pouvoir de nomination.

374 **Autres dispositions.** Le congé pris dans le cadre du compte épargne-temps est assimilé à une période d'activité et rémunéré en tant que tel.

En cas de changement du statut ou de mutation, le bénéficiaire conserve les droits acquis au titre du compte épargne-temps.

À l'issue de la période de congés, le bénéficiaire du compte épargne-temps rejoint le poste qu'il occupait avant son départ.

Lors de la cessation d'activité du praticien pour invalidité temporaire, les droits ouverts au titre du compte épargne-temps lui restent acquis.

Les modalités d'application de la RTT aux personnels médicaux, pharmaceutiques et odontologiques

375 **Nombre de jours.** Le décret du 7 octobre 2002 relatif à la RTT des personnels médicaux, pharmaceutiques et odontologiques des établissements publics de santé, a accordé vingt jours de congés rémunérés au titre de la réduction du temps de travail. Ce quantum de vingt jours est proratisé au temps de travail effectué par les personnels travaillant à temps partiel. Lorsque le nombre de jours rémunérés obtenu ne correspond pas à un nombre entier, ce nombre est arrondi à la demi-journée immédiatement supérieure. Le temps de travail s'apprécie en année civile. Le droit à congés rémunérés au titre de la RTT s'apprécie au terme de chaque trimestre.

376 **Situations excluant la RTT.** Sont exclus du droit à congés rémunérés au titre de la RTT les personnels médicaux, pharmaceutiques et odontologiques se trouvant dans l'une des situations suivantes: congé bonifié, mission temporaire, congé parental et congé de fin d'exercice.

377 **Cumuls.** Les congés annuels et les congés accordés au titre de la RTT peuvent être cumulés dans la limite d'une absence de trente et un jours consécutifs. Mais les congés rémunérés au titre de la RTT ne peuvent être cumulés avec des congés bonifiés. Les congés rémunérés au titre de la RTT doivent être soldés avant la fin du trimestre qui suit l'année civile au titre de laquelle ils ont été acquis. L'application de cette mesure ne peut avoir pour effet de reporter le terme de la période d'emploi des praticiens recrutés à titre provisoire ainsi que des personnels recrutés pour une période déterminée ne faisant pas l'objet d'un renouvellement.

378 **Indemnisations.** L'arrêté du 17 octobre 2002 précise que, en application du décret du 7 octobre 2002, les jours de congés de RTT,

dans la limite du quart des droits acquis par les personnels concernés, leur sont indemnisés sur la base de 300 € bruts par jour. Cette indemnité est soumise à cotisation au régime de retraite complémentaire.

Sous-section 6
La formation médicale continue rénovée par la loi du 4 mars 2002

379 **L'obligation législative.** L'ordonnance du 24 avril 1996 relative à la maîtrise médicale des dépenses de santé avait imposé l'obligation de formation continue que doivent suivre tous les médecins afin de continuer à exercer leur art. Les décrets d'application de cette ordonnance ayant été annulés par le Conseil d'État pour vice de forme, la loi du 4 mars 2002 réaffirme l'obligation de formation continue à tous les médecins.

380 **Application.** L'objectif fixé par le législateur à la formation médicale continue est « l'entretien et le perfectionnement des connaissances, y compris dans le domaine des droits de la personne ainsi que l'amélioration de la prise en charge des priorités de santé publique ».

L'obligation de formation des médecins peut être satisfaisante de trois façons:

- soit en participant à des actions de formations agréées;

- soit en se soumettant à une procédure adaptée à l'évaluation des connaissances réalisée par un organisme agréé. L'agrément est accordé à toute personne morale de droit public ou privé, à caractère lucratif ou non répondant à des critères fixés par le Conseil national de formation médicale continue;

- soit en présentant oralement au conseil régional un dossier répondant à l'obligation de formation continue.

La formation médicale continue est organisée différemment selon qu'il s'agit de médecins hospitaliers ou de médecins non hospitaliers.

381 **Catégories concernées.** Les médecins hospitaliers et les pharmaciens, odontologistes et biologistes exerçant en établissements publics de santé ou en établissements de santé privés participant au service public hospitalier, c'est-à-dire des établissements de santé privés à but non lucratif bénéficiant d'un arrêté ministériel les autorisant à assurer l'exécution du service public hospitalier, sont soumis à une obligation de formation continue. Celle-ci est encadrée par un Conseil national et des conseils régionaux de formation continue composés par des représentants des ordres professionnels des personnels concernés, des unités de formation et de recherche et des syndicats représentatifs, auxquels s'ajoutent des personnalités qualifiées, des représentants des CME des établissements de santé et des organismes de formation.

Sous-section 7
Une nouvelle position statutaire : la recherche d'affectation

382 **Définition.** Le statut des praticiens hospitaliers, relevant du décret n° 84-131 du 24 février 1984, prévoit plusieurs positions statutaires : l'activité qui est la plus courante, le détachement, la mise à disposition et la disponibilité. Le décret n° 2006-1221 du 5 octobre 2006 instaure la position de recherche d'affectation qui est la position dans laquelle le praticien hospitalier titulaire en activité est placé, compte tenu des nécessités du service, auprès de l'Établissement public national chargé de la gestion des personnels de la fonction publique hospitalière et des praticiens hospitaliers, soit sur demande soit d'office, en vue de permettre son adaptation ou sa reconversion professionnelle ou de favoriser la réorganisation ou restructuration des structures hospitalières. Le placement du PH dans cette position est fixé, pour une durée maximale de deux ans, par le ministre chargé de la Santé, après avis motivé de la CME et du conseil exécutif de l'établissement public de santé dont il relève, ainsi que de la Commission statutaire nationale.

383 **Les obligations.** Le décret prévoit les obligations du PH placé dans cette position : dans cette situation, le praticien hospitalier est obligé d'effectuer toutes les actions et démarches concertées avec

lui et arrêtées par l'Établissement public national lui permettant soit de retrouver une affectation dans un établissement public de santé, soit d'accéder à un autre emploi du secteur public ou privé. Il peut notamment, à la demande de l'Établissement public national ou avec son accord, exercer son activité dans un établissement public de santé autre que celui dans lequel il était précédemment nommé dans le cadre d'une convention passée entre cet établissement et l'Établissement public national. Il peut également bénéficier d'un bilan professionnel et suivre des actions de formation.

384 **Régime juridique.** L'Établissement public national rémunère le praticien hospitalier en recherche d'affectation et exerce à son égard toutes les prérogatives de l'autorité investie du pouvoir de nomination.

Le praticien hospitalier peut démissionner durant la période de recherche d'affectation sans qu'il puisse lui être imputé de poursuivre ses fonctions pendant une période de six mois au plus à compter de ladite notification de l'acceptation de sa démission.

À l'issue de la période de recherche d'affectation, le PH est réintégré dans son poste (mais cela semble une hypothèse d'école, puisque son poste a été transformé, suscitant cette recherche d'affectation), ou dans un autre poste de même discipline.

385 **Radiation des cadres.** Le praticien hospitalier qui refuse toute proposition peut être rayé des cadres après avis de la Commission statutaire nationale. S'il ne peut être réintégré à l'issue de sa demande, il est placé en disponibilité d'office pour une durée renouvelable, dans la limite d'une durée totale de trois ans.

Sous-section 8

Les postes de praticiens hospitaliers à recrutement prioritaire

386 **Mise en place.** Les postes de PH à recrutement prioritaire sont issus d'un décret n° 2001-876, du 19 septembre 2001, et d'un arrêté du 23 octobre 2001. Une circulaire DHOS/M3 n° 2001-610

du 12 décembre 2001 fixe les modalités d'application de ces recrutements prioritaires.

387 **Orientations.** Les objectifs sont fixés par le directeur de l'ARH, qui apprécie à la fois:

1° les conditions de fonctionnement du service conduisant à un exercice particulièrement difficile, notamment dans certaines spécialités ou lorsque la nature du service imposant une continuité de l'activité médicale génère un surcroît d'activité;

2° l'adéquation des moyens humains à la mise en œuvre du schéma régional d'organisation sanitaire;

3° les conditions de faisabilité entrant dans le cadre d'une recomposition des structures hospitalières, le présent dispositif pouvant accompagner utilement la réalisation de ce type d'opération;

4° la vacance constatée sur un ou plusieurs exercices.

Ces orientations ayant un caractère indicatif, chaque directeur d'Agence régionale de l'hospitalisation peut déterminer ses propositions, après concertation avec le comité régional de suivi du protocole, en fonction des particularités de l'organisation régionale de l'offre de soins.

388 **Situation des postes.** Les postes à recrutement prioritaire à temps plein ou à temps partiel, occupés ou vacants, peuvent:

– faire l'objet d'un exercice partagé sur plusieurs établissements en application de l'article 4 du décret du 24 février 1984 précité ou du deuxième alinéa de l'article 1er du décret du 29 mars 1985 précité;

– être situés dans les établissements privés participant au service public hospitalier, notamment en ce qui concerne les établissements spécialisés en psychiatrie. Le praticien occupant un tel poste est alors placé en position de détachement;

– être situés dans un groupement d'intérêt public que le praticien occupera par mise à disposition dans les conditions prévues par chacun des statuts.

Les postes de praticiens hospitaliers à temps plein ou à temps partiel, vacants ou non vacants, susceptibles d'être inscrits sur la liste des postes à recrutement prioritaire, sont proposés, une fois par an, par les établissements au directeur de l'Agence régionale de l'hospitalisation.

Chaque directeur d'Agence régionale de l'hospitalisation retient les postes dont l'occupation, présente ou future, lui paraît être prioritaire pour répondre aux objectifs fixés par le schéma régional de l'organisation sanitaire, étant précisé que le choix de ces postes doit être effectué en tenant compte du montant de la dotation globale régionale allouée à cet effet. Il devra indiquer les critères qu'il a retenus pour élaborer sa liste de propositions.

La situation de ces postes sera examinée en tenant compte de l'évolution des projets médicaux des établissements concernés, afin que le caractère prioritaire qui s'attache à l'occupation de ces postes ne soit pas remis en cause au cours des cinq années d'engagement.

389 **Les praticiens concernés.** Ce sont:

– les praticiens hospitaliers à temps plein régis par le décret du 24 février 1984, nommés à titre probatoire ou à titre permanent sans préjudice des activités mentionnées aux a, b, e et f de l'article 28 et des dispositions des articles L. 6154-1 à L. 6154-7 du Code de la santé publique relatives à l'activité libérale, et de la réglementation prise pour leur application;

– les praticiens hospitaliers associés nommés en application de l'article 16 de ce même décret;

– les praticiens des hôpitaux exerçant leur activité à temps partiel régis par le décret n° 85-384, du 29 mars 1985, précité, nommés en application de l'article 12 de ce même décret;

– les praticiens hospitaliers à temps plein exerçant une activité réduite en application des articles 41-I et II et 74-1 du décret du 24 février 1984 modifié.

390 **La convention.** L'engagement fait l'objet d'une convention avec le directeur de l'établissement par laquelle il s'engage à exercer pendant cinq années sur ce poste, cette période de cinq ans prenant effet à compter de la date de la signature de la convention.

Une copie de cette convention est transmise pour information au directeur de l'Agence régionale de l'hospitalisation ainsi qu'au préfet de région et au préfet de département, à l'attention des services concernés (directions régionale et départementale des Affaires sanitaires et sociales).

391 **L'allocation.** En contrepartie de cet engagement, une allocation spécifique lui est versée, en une seule fois, dans les six mois suivant la signature de la convention selon les conditions fixées par l'arrêté du 23 octobre 2001. Le directeur de l'établissement, dans le délai imparti par la présente circulaire, mandate la dépense correspondante à l'allocation auprès du comptable de l'établissement qui paiera à l'appui de la convention susvisée.

En outre, il bénéficie d'un avancement accéléré d'une durée de deux ans après avoir accompli cinq années de service effectif sur ce poste, quelle que soit la quotité de temps travaillé. Cet avancement accéléré de deux ans ne peut intervenir qu'après l'accomplissement total des cinq années.

À l'issue des cinq années de services effectués sur un poste à recrutement prioritaire, le praticien hospitalier ne pourra pas signer un renouvellement de ce premier engagement, ni s'engager à exercer dans le cadre d'un nouveau contrat.

Le reversement à l'établissement employeur de l'allocation perçue par le praticien au prorata du service accompli, prévu par les articles 4 et 10 de l'arrêté du 23 octobre 2001, intervient en cas de cessation des fonctions résultant d'une décision du praticien, notamment en cas de démission, disponibilité, mutation ou lorsque la cessation de fonctions intervient à la suite des différentes dispositions donnant lieu soit à un licenciement ou à une révocation, ou lors d'une fin de fonctions prononcée après une période quinquennale d'exercice conformément aux dispositions de l'article L. 6152-3 du Code de la santé publique applicables aux praticiens des hôpitaux à temps partiel.

Dans ce cas, le comptable de l'établissement procède au recouvrement de la part de l'allocation perçue au prorata du service accompli sur la base d'un ordre de reversement émis par le directeur de l'établissement à l'encontre du praticien cessant ses fonctions.

CHAPITRE 8

Le personnel non médical

392 **Les textes**. Le personnel hospitalier non médical est soit titulaire, soit contractuel à titre dérogatoire. Le statut du personnel titulaire a été fixé par les lois:

– n° 83-634 du 13 juillet 1983 portant droits et obligations des fonctionnaires, appelé titre Ier;

– n° 86-33 du 9 janvier 1986 portant dispositions statutaires relatives à la fonction publique hospitalière, qualifié de titre IV, les titres II et III étant constitués par les lois n° 84-16 du 11 janvier 1984 relative à la fonction publique étatique et n° 84-53 du 26 janvier 1984 relative à la fonction publique territoriale.

Selon les statistiques officielles, le nombre d'agents hospitaliers non médicaux était en 1993 de 680000 contre 121000 en 1955, année de création du premier statut des agents hospitaliers.

Le titre IV s'applique:

– à tous les établissements d'hospitalisation publics et syndicats interhospitaliers, y compris l'Assistance publique de Paris;

– aux hospices publics;

– aux maisons de retraite publiques;

– aux établissements publics ou à caractère public relevant des services départementaux de l'aide sociale à l'enfance et maisons d'enfants à caractère social;

– aux établissements publics ou à caractère public pour mineurs ou adultes handicapés ou inadaptés, à l'exception des établissements nationaux et des établissements d'enseignement ou d'éducation surveillée;

– aux centres d'hébergement et de réadaptation sociale publics ou à caractère public, mentionnés à l'article 185 du Code de la famille et de l'aide sociale;

– aux thermes nationaux d'Aix-les-Bains.

Le statut des fonctionnaires hospitaliers se développe autour de la carrière dont nous étudierons le déroulement, les avantages et les obligations.

Section 1
Le déroulement de la carrière du fonctionnaire hospitalier

Contrairement aux fonctions publiques étrangères basées sur l'emploi et dont les titulaires sont dans une situation précaire quant à l'existence dudit emploi, la fonction publique française s'appuie sur la notion de carrière qui assure la permanence de la fonction. Ainsi, le fonctionnaire est dans une situation statutaire. Sa carrière peut se définir comme le déroulement de la vie professionnelle du fonctionnaire, selon une procédure parfaitement codifiée par le statut. En conséquence on conçoit que l'Administration soit vigilante quant à la qualité du recrutement. Après l'accès, la carrière commence véritablement avec la titularisation qui donne droit à l'avancement.

Sous-section 1
L'accès à la carrière

393 **Carrière, grade et emploi.** Accéder à la carrière pour un fonctionnaire, c'est être nommé dans un emploi puis, à la fin du stage, être titularisé dans un grade. Le grade s'insère dans un corps. Si le grade correspond à un emploi, il ne lui est pas exclusivement rattaché afin de permettre une grande souplesse dans la gestion des personnels.

On appelle carrière d'un agent le déroulement de son avancement dans la hiérarchie de son corps. Le corps correspond aux statuts particuliers et recouvre, le cas échéant, un ensemble de grades. Les corps et emplois sont recrutés et gérés dans le cadre de chaque établissement, excepté pour le corps des directeurs d'hôpitaux géré nationalement par le ministère chargé de la Santé.

Le grade est le titre qui confère à son titulaire vocation à occuper l'un des emplois qui lui correspond. L'emploi, qui est distinct du grade, est voté par le conseil d'administration. Le directeur de l'hôpital est l'autorité de nomination. Il ne peut nommer un agent sans se référer aux règles du statut.

Lorsqu'un agent est recruté, il ne peut être titularisé avant une période probatoire appelée stage.

Les conditions de recrutement

Pour être recruté, il faut que le candidat réponde à des conditions générales, quel que soit l'emploi auquel il postule, et à des conditions professionnelles qui diffèrent selon les catégories d'emplois postulés.

394 **Les conditions générales.** Nul ne peut avoir la qualité de fonctionnaire:

– s'il ne possède la nationalité française ou l'une des nationalités de l'Union européenne;

– s'il ne jouit de ses droits civiques;

– si les mentions portées au bulletin n° 2 de son casier judiciaire sont incompatibles avec l'exercice de ses fonctions;

– s'il ne se trouve en position régulière au regard du Code du service national;

– s'il ne remplit les conditions d'aptitude physique exigées pour l'exercice de la fonction (exception faite pour les candidats handicapés);

– s'il a dépassé l'âge limite de recrutement.

395 **Les conditions professionnelles.** Le recrutement par concours est la règle. Concours sur titres, sur titres et épreuves ou épreuves seulement.

Les exceptions au recrutement par concours concernent:

– les bénéficiaires de la législation sur les emplois réservés;

– les promotions internes au choix ou par examen professionnel;

– les titularisations des agents non titulaires des catégories C et D ayant au moins quatre ans d'ancienneté;

– les jeunes de 13 à 25 ans révolus, sauf diplôme ou sans qualification professionnelle, dont le niveau de qualification est inférieur à un diplôme de fin de second cycle de l'enseignement bénéficiaire du « Pacte » parcours d'accès aux carrières de la formation publique (ord. du 2 août 2005).

La période de stage

396 **Durée.** Le stage dure un an, sans possibilité statutaire de prolongation, sauf disposition statutaire contraire, si ce n'est pour tenir compte des périodes d'absence pour maladie au-delà du 36e jour.

Comme il s'agit d'un an de présence effective, les agents stagiaires bénéficiant d'un mi-temps thérapeutique doivent effectuer le double de leur mi-temps.

397 **Fin du stage.** Il existe trois possibilités:

– le licenciement pendant le stage:
  - à n'importe quel moment pour faute professionnelle avec procédure disciplinaire,
  - à partir du 6e mois du stage pour inaptitude ou insuffisance professionnelle sans procédure disciplinaire;

– le refus de titularisation à la fin du stage;

– la titularisation.

Sous-section 2
La titularisation

La titularisation marque formellement l'entrée dans la carrière qui comporte différentes positions, et dont la fin nécessite une étude attentive eu égard aux divers cas de cessation de fonction qui sont prévus par le statut général.

Les positions

Ce sont les diverses situations explicitées par le statut que peuvent connaître les fonctionnaires hospitaliers au cours de leur carrière.

398 **L'activité.** C'est « la position du fonctionnaire qui, régulièrement titulaire d'un grade, exerce effectivement les fonctions de l'un des emplois correspondants ».

Cette position comprend les différents congés (annuels, maladie, autorisation d'absence). Elle inclut également la mise à disposition qui est la situation du fonctionnaire qui demeure dans son corps d'origine, est réputé occuper son emploi, continue à percevoir la rémunération correspondante, mais qui effectue son service dans une autre administration que la sienne ou auprès d'un organisme d'intérêt général. Elle est proposée par l'administration d'origine qui doit cependant recueillir l'accord du fonctionnaire concerné.

399 **La recherche d'affectation.** Depuis une ordonnance du 1er septembre 2005, les personnels de direction des établissements dont les personnels relèvent de la fonction publique hospitalière peuvent être placés en recherche d'affectation auprès du centre national de gestion, pour une durée maximale de deux ans. Ils sont alors rémunérés par cet établissement public qui exerce à leur égard toutes les prérogatives reconnues à l'autorité investie du pouvoir de nomination (le ministre en l'occurrence).

400 **Le détachement.** C'est la position du fonctionnaire placé hors de son emploi d'origine, mais qui continue à bénéficier dans ce corps ou cet emploi de ses droits à l'avancement et à la retraite. On distingue le détachement de droit pour exercer une fonction publique élective ou un mandat syndical et les détachements autorisés en fonction de l'intérêt du service, qui sont accordés pour occuper un emploi:

– auprès d'une administration publique ou auprès d'un établissement ou office publics;

– auprès d'un hôpital psychiatrique privé faisant fonction d'hôpital psychiatrique public;

– auprès d'un organisme à caractère social ou auprès d'un organisme de formation agréé en vue de la formation professionnelle continue;

ou pour donner un enseignement ou remplir une mission publique à l'étranger ou auprès d'organismes internationaux.

Les détachements sont accordés pour six mois au plus, ou plus de six mois avec un maximum de cinq ans renouvelables. Dans le cas du détachement de six mois, la réintégration dans l'établissement d'origine et dans l'emploi d'origine est automatique, alors que pour le détachement de plus de six mois, la réintégration est possible au premier emploi vacant excepté pour les agents détachés pour la coopération internationale qui sont réintégrés en surnombre.

401 **La position hors cadres.** C'est la position dans laquelle un fonctionnaire détaché auprès d'une administration ou d'une entreprise dans un emploi ne conduisant pas à pension à la CNRACL, ou auprès d'organismes internationaux, peut être placé sur sa demande, s'il réunit quinze années de services effectifs accomplis en position d'activité ou sous les drapeaux, pour continuer à servir dans la même administration ou entreprise, ou dans le même organisme. En conséquence, le fonctionnaire perd ses droits à l'avancement et à la retraite.

402 **La disponibilité**. C'est la position du fonctionnaire qui, placé hors de son établissement, cesse de bénéficier, dans cette position, de ses droits à l'avancement et à la retraite.

La disponibilité peut être prononcée de droit à la demande:

– des agents des deux sexes pour élever un enfant âgé de moins de huit ans ou atteint d'une infirmité exigeant des soins continus, pour deux ans renouvelables tant que les conditions requises existent;

– de l'agent pour suivre son conjoint, si ce dernier est astreint à établir sa résidence habituelle, en raison de sa profession, en un lieu éloigné du lieu de l'exercice des fonctions de l'agent; accordée pour deux ans, la disponibilité ne peut excéder dix ans;

– du fonctionnaire si, en cas de suppression d'emploi, il a refusé trois emplois vacants ou, en toute hypothèse, au terme de six mois après la suppression d'emploi.

Elle peut être accordée également, selon les nécessités de service, en cas d'accident ou de maladie grave du conjoint ou d'un enfant, pour trois ans renouvelables deux fois.

403 **La demande de disponibilité.** Le fonctionnaire peut enfin demander à être mis en position de disponibilité pour l'un des motifs suivants:

– études ou recherches présentant un intérêt général (trois ans renouvelables une fois), à l'exclusion des études visées par le décret du 5 avril 1990 disposant que « les agents titulaires qui suivent une formation à l'initiative des établissements, des collectivités ou des syndicats interhospitaliers dont ils dépendent, sont maintenus en position d'activité » (c'est le cas du stage de neuf mois ou de trois mois pour préparer le concours d'entrée à l'ENSP en tant qu'élève assistant de direction);

– convenance personnelle: la durée ne peut excéder six années pour l'ensemble de la carrière par période maximale de trois ans consécutifs;

– engagement dans une formation militaire pour trois ans renouvelables une fois;

– exercice d'une activité relevant de sa compétence dans une entreprise publique ou privée.

La disponibilité est prononcée d'office, à l'expiration:

– des congés de maladie ordinaire d'une durée totale de six mois pendant douze mois consécutifs si l'agent ne peut reprendre son service à l'issue de son dernier congé;

– des congés de longue maladie (trois ans);

– des congés de longue durée: tuberculose, maladie mentale, affection cancéreuse ou poliomyélite (cinq ans pouvant être portés à huit en cas d'affection contractée par le fonctionnaire dans l'exercice de ses fonctions);

– des congés de longue durée pour invalidité due à la guerre ou à une expédition déclarée campagne de guerre.

À la fin de la disponibilité, la réintégration est de droit à l'une des trois premières vacances d'emploi pouvant être occupé par l'intéressé en cas de disponibilité n'excédant pas trois ans, ou à l'une des vacances en cas de disponibilité supérieure à trois ans.

404 **L'accomplissement du service national et des activités dans la réserve opérationnelle.** Pendant cette période, le fonctionnaire perd ses droits à rémunération mais conserve ses droits à la Sécurité sociale. Il est réintégré de plein droit et en surnombre. Cette position subsiste quoique le service national ait été supprimé pour tenir compte des fonctionnaires volontaires pour accomplir ce service.

405 **Le congé parental.** C'est la position du fonctionnaire qui est placé hors de son établissement d'origine pour élever son enfant. Le congé parental est accordé à la mère ou au père lors de chaque naissance ou adoption, sur la demande des intéressés formulée avant la fin du congé de maternité ou d'adoption.

L'avancement est diminué de moitié. La réintégration au bout de trois ans est de plein droit et en surnombre.

406 **Le congé de présence parentale.** Le congé de présence parentale est ouvert au père et à la mère lorsque la maladie, l'accident ou le handicap d'un enfant à charge présente une particulière gravité, rendant indispensables une présence soutenue auprès de lui et des soins contraignants définis par un certificat médical (310 jours ouvrés au cours d'une période de 36 mois). Ce congé, non rémunéré est assimilé pour l'avancement, la promotion et la formation à une activité à temps plein.

Sous-section 3
La cessation de fonctions

Toute carrière, quelle que soit la permanence de l'emploi, a un terme. Le statut des fonctionnaires hospitaliers prévoit diverses possibilités de cessation de fonctions qui peuvent être normales ou exceptionnelles.

Cessation normale de fonctions

Il s'agit ici de la cessation prévue par le statut dans le cadre d'une gestion de carrière ne présentant pas de difficultés de nature professionnelle obligeant l'agent à une cessation exceptionnelle. La cessation normale de fonctions comprend la démission et la mise à la retraite.

407 **La démission.** Elle doit être demandée par l'agent et acceptée par le directeur.

408 **La mise à la retraite**. Il ne faut pas confondre l'ouverture des droits avec la limite d'âge :

1 – l'ouverture des droits à pension de retraite est effective à partir de:

– 55 ans pour les agents classés en catégorie active B (agents ayant une activité en relation avec les malades ou particulièrement pénible);

– 60 ans pour les autres (catégorie A).

Peuvent bénéficier d'une retraite à jouissance immédiate, quel que soit l'âge:

– sans condition de durée de services, les fonctionnaires placés en invalidité parce qu'ils ne peuvent exercer leurs fonctions;

– après quinze ans de services effectifs, les fonctionnaires de sexe féminin:

- mère de trois enfants vivants ou décédés pour faits de guerre,
- mère d'un enfant vivant âgé de plus d'un an et atteint d'une invalidité égale ou supérieure à 80 %,
- agent féminin dont le conjoint est incapable d'exercer une profession quelconque,
- agent féminin ayant élevé trois enfants au moins dans les conditions ouvrant droit à majoration pour enfant ,

2 – la limite d'âge est la date ultime d'activité pour un fonctionnaire : 60 ans pour les actifs, 65 ans pour les autres.

409 **Le dépassement de limite d'âge.** Il existe des cas de dépassement de limite d'âge, soit par recul de limite d'âge, soit par prolongation d'activité, les deux pouvant se cumuler dans cet ordre.

Les fonctionnaires hospitaliers ayant atteint la limite d'âge dans leur emploi (60 ou 65 ans) peuvent bénéficier de recul de limite d'âge à titre personnel:

– d'un an si l'agent concerné avait trois enfants à son cinquantième anniversaire et s'il est apte physiquement et intellectuellement à la poursuite de son activité (enfants légitimes, légitimés, naturels reconnus, adoptifs qu'ils aient été ou non à charge);

– ou d'un an par enfant pour chaque enfant à la charge de l'agent (percevant des allocations familiales ou pour adulte handicapé) à la limite d'âge de l'emploi (trois ans maximum);

– peut s'ajouter à l'un ou l'autre cas précédents, un an pour chaque enfant mort pour la France.

Les fonctionnaires relevant d'une catégorie d'emplois classés comme actifs peuvent, en cumul aux cas exposés ci-dessus et après avoir bénéficié de ceux-ci, demander une prolongation d'activité de deux ans s'ils sont jugés aptes physiquement et intellectuellement à remplir leur fonction (avis du médecin de médecine préventive).

Cessation exceptionnelle de fonctions

410 **La cessation de fonctions imposée.** La cessation de fonctions est exceptionnelle lorsque, n'étant pas volontairement exprimée par le fonctionnaire quoique de son fait, voulu ou non, elle peut être imprévue ou imposée.

La cessation de fonctions imprévue intervient, par exemple, du fait de la maladie (l'agent est déclaré inapte au travail par la commission départementale de réforme qui l'admet à la retraite d'office) ou du fait du décès de l'agent.

411 **La fin imposée du fait de l'agent.**

1 – L'insuffisance professionnelle.

Ce peut être la conséquence de l'insuffisance professionnelle qui consiste en une incapacité dûment constatée à accomplir les travaux ou assurer les responsabilités afférentes à la fonction. Elle résulte de l'inaptitude à l'exercice des fonctions du fait de l'état physique, psychique ou des capacités intellectuelles de l'agent. Elle peut donner lieu au versement d'une indemnité. Elle exige la procédure disciplinaire.

2 – La faute professionnelle, quant à elle, entraîne la procédure disciplinaire et la révocation sans indemnité.

À l'inverse, l'abandon de poste, qui est un manquement aux obligations du statut, ne justifie pas la procédure disciplinaire.

3 – Enfin la perte de certaines capacités nécessaires pour être fonctionnaire (perte de la nationalité française, déchéance des droits civiques, interdiction par décision de justice d'exercer un emploi public) constitue également une cause de cessation exceptionnelle de fonction.

412 **La fin imposée du fait des circonstances économiques.** La procédure de perte d'emploi prévue par le titre IV est un moyen pour rendre flexible l'emploi du personnel hospitalier. Tout fonctionnaire qui n'acceptera pas les trois postes qui lui sont proposés ou, en tout état de cause, au bout de six mois après la suppression d'emploi, est licencié ou mis en disponibilité s'il le désire.

Un emploi peut être supprimé:

– dans un établissement, après avis du comité technique paritaire et décision du conseil d'administration;

– dans plusieurs établissements simultanément, après consultation par le préfet de région des conseils d'administration, des directeurs et des organisations syndicales représentatives dans chacun des établissements concernés. Les conseils d'administration restent tout de même maîtres de la suppression des emplois.

Avant d'être licencié ou mis en disponibilité, le fonctionnaire dont l'emploi est supprimé peut se voir offrir plusieurs possibilités de reclassement, soit à l'intérieur de l'établissement, soit à l'extérieur.

Lorsque le reclassement du fonctionnaire dont l'emploi est supprimé n'est pas possible parce qu'il a refusé les trois postes vacants proposés par le préfet de région, ou dans les six mois à compter de la suppression d'emploi alors qu'on ne peut lui proposer des emplois vacants, il est prévu son licenciement, voire sa mise en disponibilité.

Sous-section 4
L'avancement

Il procède de deux modalités: l'avancement proprement dit et la promotion.

L'avancement

L'avancement est le passage, pas à pas, aux divers échelons et, le cas échéant, aux divers grades de la carrière.

413 **L'avancement d'échelon.** Il peut s'agir de l'avancement à l'ancienneté de plein droit. La durée moyenne est augmentée du quart ou du tiers, selon les durées d'échelon.

L'avancement peut se faire à l'ancienneté sous condition de notes et appréciations: avancement à l'ancienneté minimale ou à la durée intermédiaire.

L'avancement passe aussi par l'accès à certains échelons exceptionnels ou fonctionnels précisés par les statuts particuliers de chaque corps.

414 **L'avancement de grade.** Il peut se réaliser au choix ou après réussite à un examen ou un concours professionnel.

415 **Critères de l'avancement.** L'avancement met en jeu des critères objectifs (l'ancienneté, la réussite à un examen professionnel ou à un concours) et des critères subjectifs (la notation, l'appréciation).

La promotion

416 **Il existe deux types de promotion** : celle qui est organisée pour l'ensemble du personnel (cf. décr. du 5 avr. 1990 sur la formation professionnelle) et celle qui est offerte à certaines catégories de personnels et que divers textes réglementent:

– décret n° 62-1198 du 3 octobre 1962 relatif à la promotion professionnelle des moniteurs-éducateurs des établissements relevant des services départementaux d'aide sociale à l'enfance;

– décret n° 70-1013 du 3 novembre 1970 relatif à la préparation des agents hospitaliers titulaires à certains diplômes paramédicaux et aux diplômes d'école des cadres;

– décret n° 70-1186 du 17 décembre 1970 relatif à la préparation des élèves aides-soignants et des ASH au certificat d'aptitude aux fonctions d'aides-soignants;

– décret n° 73-1094 du 29 novembre 1973 relatif à la formation des élèves infirmiers psychiatriques. Ces décrets ont été abrogés par le décret du 5 avril 1990 qui critique ces formations.

417 **Avantages de la promotion.** La rémunération est maintenue pendant le temps de la préparation à la promotion. De plus, il existe une priorité de nomination sans qu'il y ait obligation de recrutement.

Section 2
Les avantages de la carrière

Les avantages des fonctionnaires se sont progressivement élargis au point que, dorénavant, se justifie le qualificatif de « fonctionnaire citoyen » en ce qui concerne les garanties et s'alimente la controverse visant à en faire des privilégiés pour ce qui est de leur sécurité matérielle et de leur formation.

Les fonctionnaires ont obtenu un régime de garanties individuelles et collectives qui leur permet d'exercer leurs responsabilités selon l'emploi qu'ils occupent.

Sous-section 1
Les garanties individuelles

418 **L'évolution des garanties.** Le fonctionnaire fut, dès l'origine, protégé face aux tiers, parce qu'il était le représentant de l'État. Il n'en était pas de même vis-à-vis de l'administration qui l'employait.

Face à son employeur, le fonctionnaire a dû attendre l'ordonnance de 1946 pour se voir reconnaître des garanties aussi fondamentales que le droit de se syndiquer et celui de faire grève, et ce n'est qu'avec les événements de mai et juin 1968 que, par les accords de Grenelle, la section syndicale d'établissement fut reconnue avec le bénéfice, pour ses membres, d'un crédit d'heures et de la liberté de mouvement nécessaire à l'accomplissement de leur mandat syndical.

Garanties vis-à-vis des tiers

Le fonctionnaire hospitalier est protégé dans son travail tant vis-à-vis de ceux qui lui profèrent outrages ou injures qu'à l'occasion des fautes qu'il pourrait commettre dans l'exercice et par le fait de ses fonctions.

419 **En cas d'outrages ou d'injures.** L'outrage est une infraction contre l'autorité publique constituée par des paroles, écrits ou dessins, gestes ou menaces qui portent atteinte à l'autorité morale d'un fonctionnaire et au respect dû à sa fonction.

L'injure se définit comme l'attitude, l'acte ou la parole visant à outrager celui auquel elle est destinée.

La diffamation se caractérise par des écrits ou des paroles qui portent atteinte à la réputation d'une personne.

Dans ces différents cas, l'Administration est tenue de protéger le fonctionnaire, en se substituant, le cas échéant, à celui-ci pour attaquer l'auteur des actes délictueux. Pour bénéficier de ces dispositions, le fonctionnaire doit en référer à son autorité de nomination.

420 **En cas de faute de service.** Lorsque la faute, c'est-à-dire le manquement aux obligations, est due au service soit du fait de son organisation, soit du fait de son fonctionnement, l'Administration se substitue à l'agent pour dédommager le malade ou sa famille victime de la faute. Et lorsque le fonctionnaire a été poursuivi par un tiers pour faute de service et que le conflit d'attribution n'a pas été élevé, la collectivité publique doit, dans la mesure où une faute personnelle détachable de l'exercice de ses fonctions n'est

pas imputable à ce fonctionnaire, le couvrir des condamnations civiles prononcées contre lui.

Garanties vis-à-vis de l'employeur

421 **La reconnaissance du fonctionnaire citoyen.** Elle passe par l'affirmation de son droit d'avoir une opinion tel que l'énonce l'article 5 du préambule de la Constitution de 1946, repris par la Constitution du 4 octobre 1958 actuellement en vigueur: « Nul ne peut être lésé dans son travail ou son emploi en raison de ses origines, de ses opinions, de ses croyances. »

Cela peut souffrir de quelques restrictions en ce qui concerne les emplois à la discrétion du gouvernement et le devoir de réserve pendant la fonction et en dehors de la fonction.

422 **Accès au dossier.** Autre garantie du fonctionnaire vis-à-vis de son employeur, le droit d'accéder à son dossier, octroyé par la loi de 1905 en matière disciplinaire, a été étendu à toutes circonstances par la loi n° 78-753 du 17 juillet 1978 portant diverses mesures d'amélioration des relations entre l'Administration et le public.

423 **Le droit aux congés.** Le fonctionnaire bénéficie, de par son statut, du droit à divers congés:

1 – congés en contrepartie du travail:

– annuels, 25 jours ouvrés ou 30 jours ouvrables, le samedi étant considéré comme jour ouvrable ;

– pour repos hebdomadaire et jours fériés (11 jours fériés par an), auxquels s'ajoute le jour anniversaire de l'abolition de l'esclavage dans les DOM et dans le territoire de Mayotte, ainsi que le jour anniversaire de l'ordonnance locale du 16 août 1892 dans les départements d'Alsace et de Moselle ;

– congés cumulés pour les fonctionnaires originaires de la Corse et des territoires d'outre-mer ;

– congés bonifiés pour les agents originaires des départements d'outre-mer (décr. n° 87-482 du 1er juill. 1987) ;

2 – autorisations spéciales d'absence (ASA).

Elles sont accordées sous réserve des nécessités de service par le directeur:

– pour exercer des fonctions représentatives non électives (mandats syndicaux, représentants du personnel, etc.) ;

– pour assurer des fonctions électives (député, sénateur, maire de grande ville) ;

– pour participer à certains événements familiaux ;

3 – congés maladie:

– maladie ordinaire donnant droit à un maximum de trois mois payés à plein traitement, et demi-traitement les neuf mois suivants ;

– longue maladie donnant droit à plein traitement pendant un an et demi-traitement pendant les deux ans suivants ;

– maladie de longue durée (cancer, poliomyélite, tuberculose, maladie mentale) ouvrant droit à trois ans à plein traitement et à deux ans à demi-traitement, et en cas de maladie de longue durée contractée en service, cinq ans à plein traitement et trois ans à demi-traitement ;

– maladie professionnelle et accident du travail ouvrant droit à l'intégralité du traitement le temps nécessaire pour que l'agent ou reprenne le service, ou soit mis en invalidité ;

4 – congés pour maternité ou adoption dont les caractéristiques sont identiques à celles du régime général de Sécurité sociale ;

5 – congé de douze jours par an maximum rémunéré pour bénéficier d'une formation syndicale (décr. n° 88-676 du 6 mai 1988).

Sous-section 2
Les garanties collectives

Le droit syndical et le droit de grève

424 **Le droit syndical.** Il est reconnu depuis 1946. Il s'exerce dorénavant ouvertement dans chaque établissement depuis les accords

de Grenelle en mai-juin 1968. Le décret du 19 mars 1986 précise que les droits syndicaux s'exercent par la possibilité, à l'intérieur de l'établissement:

– de négocier avec le directeur le projet social, volet désormais obligatoire du projet d'établissement;

– de tenir des réunions mensuelles d'information ouvertes à tous les agents (une heure par mois) et des réunions syndicales statutaires;

– de bénéficier des locaux syndicaux et du matériel meublant lesdits locaux;

– de diffuser les informations (affichage, distribution de documents d'origine syndicale);

– de collecter les ressources financières;

– de protéger la situation des représentants syndicaux (autorisations spéciales d'absence, décharges d'activité de service, mise à disposition de responsables syndicaux auprès de leur syndicat).

425 **Le droit de grève.** Il s'exerce dans le cadre des lois qui le réglementent. Le caractère du service public hospitalier justifie, en cas de grève, le recours au service minimum dégagé par la jurisprudence (CE, CHR d'Orléans, 7 janv. 1976). Le directeur a le droit d'assigner au service des agents indispensables à son fonctionnement minimum, selon les critères de présence en vigueur les dimanches et jours fériés.

Les organismes consultatifs

Le chapitre 5 et une partie du chapitre 6 ayant largement traité de ces organismes, nous ne donnons ici qu'un bref rappel des organismes fonctionnant au plan local et au plan national.

426 **À l'échelon local.** Ces organismes sont les suivants :

– le comité technique d'établissement ayant vocation à donner un avis sur les questions intéressant collectivement les agents;

– les commissions administratives paritaires ayant vocation à donner un avis sur les questions de carrière à titre personnel des agents;

– le comité d'hygiène et de sécurité et des conditions de travail ayant vocation à donner un avis sur la protection de la santé des agents dans le cadre de leur travail;

– le conseil des départements lorsqu'il y a départementalisation médicale;

– lorsque les personnels ne relèvent d'aucun conseil de service, de département ou d'une structure médicale créée par le conseil d'administration, ils bénéficient, en compensation, du droit d'expression directe dans le cadre de réunions organisées deux fois par an au moins par le directeur. Ces réunions ont lieu pendant le temps de travail.

427 **À l'échelon national.** Ces organismes sont les suivants :

– le Conseil supérieur de la fonction publique hospitalière qui donne un avis sur tous les textes intéressant le personnel non médical;

– la commission des recours en matière disciplinaire;

– le Conseil supérieur des professions paramédicales donnant un avis en matière de réglementation des professions paramédicales;

– le Conseil supérieur des hôpitaux qui donne un avis sur les textes relatifs à l'organisation sanitaire.

Sous-section 3
La sécurité matérielle et la formation

La sécurité matérielle est un des avantages les plus importants des fonctionnaires par comparaison avec les salariés du secteur privé dont l'emploi se caractérise par sa précarité. On relève également une différence avantageuse pour les fonctionnaires en ce qui concerne la protection sociale. Cependant, cette différence s'estompe avec le droit à la formation.

La sécurité matérielle

La sécurité matérielle se rattache aux rémunérations et, le cas échéant, aux avantages en nature.

428 **La rémunération.** Elle est due après service fait et comprend la rémunération principale et la rémunération accessoire.

429 **La rémunération principale.** C'est celle qui est versée à tous les fonctionnaires en fonction de leur grade et de leur échelon. Elle se compose:

– du traitement de base fixé par les indices nouveaux majorés, servant d'assiette aux calculs des diverses cotisations à la CNRACL, Sécurité sociale, MNH, etc.;

– de l'indemnité de résidence qui avait été instituée pour pondérer les différences de coût de la vie entre les régions. Cette indemnité est progressivement intégrée au traitement de base. Il ne subsiste plus que deux zones.

430 **La rémunération accessoire.** Elle tient compte:

– de la situation de famille avec le supplément familial de traitement qui figure sur le bulletin de paye du fonctionnaire et les prestations familiales qui sont versées directement par les caisses d'allocations familiales;

– de la manière de servir et des conditions de travail ; ce sont les indemnités et primes diverses dont la plus importante est la prime de service.

431 **Les avantages en nature.** Les fonctionnaires hospitaliers ne bénéficient que de peu d'avantages en nature. Ils ont droit aux soins et, pour certains, à un logement de fonction.

S'ils sont hospitalisés dans un des établissements hospitaliers ou assimilés, les agents hospitaliers ont droit de la part de leur établissement employeur à la prise en charge des frais d'hospitalisation non remboursés par la Sécurité sociale et ce, pendant une durée maximale de six mois.

En cas de non-hospitalisation, ils ont droit à la gratuité des soins dispensés dans l'établissement où ils exercent et des médicaments délivrés par la pharmacie de l'établissement pour leur usage personnel, sur prescription d'un médecin de l'établissement.

L'établissement se fera rembourser les soins délivrés auprès du régime de Sécurité sociale auquel est affecté l'agent.

Un logement de fonction peut être accordé, pour nécessité de service, à certaines catégories de personnels d'encadrement (directeurs, pharmaciens résidents et chefs, etc.) et ce, à titre gratuit. Il peut être accordé également, pour utilité de service, à certains personnels indispensables, moyennant un loyer presque symbolique.

La protection sociale

Les fonctionnaires hospitaliers sont soumis au régime de Sécurité sociale des agents des collectivités locales (décr. n° 60-58 du 11 janv. 1960). Ils ne disposent pas d'un régime autonome mais d'un régime spécial.

432 **Le régime de Sécurité sociale.** Les prestations en nature concernant les remboursements des soins sont identiques à celles du régime général de Sécurité sociale.

Les prestations en espèces sont des allocations journalières versées en cas de maladie, maternité ou accident du travail qui sont prises en charge par le budget de l'établissement employeur.

433 **Le régime des pensions.** L'affiliation à la CNRACL n'est possible que pour les agents nommés dans un emploi permanent, c'est-à-dire les titulaires.

Les agents affiliés sont bénéficiaires d'un droit à pension d'invalidité ou de retraite qui sera réservé, le cas échéant, pour partie aux ayants cause.

434 **La pension d'invalidité.** L'agent qui se trouve dans l'impossibilité définitive et absolue de continuer ses fonctions par suite de maladie, blessure ou infirmité grave dûment établie, peut être radié des cadres soit d'office, soit sur sa demande (art. 24 du décr. du 29 sept. 1965).

Le fonctionnaire obtient alors une pension d'invalidité avec jouissance immédiate, quel que soit son âge et quelle que soit la durée des services accomplis.

435 **La pension de retraite.** La législation sur les pensions (cf. décr. n° 65-773 du 9 sept. 1965 modifié) distingue les conditions d'ouverture, la liquidation et la jouissance de la pension.

Pour ce qui est des conditions d'ouverture et de jouissance, voir n° **408**.

La liquidation est fonction des états de service auxquels peuvent s'ajouter des bonifications (pour enfants en ce qui concerne les agents féminins, pour campagnes militaires, etc.). Le maximum des annuités liquidables est de trente-sept et demi pouvant être porté à quarante du fait des bonifications. Le montant de la pension est fixé à 2 % des émoluments de base (émoluments soumis à retenue de la CNRACL) par annuités liquidables. Il s'y ajoute une majoration pour enfant de 10 % pour trois enfants, et 5 % pour chaque enfant au-delà du troisième.

436 **Les ayants cause.** En cas de décès du fonctionnaire en activité ou en retraite, ses ayants cause bénéficient dans certaines conditions d'une pension de réversion.

La formation professionnelle continue

Le décret n° 90-319 du 5 avril 1990 relatif à la formation professionnelle continue se substitue, entre autres, au décret n° 75-489 du 16 juin 1975 portant sur la formation permanente des personnels hospitaliers.

437 **Définition.** La formation professionnelle continue des agents titulaires et non titulaires des établissements énumérés à l'article 2 de la loi du 9 janvier 1986 a pour but de maintenir ou de parfaire leur qualification professionnelle, d'assurer leur adaptation à l'évolution des techniques et des conditions de travail et de favoriser leur promotion sociale et leur contribution à l'évolution culturelle, économique et sociale.

438 **Modalités.** La formation professionnelle prend la forme d'actions organisées et suivies, visant à l'acquisition de connaissances, d'aptitudes et de compétences; ces actions doivent reposer sur des objectifs, des moyens pédagogiques et un dispositif permettant de suivre leur déroulement et d'en évaluer leur impact.

439 **Les différentes actions.**

1 – Les actions qui figurent dans le plan de formation de l'établissement comprennent:

– des actions de préparation aux concours et examens permettant soit l'accès à un grade supérieur ou à un corps différent, soit l'entrée dans une école préparatoire à un emploi de la fonction publique hospitalière (a);

– des études promotionnelles débouchant sur l'accès aux diplômes ou certificats du secteur sanitaire et social dont la liste est fixée par arrêté du ministre chargé de la Santé (cf. arr. du 5 avr. 1990, *JO* du 10 avr. 1990) (b);

– des actions d'adaptation en vue de faciliter soit la titularisation, soit l'accès à un nouvel emploi, soit le maintien de la qualification requise dans l'emploi occupé (c);

– des actions de conversion permettant d'accéder à des emplois exigeant une qualification nouvelle ou à des activités professionnelles différentes (d).

2 – Les actions de formation choisies par les agents, en vue de leur formation personnelle. Les agents ont la possibilité de demander:

– une mise en disponibilité pour effectuer des études ou des recherches présentant un caractère d'intérêt général (a);

– un congé de formation professionnelle pour suivre, à leur initiative et à titre individuel, des formations distinctes de celles faisant partie du plan de formation de l'établissement dans lequel ils exercent leur activité (b).

440 Tableau: les caractéristiques des différentes actions.

Caractères Actions	Position	Traitement	Indemnités de résidence et familiales	Autres primes et indemnités[1]	Observations
1. Actions figurant dans le plan de formation de l'établissement comprenant:					
a	activité	conservé	conservées	conservées	
b	activité Sce effectif	conservé	conservées	conservées	Obligation de service pendant 5 ans
c	activité Sce effectif	conservé	conservées	conservées	
d	activité Sce effectif	conservé	conservées	conservées	
2. Actions de formation choisies par les agents en vue de leur formation personnelle					
a	disponibilité	suspendu	suspendues	suspendues	
b	congé formation	indemnité mensuelle forfaitaire versée par l'Éts suspendue après 12 mois	si < à 12 mois pour l'ensemble de la carrière indemnité égale à 85 % du salaire (plafond à indice brut 379)	suspendues	Obligation de service égale au triple de la durée du congé formation. Dispense de cette obligation peut être accordée par le directeur après avis de la CAP.

1. Si la durée totale d'absence pendant les heures de service n'excède pas une journée par semaine en moyenne dans l'année.

441 Le congé formation.

1 – Conditions d'obtention.

Si l'agent a accompli au moins trois ans de services effectifs dans les établissements relevant de la loi du 9 janvier 1986.

2 – Durée.

Ce congé peut être utilisé en une fois, ou en plusieurs fois sans qu'il excède trois ans dans la carrière de l'agent.

3 – Réintégration.

L'agent reprend dans son établissement d'origine au terme de son congé formation un emploi correspondant à son grade ou, pour le non-titulaire, de niveau équivalent à celui de l'emploi qu'il occupait.

4 – Procédure.

Demande formulée soixante jours avant la date à laquelle commence la formation. La demande doit porter mention de cette date et préciser la durée du congé demandé. Le directeur doit faire connaître sa décision dans les trente jours qui suivent la réception de la demande.

5 – Refus.

Dans deux cas: si l'intérêt de fonctionnement du service l'exige; si le nombre d'agents simultanément absents au titre du congé formation dépasse 2/100 du nombre total des agents au 31 décembre de l'année précédente. Il ne pourra être opposé à l'agent un troisième refus qu'après consultation du CAP.

6 – Obligations.

L'agent doit fournir tous les mois et en fin de stage un certificat de présence aux cours, établi par l'organisme formateur.

Le congé de formation ainsi que le bilan de compétences sont financés par une cotisation de 0,20 % sur les salaires.

442 **Les moyens de la formation continue.** Le financement est précisé par le décret du 5 avril 1990 qui dispose que les établissements relevant du titre IV doivent consacrer au financement de la formation continue un minimum de 1,1 % et un maximum de 2,1 % du montant des salaires inscrits à leur budget (rémunération brute des agents titulaires et non titulaires avant déduction des diverses charges; il faut entendre le traitement de base et les diverses indemnités y compris les avantages en nature des agents qui en bénéficient).

443 **Le droit à la formation.** Le fonctionnaire dispose d'un droit à la formation qui est aussi une obligation si l'établissement employeur l'exige pour les besoins du service.

Section 3
Les obligations de la carrière

Il faut distinguer les obligations générales qui s'imposent à tous les fonctionnaires, quelle que soit la fonction publique, des obligations spécifiques au travail hospitalier, l'ensemble aboutissant à la mise en cause des agents dans le cadre de leur responsabilité.

Sous-section 1
Les obligations générales

Tous les fonctionnaires sont astreints au respect des mêmes obligations de désintéressement, d'obéissance hiérarchique et de secret professionnel.

Le désintéressement

Les fonctionnaires ne peuvent être intéressés dans des activités qui peuvent mettre en péril leur indépendance et faire échec au bon service de l'intérêt général. Ainsi, ils ne peuvent cumuler d'autres activités avec celles qu'ils occupent ni disposer d'intérêts privés directement en relation avec leurs fonctions.

444 **L'interdiction de cumul.** Le décret-loi du 29 octobre 1936 relatif aux cumuls de retraites, de rémunérations et de fonctions a été remplacé par la loi n° 2007-148 du 2 février 2007 qui précise les exceptions et les dérogations auxdits cumuls.

Les exceptions aux cumuls concernent les œuvres de l'esprit, de nature scientifique, littéraire ou artistique.

Les dérogations aux cumuls concernent, à titre limité, des emplois en cas d'urgence ou de nécessité occasionnelle. Elles permettent aux fonctionnaires exclus temporairement d'occuper un emploi chez un autre employeur. À titre permanent, et sous réserve de l'accord de l'autorité de nomination, elles permettent au fonctionnaire soit de dispenser des enseignements ressortissant de ses compétences dans des organismes publics ou à but non lucratif, soit d'effectuer des expertises ou des consultations sur demande d'une autorité administrative ou judiciaire.

Dans ces cas, le montant des rémunérations ne pourra dépasser le montant du traitement principal perçu par l'intéressé majoré de cent pour cent.

445 **L'interdiction d'intérêts privés.** Les fonctionnaires ne peuvent prendre, par eux-mêmes ou par personnes interposées, dans une entreprise soumise au contrôle de l'administration à laquelle ils appartiennent ou en relation avec cette dernière des intérêts de nature à compromettre leur indépendance. S'ils ne respectent pas cette obligation, ils peuvent être sous le coup d'une concussion, d'une corruption ou d'ingérence.

446 **La concussion.** Elle est définie comme l'acte de perception de sommes indues par un fonctionnaire. C'est un détournement de fonds publics. C'est l'acte qui exige la remise de fonds contre un droit prétendument fondé. Qualifiée de crime, la concussion est réprimée selon les dispositions de l'article 174 du Code pénal.

447 **La corruption.** Elle est également un crime selon l'article 177 du Code pénal; c'est un acte par lequel un fonctionnaire sollicite ou accepte pour lui-même ou pour autrui un don ou une promesse afin d'accomplir, de retarder ou d'omettre un acte de sa fonction.

448 **L'ingérence.** Elle est un délit relevant de peines correctionnelles selon l'article 175 du Code pénal. C'est un acte par lequel un fonctionnaire prend des intérêts dans une affaire privée qui travaille, fournit ou est surveillée par l'administration dans laquelle exerce le fonctionnaire.

L'obéissance hiérarchique

449 **Le principe.** L'article 28 de la loi du 13 juillet 1983 précise que « tout fonctionnaire, quel que soit son rang dans la hiérarchie, est responsable de l'exécution des tâches qui lui sont confiées. Il doit se conformer aux instructions de son supérieur hiérarchique ».

Cette disposition s'applique également au cas où un emploi serait momentanément non pourvu. Ainsi, selon l'article 99 de la loi du 9 janvier 1986, « en cas d'empêchement du fonctionnaire chargé d'un travail déterminé, et en cas d'urgence, aucun autre fonctionnaire ayant reçu l'ordre d'exécuter ce travail ne peut s'y soustraire pour le motif que celui-ci n'entre pas dans sa spécialité ou n'est pas en rapport avec ses attributions ou son grade ».

Cependant, cette disposition ne peut faire échec aux règles d'exercice des professions codifiées par des dispositions législatives ou réglementaires.

450 **Les limites.** L'agent peut désobéir:

- si l'ordre donné est manifestement contraire aux lois ou de nature à compromettre l'ordre public;
- si l'ordre met en cause sa responsabilité personnelle (ordre de brûler un feu rouge, par exemple, pour un chauffeur);
- si l'ordre met en cause gravement sa santé; c'est le droit d'alerte étudié précédemment.

Le secret professionnel

D'une manière générale, les fonctionnaires sont soumis à une obligation de discrétion professionnelle « pour tous faits, informations ou documents dont ils ont connaissance dans l'exercice ou à l'occasion de l'exercice de leurs fonctions » (2e al. de l'art. 26 de la loi du 13 juill. 1983). Cependant, l'article 27 de cette même loi confère aux fonctionnaires le devoir de satisfaire aux demandes d'information des hospitalisés dans les limites du secret professionnel.

451 **Le devoir d'information.** Le décret n° 74-27 du 14 janvier 1974 relatif aux règles de fonctionnement des centres hospitaliers et des hôpitaux locaux et le décret n° 83-1025 du 28 novembre 1983 réglementant les relations entre l'Administration et ses usagers accordent le droit d'information aux malades, selon les modalités suivantes:

- les renseignements non médicaux doivent être délivrés aux malades pour autant qu'ils sont contenus dans leur dossier administratif;

- les renseignements médicaux doivent être révélés par l'intermédiaire d'un médecin désigné par le malade.

452 **L'obligation de secret.** Le secret protège le malade tant en matière non médicale qu'en matière médicale.

Dans le domaine non médical, la circulaire n° 1796 du 20 avril 1973 rappelle que le malade a droit à un strict anonymat:

– si les textes l'exigent comme en matière d'accouchement, de toxicomanie, de maladies vénériennes;

– si le malade le demande, sa présence doit demeurer anonyme.

Dans le domaine médical, l'article 378 du Code pénal réprime sévèrement toute transgression du secret médical par un médecin ou toute personne détentrice d'un secret médical.

Sous-section 2
Les obligations spécifiques au travail hospitalier

Quelle que soit la catégorie d'emplois, à temps complet, à temps non complet, à plein temps ou à temps partiel, les agents sont soumis aux mêmes règles d'organisation du travail. Le travail à temps réduit exige une étude spécifique.

Les règles générales de l'organisation du travail

453 **Le rôle du directeur.** Il appartient au directeur d'organiser le travail en définissant les horaires du personnel conformément aux textes. Ceux-ci sont imposés aux différentes catégories de personnel après avis obligatoire du comité technique paritaire et délibération du conseil d'administration dans le cadre du règlement intérieur.

Le directeur doit veiller au bon déroulement du travail et à une gestion satisfaisante du temps de travail.

454 **Le déroulement du travail.** L'ordonnance n° 82-272 du 26 mars 1982 a réduit la durée hebdomadaire et modifié l'aménagement du travail. La durée hebdomadaire est de trente-neuf heures effectives; la journée de travail est de dix heures trente maximum et les heures supplémentaires sont limitées à vingt heures par mois; le repos hebdomadaire est de quatre jours pour deux semaines.

455 **La durée quotidienne du travail.** Elle ne peut excéder neuf heures pour les équipes de jour et dix heures pour les équipes de nuit.

En cas de travail discontinu, l'amplitude de la journée de travail ne peut être supérieure à dix heures trente; cette durée ne peut être fractionnée en plus de deux vacations d'une durée minimale de trois heures. Dans certains cas (sages-femmes, équipes de sécurité), le travail sur vingt-quatre heures d'affilée est admis.

Il y a possibilité de gardes et astreintes si cela est nécessaire.

456 **La gestion du temps de travail.** On s'oriente de plus en plus vers une définition précise de la charge de travail pour calculer le nombre d'agents nécessaires. On s'efforce également d'obtenir l'adhésion des personnels en suscitant leur participation active à la vie de l'établissement.

Le travail à temps réduit

457 **Caractéristiques du travail à temps partiel.** Les différentes caractéristiques du travail à temps partiel sont soumises à l'appréciation du directeur qui se prononce en fonction des nécessités du service:

– quotité: 50, 60, 70, 75, 80 ou 90 % de la durée hebdomadaire du travail;

– durée des périodes d'autorisation: six mois à un an, renouvelable;

– les droits aux congés annuels sont exprimés en crédit d'heures, selon la quotité de temps partiel;

– en cas de congés pour couches et allaitement, le temps partiel est suspendu et l'agent est rémunéré à plein traitement;

– comptabilité des périodes de travail à temps partiel:
  - sont comptabilisées comme périodes à temps plein les périodes à temps partiel dans les cas suivants: versement capital-décès, avancement et promotion, engagement à servir durant une période déterminée, constitution du droit à pension de retraite,
  - sont comptabilisées au prorata du temps de travail effectué les périodes de service à temps partiel dans les cas suivants: liquidation de la pension de retraite, stage avant titularisation;

– interdiction absolue de cumul d'activités prévue par le décret-loi de 1936;

– rémunération au prorata du temps effectué sauf pour le temps partiel à 80 et 90 % puisque l'agent perçoit 6/7 et 32/35 de sa rémunération à plein-temps.

458 **Le travail adapté.** Il s'agit ici du mi-temps thérapeutique et de la cessation progressive d'activité.

1 – Le mi-temps thérapeutique.

Il est proposé par le comité médical départemental à un agent en congé pour maladie de longue durée, longue maladie ou accident du travail. L'agent perçoit la totalité de son traitement.

2 – La cessation progressive d'activité.

C'est une formule prévue par l'ordonnance n° 82-298 du 31 mars 1982 qui s'applique jusqu'au 31 décembre 1990. Pour en bénéficier, il faut être titulaire, en activité ou en détachement et être âgé de 55 ans révolus et ne pouvoir prétendre à une pension à jouissance immédiate. Dans cette situation, l'agent perçoit 80 % de son salaire alors qu'il travaille à mi-temps.

Sous-section 3
La responsabilité

La responsabilité d'un agent hospitalier est engagée lorsqu'il a manqué à ses obligations. On distingue :

– la responsabilité professionnelle qui naît d'une faute de service ou à l'occasion du service ;

– la responsabilité civile qui naît d'une faute détachable du service ;

– la responsabilité pénale qui naît d'un acte délictueux contre un individu ou contre la société.

La responsabilité professionnelle

459 **Définition.** Toute faute commise par un fonctionnaire à l'occasion de son service entraîne la responsabilité de l'administration. Cependant, le fonctionnaire devra rendre compte de ses actes

devant son employeur; c'est la responsabilité professionnelle qui s'étend au-delà du service pour des fautes commises hors du service mais pouvant porter atteinte à celui-ci.

L'article 29 de la loi du 13 juillet 1983 fixe la nature de la responsabilité professionnelle puisque « toute faute commise par un fonctionnaire dans l'exercice ou à l'occasion de l'exercice de ses fonctions l'expose à une sanction disciplinaire sans préjudice, le cas échéant, des peines prévues par la loi pénale ».

Toute faute entraîne des sanctions disciplinaires, précisées par une échelle des sanctions, après mise en œuvre d'une procédure disciplinaire destinée à organiser la défense des agents.

460 **Les diverses fautes disciplinaires.** La responsabilité professionnelle est mise en jeu toutes les fois qu'un agent commet une faute de nature disciplinaire, c'est-à-dire entraînant une sanction disciplinaire prévue par le statut, pendant ou hors du service.

1 – Les fautes relevant de faits commis dans le service:

– négligences et retards dans les tâches confiées à l'agent ;

– vol, détournement de biens publics ou de deniers publics ;

– fraude, usurpation de titres ;

– injures et manquements à l'obligation de réserve ;

– refus d'obéissance sous réserve d'un ordre manifestement illégal et de nature à compromettre l'ordre public ;

– irrégularité de gestion ;

– violences et voies de fait ;

– absences injustifiées.

2 – Les fautes relevant de faits commis en dehors du service:

– exercice d'une activité privée non autorisée par la législation sur les cumuls ;

– manquement aux bonnes mœurs ;

– intempérance et alcoolisme de nature à déconsidérer le service.

461 **La procédure disciplinaire.** La procédure disciplinaire peut être précédée à titre conservatoire par la suspension de l'agent.

1 – La suspension est prononcée par le directeur dans le cas d'un agent dont l'attitude dangereuse ou néfaste au service ou l'acte qu'il a accompli l'empêchent d'assurer normalement sa fonction.

L'agent suspendu a droit au plein traitement pendant quatre mois à l'issue desquels le conseil de discipline devra s'être prononcé. Si ce n'est pas le cas, l'agent est rétabli dans ses fonctions. L'agent suspendu à la suite d'une infraction de droit commun bénéficie du plein traitement pendant quatre mois, et du demi-traitement jusqu'à son jugement.

2 – La saisine du conseil de discipline est faite par le directeur, qui propose un rapport circonstancié.

Le conseil de discipline est composé des membres de la commission administrative paritaire dont dépend l'agent incriminé, d'un grade égal ou supérieur à l'agent.

L'Administration et l'agent peuvent récuser un des membres du conseil de discipline; ils peuvent aussi faire citer des témoins. L'agent peut se faire défendre par un avocat professionnel.

La sanction est prononcée par le directeur, qui n'est pas obligé de suivre l'avis du conseil de discipline.

Le recours est possible:

– deux mois maximum après la décision du directeur;

– devant le conseil supérieur de la fonction publique hospitalière se réunissant en commission des recours. Le directeur ne peut aggraver la sanction proposée par la commission des recours ; en revanche, il peut prononcer une sanction inférieure;

– dans les deux mois à partir de la notification de la décision du directeur, devant le tribunal administratif après la procédure devant le conseil supérieur, au motif d'une violation de la procédure, d'une erreur manifeste d'appréciation ou de l'inexactitude des faits reprochés.

462 **Les sanctions disciplinaires.** Il y a quatre groupes de sanctions :

1 – premier groupe:

– l'avertissement;

– le blâme.

Seul le blâme est versé au dossier. Il est effacé automatiquement au bout de trois ans si aucune autre sanction n'est intervenue durant cette période.

Les sanctions sont prononcées par le directeur sans réunion du conseil de discipline ;

2 – deuxième groupe:

– la radiation du tableau d'avancement;

– l'abaissement d'échelon;

– l'exclusion temporaire de fonction pour une durée maximale de quinze jours.

L'exclusion temporaire de fonction, qui est privative de toute rémunération (à la différence de la suspension), peut être assortie d'un sursis total ou partiel ;

3 – troisième groupe:

– la rétrogradation;

– l'exclusion temporaire de fonction pour une durée de six mois à deux ans.

Dans ce dernier cas, le sursis ne peut ramener la durée de cette exclusion à moins de trois mois. Par contre, une sanction disciplinaire des 2e et 3e groupes pendant une période de cinq ans après le prononcé de l'exclusion temporaire entraîne la révocation du sursis.

Si l'intéressé ne s'est vu infliger aucune sanction autre que l'avertissement ou le blâme pendant cette période de cinq ans, il est dispensé définitivement de l'accomplissement de la partie de la sanction couverte par le sursis ;

4 – quatrième groupe:

– la mise à la retraite d'office si le fonctionnaire justifie de quinze ans de services effectifs valables pour l'ouverture du droit à pension, même si l'intéressé n'a pas atteint l'âge requis pour l'entrée en jouissance de la pension qui est alors différée;

– la révocation avec ou sans droit à pension de retraite.

La responsabilité personnelle, civile ou pénale

463 **Définition.** La responsabilité personnelle est ainsi dénommée parce qu'elle permet la condamnation personnelle de l'agent qui ne sera pas couvert par son administration. Il s'agit d'une responsabilité qui est mise en œuvre pour des fautes détachables de la fonction. Historiquement, on doit rappeler que:

– la responsabilité de l'État a été reconnue par l'arrêt du Tribunal des conflits, Blanco, du 8 février 1873;

– la distinction entre faute de service et faute personnelle a été dégagée par l'arrêt du Tribunal des conflits, Pelletier, du 30 juillet 1873. Cette distinction a été exposée plus clairement avec l'arrêt du Tribunal des conflits, Laumonier-Carriol du 5 mai 1877 pour lequel le commissaire du gouvernement Lafferrière concluait: « Il y a faute de service si l'acte dommageable est impersonnel, s'il révèle un administrateur plus ou moins sujet à erreur; il y a faute personnelle s'il révèle l'homme avec ses faiblesses, ses passions, ses imprudences »;

– la victime, même en cas de responsabilité personnelle de l'agent, peut poursuivre l'administration-employeur, qui pourra exercer une action récursoire devant un tribunal administratif (CE, 28 juill. 1951, Laruelle-Delville).

464 **La responsabilité civile.** C'est la responsabilité de quiconque envers autrui, afin que celui-ci obtienne réparation du dommage qu'il a subi. En l'occurrence, il s'agira d'un dommage provenant d'un acte détachable du service.

465 **La responsabilité pénale.** C'est la responsabilité d'une personne qui commet un acte délictueux contre un individu ou contre la société. La responsabilité pénale n'évince pas la responsabilité administrative ou civile. Il peut y avoir cumul des deux responsabilités, pénale et administrative d'une part, et pénale et civile d'autre part.

CHAPITRE 9

La situation du malade

466 **L'usager.** Dans la terminologie wclassique, le malade fréquentant le service public hospitalier est un usager. Ce terme a pris une connotation quelque peu péjorative au fil des ans. « Usager » voudrait dire « personne passive », d'autant plus passive qu'elle bénéficierait du service public sans en payer le coût véritable. Cela n'est pas le cas des malades fréquentant les hôpitaux, car, quel que soit leur débiteur, ils honorent tous le montant des frais d'hospitalisation.

On comprend dans ces conditions, que, pour éviter ces connotations, certains soient tentés par le terme de « client ». Nous ne prendrons pas partie, mais il faut remarquer qu'en termes de droit le client est la personne qui est dans une situation contractuelle ou quasi contractuelle avec son vendeur. Le terme de « client » est une expression commerciale qui sied mal à la relation entre le malade et l'hôpital.

En tant qu'usager d'un service public, le malade, pour ce qui est du contentieux durant son séjour et, entre autres, pour le contentieux de ses frais de séjour, relève du juge administratif (TC, Mme Launay, 3 juill. 1987).

La situation du malade a fait l'objet d'un décret en date du 14 janvier 1974. Nous étudierons le statut du malade hospitalisé et celui du malade non hospitalisé dépendant de l'hôpital.

Section 1
La situation du malade hospitalisé

Afin de permettre la transition entre l'hôpital réservé aux indigents et l'hôpital ouvert à tous, l'hôpital n'offre pas les mêmes conditions d'hospitalisation pour tous; il y a un régime commun et des régimes dérogatoires.

Sous-section 1
L'hospitalisation dans le cadre du régime commun

Les conditions d'hospitalisation ont été, ces deux dernières décennies, si nettement améliorées que l'on peut affirmer que le régime commun, concernant plus de 90 % des malades, est un régime d'hospitalisation de très bonne hôtellerie. C'était en effet sur le critère de l'hôtellerie que reposait la distinction entre régime commun et régime particulier.

Dans le régime commun, il importe d'étudier la situation du malade quant à son admission, son séjour et son départ.

L'admission relève généralement du directeur, sauf placement d'office des malades mentaux prononcé par le préfet de département.

L'admission de plein gré

Prononcée par le directeur, elle peut, en cas d'urgence, être le fait provisoire du médecin ou de l'interne de garde. Lorsqu'il n'est pas possible d'hospitaliser un malade qui en a besoin, l'établissement doit s'efforcer de lui trouver une place dans un autre hôpital. En principe, le malade bénéficie pour son admission du choix de son établissement et, le cas échéant, s'il le désire, de l'anonymat.

467 **Le choix de l'établissement.** L'article 1er de la loi du 31 décembre 1970 affirme « le droit du malade au libre choix de son praticien et de son établissement de soins est un des principes fondamentaux de notre législation sanitaire, sous réserve des dispositions prévues par les différents régimes de protection sociale en vigueur à la date de la présente loi ».

Si ce libre choix est total pour le malade payant sur ses deniers, il est limité, voire quasiment inexistant en matière d'hospitalisation psychiatrique pour les malades assurés sociaux et a fortiori pour ceux qui relèvent de l'aide sociale.

468 **Le libre choix de l'établissement est limité:**

– pour les malades relevant de l'aide sociale en vertu des dispositions de l'article 180 du Code de la famille et de l'aide sociale qui précise que « toute commune est rattachée pour le traitement de ses malades à un hôpital déterminé qui est, en principe, l'hôpital le plus voisin »; en ce qui concerne les traitements spéciaux, le rattachement de chaque commune est également effectué, selon la même règle, à un ou plusieurs centres hospitaliers;

– pour les assurés sociaux, l'article 12 du décret n° 73-183 du 22 février 1973 fait référence, pour le remboursement des soins, à l'hôpital ou à la clinique conventionnée « la plus proche ou la plus aisément accessible du domicile ». Des dérogations sont prévues pour tenir compte de l'urgence ou de la spécificité des thérapies.

Le choix est imposé en psychiatrie pour l'hospitalisation sans consentement des intéressés. La loi du 30 juin 1838 ne prévoyait que deux types d'admission en ce qui concerne les malades mentaux:

– le placement d'office,

– le placement volontaire,

devenus:

– hospitalisation à la demande d'un tiers,

– hospitalisation d'office,

par la loi n° 90-527 du 27 juin 1990.

C'est une circulaire du 13 octobre 1937, réaffirmée depuis, qui a introduit en faveur des malades mentaux le placement libre qui tient compte des progrès de la thérapie administrée. Ainsi, le malade en placement libre est dans la même situation que le malade en hôpital général. Cependant, avec la sectorisation psychiatrique mise en place par circulaire depuis le 15 mars 1960 et légalement avec la loi du 25 juillet 1985, le malade assuré social ou relevant d'un régime d'aide sociale est orienté dans un établissement relevant du secteur dans lequel se situe son domicile, quoique la loi du 27 juin 1990 relative aux droits et à la protection des personnes hospitalisées en raison de troubles mentaux et à leurs conditions d'hospitalisation affirme pour les malades en hospitalisation libre le droit de s'adresser au praticien ou à l'équipe de santé mentale, publique ou privée, de leur choix, tant à l'intérieur qu'à l'extérieur du secteur psychiatrique correspondant à leur lieu de résidence.

469 **Le respect de l'anonymat.** Afin de permettre leur prise en charge par les régimes de protection sociale, les malades sont obligés de décliner leur identité. Celle-ci peut être tenue secrète. Elle peut même éventuellement, pour certaines catégories de malades, ne pas être divulguée aux services de l'hôpital.

La non-divulgation de l'identité du malade est une obligation, si le malade le demande dès son admission, sauf commission rogatoire d'un juge d'instruction.

L'admission anonyme concerne les femmes enceintes qui veulent accoucher discrètement pour éventuellement abandonner leur enfant, les toxicomanes, les malades atteints d'affections vénériennes hospitalisés d'office par décision du préfet de département.

L'admission imposée

L'admission peut être imposée à certaines catégories de malades comme à certains hôpitaux pour qu'ils reçoivent des malades sous tutelle d'organismes étatiques (militaires, prisonniers).

470 **L'admission imposée à l'encontre du malade.** Elle est pratiquée dans l'intérêt du malade en faveur:

– des malades mentaux admis en hospitalisation sur demande d'un tiers. Demandé par la famille ou par les proches du malade, le placement doit être confirmé par un médecin non hospitalier et par un médecin exerçant le cas échéant dans l'établissement d'hospitalisation du malade;

– des mineurs, par demande du titulaire de l'autorité parentale.

L'admission est imposée dans l'intérêt de la société à l'encontre:

– des malades mentaux hospitalisés d'office par décision du préfet de département au vu d'un certificat médical circonstancié;

– des malades vénériens, des toxicomanes, également par décision du préfet;

– des alcooliques dangereux, par jugement du tribunal de grande instance.

Ces hospitalisations sont soumises au contrôleur général des lieux de privation de liberté, autorité indépendante créée par la loi n° 2007-1545 du 30 octobre 2007.

471 **L'admission imposée à l'encontre de l'établissement.** Les hôpitaux sont obligés de recevoir:

– les femmes enceintes ou récemment accouchées dans le mois qui précède ou suit l'accouchement, s'il n'y a pas d'hôtel maternel qui peut les recevoir;

– les militaires, en cas d'impossibilité d'admission pour raison géographique ou médicale dans les hôpitaux militaires ou les quartiers militaires dans les hôpitaux généraux;

– les détenus admis, par décision du préfet de département après autorisation du ministre de la Justice, dans un service spécialisé d'un hôpital ou dans une chambre isolable d'un service spécialisé.

Le séjour

C'est au travers des conditions de séjour que se réalise l'humanisation des hôpitaux. Un décret du 14 janvier 1974 a précisé les droits et les obligations des malades hospitalisés. De façon générale, le séjour du malade garantit autant que possible sa liberté; on dit qu'il est libéralisé par opposition au séjour de certaines catégories de malades qui est protégé dans leur intérêt ou dans l'intérêt de la société.

472 **Le séjour libéralisé.** Permettre aux malades de jouir des droits inaliénables de la personne y compris à l'hôpital peut paraître surprenant. Le milieu hospitalier doit donc protéger les droits du malade sans que celui-ci n'oublie ses obligations qui naissent de la finalité soignante.

473 **Les droits du malade face à l'Administration.** On peut citer: la liberté de pensée, le droit d'aller et venir qui peut cependant être limité pour des raisons médicales, le droit de préserver sa vie privée, la chambre du malade étant considérée jurisprudentiellement comme un lieu privé.

474 **Les droits du malade face au pouvoir médical.** Ils ont été définis. Le médecin doit informer avec tact et mesure le malade ou son entourage sur son état de santé. Dans ce sens, le médecin est tenu d'adresser au médecin traitant une lettre, à l'entrée et à la sortie du malade, récapitulant son état de santé. Il doit aussi informer le malade du diagnostic et des thérapies. Dans le cas d'un pronostic sombre, le médecin doit choisir en conscience de révéler ou non l'issue fatale à la personne concernée.

Un certain nombre d'obligations s'impose au malade. Vivre en communauté et *a fortiori* en communauté hospitalière exige un minimum de discipline. Celle-ci se fonde sur le respect d'autrui et la bonne application des soins.

Le respect d'autrui exige que le malade ne trouble pas le « bon ordre de la maison » pour reprendre une expression facilement compréhensible. La bonne application des soins demande que le malade suive scrupuleusement les indications médicales.

Dans le cas de l'inobservation de ces obligations, le directeur de l'hôpital peut expulser un malade si sa vie n'est pas en danger, ou lui réserver une hospitalisation en chambre pour agité si nécessaire.

475 **Le séjour protégé.** Il concerne les malades atteints de troubles mentaux qui sont soumis à une réglementation protectrice de leurs droits, renouvelée par la loi du 27 juin 1990, de même que les détenus et les mineurs.

476 **Pièces exigées.** Pour l'admission des malades atteints de troubles mentaux sur demande d'un tiers, il est exigé:

– dès l'admission, deux certificats médicaux datant de moins de quinze jours et circonstanciés sur les conditions médicales du malade. Un certificat doit être établi par un médecin n'exerçant pas dans l'établissement accueillant le malade, l'autre par un deuxième médecin qui peut exercer dans l'établissement accueillant le malade. À titre exceptionnel et en cas de péril imminent pour la santé du malade dûment constaté par le médecin, le directeur de l'établissement pourra prononcer l'admission au vu d'un seul certificat médical émanant éventuellement d'un médecin exerçant dans l'établissement;

– un certificat médical adressé avec les certificats d'admission dans les vingt-quatre heures au préfet de département et à la commission départementale des hospitalisations psychiatriques, attestant l'état mental du malade par un psychiatre de l'établissement autre que celui qui a signé le certificat d'admission;

– un certificat médical de quinzaine diagnostiquant plus précisément l'état du malade, établi par un psychiatre de l'établissement;

– une observation mensuelle sur l'évolution de la maladie inscrite sur un registre coté et paraphé appelé livre de la loi;

– l'ouverture de ce registre aux autorités publiques suivantes, qui peuvent être saisies à tout moment par le malade:
- préfet de département ou son représentant,
- président du tribunal de grande instance ou son délégué,
- procureur de la République du lieu d'implantation de l'établissement,
- commission départementale des hospitalisations psychiatriques,
- juge du tribunal d'instance,
- maire de la commune ou son représentant.

477 **Hospitalisation d'office.** Les malades atteints de troubles mentaux sont admis en hospitalisation d'office:

– par arrêté motivé du préfet ou du préfet de police à Paris, précisant que l'hospitalisation est imposée par la compromission de l'ordre public ou la sûreté des personnes;

– accompagné d'un certificat médical circonstancié ne pouvant émaner d'un psychiatre de l'établissement d'accueil;

– en cas de danger imminent pour la sûreté des personnes, attesté par un certificat médical, l'hospitalisation peut être demandée par le maire, ou à Paris, par les commissaires de police. Cette hospitalisation doit être confirmée par le préfet dans les quarante-huit heures.

Un certificat médical, établi par un psychiatre de l'établissement dans les vingt-quatre heures, est adressé par le directeur au préfet et à la commission départementale des hospitalisations psychiatriques.

La Commission départementale des hospitalisations psychiatriques a été créée par la loi du 27 juin 1990 relative à la situation des malades hospitalisés pour troubles mentaux. Le décret n° 91-981 du 25 septembre 1991 a précisé la composition et le fonctionnement de cette commission qui comprend:

– un psychiatre désigné par le procureur général près la cour d'appel;

– un magistrat désigné par le premier président près la cour d'appel;

– deux personnalités qualifiées désignées l'une par le préfet, l'autre par le président du conseil général, dont un psychiatre et un représentant d'une organisation représentative des familles des personnes atteintes de troubles mentaux.

Seul l'un des deux psychiatres mentionnés ci-dessus pourra exercer dans un établissement recevant des malades atteints de troubles mentaux.

Un certificat médical de quinzaine, puis mensuel établi par un psychiatre de l'établissement confirmant ou infirmant le diagnostic médical, est adressé au préfet et à la commission départementale des hospitalisations psychiatriques.

À l'issue du premier mois, puis ensuite sauf cas nouveau, pour trois mois, et enfin tous les six mois, le préfet, sur avis médical circonstancié, renouvelle les hospitalisations d'office.

478 **Les détenus.** Hospitalisés en régime commun, les détenus peuvent, sur autorisation du ministre de la Justice, être hospitalisés en régime particulier ou clinique ouverte s'ils peuvent prendre en charge les surcoûts occasionnés par cette hospitalisation dérogatoire.

479 **Les mineurs.** Une troisième catégorie de malades bénéficie d'une protection: il s'agit des mineurs. Tout acte médical et chirurgical les concernant doit être autorisé par les tuteurs, parents, grands-parents, etc. En cas de refus des parents d'un acte vital pour l'enfant, le médecin responsable du service peut saisir le ministère public afin de provoquer les mesures d'assistance éducative permettant de donner les soins qui s'imposent (opération chirurgicale, transfusion sanguine, etc.).

La fin du séjour à l'hôpital

L'intérêt du malade et les possibilités de mise en cause des responsabilités de l'hôpital imposent une réglementation des départs qui s'accompagne de la communication du dossier médical.

480 **La réglementation des départs.** En ce qui concerne les malades consentants, deux cas se présentent:

– le départ non autorisé médicalement en contrepartie d'une décharge ou d'un procès-verbal de refus de signature de décharge;

– le départ autorisé médicalement:
  - sans urgence en contrepartie d'un certificat de sortie signé du médecin,
  - avec urgence en cas de demande de la famille lorsque l'issue fatale est imminente.

Les modalités de fin de séjour des malades atteints de troubles mentaux et des hospitalisés de force sont:

– le départ identique aux malades d'hôpitaux généraux en cas d'hospitalisation libre (cas où le malade est venu spontanément de sa propre initiative recevoir des soins);

– le départ en cas d'hospitalisation sur demande d'un tiers résulte soit d'une demande de la famille, soit d'une demande du médecin hospitalier, soit d'une demande de la commission départementale des hospitalisations psychiatriques, soit sur requête d'un tiers ou du malade auprès du président du tribunal de grande instance du lieu de situation de l'établissement qui peut ordonner la sortie immédiate, soit d'une demande du préfet de département;

– le départ en cas d'hospitalisation d'office résulte d'une décision du préfet ou d'une décision du président du tribunal de grande instance non motivée.

481 **La communication du dossier**. La circulaire du 11 août 1978 en application de la loi du 17 juillet 1978 sur la communication des documents administratifs prévoit la constitution d'un dossier médical normalisé pouvant être adressé, depuis la loi du 4 mars 2002, directement au malade sans aucun intermédiaire médical, sauf cas particuliers recensés par la loi.

482 **Le décès.** Le constat du décès est le fait de deux médecins de l'établissement après mise en œuvre de tests, si nécessaire, pour des malades placés en survie artificielle alors qu'ils sont en état de mort cérébrale.

1 – Le départ du corps sans mise en bière.

Il peut être effectué selon le décret du 18 mai 1976 sur demande de la famille ou de ceux qui prennent en charge les funérailles après:

– accord du directeur traduisant l'accord du médecin hospitalier qui ne peut refuser le départ du corps que:
- si le décès soulève un problème médico-légal,
- si le malade était atteint d'une maladie contagieuse,
- si l'état du corps ne permet aucun transport;

– autorisation de transfert délivrée par le maire de la commune où est implanté l'établissement et à Paris, Lyon, Marseille et Bordeaux, du préfet de police.

Le transport du corps s'effectue dans un véhicule spécialement aménagé et agréé par le préfet dans les dix-huit heures à compter du décès. Ce délai peut être porté à trente-six heures lorsque la dépouille mortelle a été l'objet de soins de conservation.

2 – Le départ du corps après mise en bière.

Il se fait sans prélèvement d'organes ni autopsie, dans un cercueil adapté aux funérailles, inhumation ou crémation.

Le prélèvement d'organes et l'autopsie sont autorisés par les lois du 29 juillet 1994:

– à des fins scientifiques;

– si le décédé n'avait pas opposé de son vivant une interdiction écrite ou orale rapportée par ses proches;

– à condition que le décédé ne soit pas:
- mort d'une cause de décès nécessitant un constat médico-légal,
- un ancien combattant ou une victime de guerre,
- un musulman ou un israélite,
- un Témoin de Jéhovah,
- un forain, gitan ou nomade.

Dans ces trois derniers cas, il s'agit d'une coutume visant à respecter les croyances plutôt qu'une interdiction légale.

Sous-section 2
L'hospitalisation dans le cadre des régimes dérogatoires

Les régimes dérogatoires sont apparus dès l'acceptation des malades payants, c'est-à-dire dès la loi du 21 décembre 1941. L'hôpital étant jusqu'alors réservé aux indigents, on comprend que les conditions d'hébergement n'étaient guère acceptables pour les autres couches de la société. Ainsi naquit le régime particulier qui allait être complété de nouvelles conditions d'ouverture de l'hôpital aux malades voulant bénéficier du libre choix des médecins.

Le secteur hospitalier particulier

Le secteur hospitalier particulier est ouvert aux malades selon certaines conditions dont des dispositions financières spécifiques.

483 **Les conditions non financières.** Toutes les catégories de malades peuvent bénéficier du secteur particulier à condition qu'ils s'engagent par écrit à verser les suppléments demandés en plus des coûts pratiqués en régime commun, toutes catégories tarifaires confondues.

Certains prisonniers peuvent en bénéficier après approbation du ministre de la Justice. Seuls les malades relevant de l'aide sociale ne peuvent y prétendre.

Le secteur hospitalier particulier se singularise par l'équipement hôtelier.

Le nombre de lits, en régime particulier, est fixé par le préfet du département, sur proposition du conseil d'administration, après avis du médecin-inspecteur départemental de la santé et du directeur départemental des Affaires sanitaires et sociales.

Il s'agit de chambres à un lit, et exceptionnellement à deux lits. Il ne peut s'agir de chambres de clinique ouverte que si le régime commun est satisfait selon une circulaire du 7 juin 1961.

Le nombre de chambres en régime particulier ne peut dépasser 25 % du potentiel de chambres à un lit de l'établissement. D'autre part, les chambres en régime particulier ne peuvent empiéter sur celles du régime commun mais l'inverse est possible.

484 **Les conditions financières.** Il est institué, pour le régime particulier, une majoration ne pouvant dépasser 50 % du tarif de prestations du régime commun, toutes catégories tarifaires confondues (décr. n° 92-776 du 31 juill. 1992).

Les excédents dégagés par ces majorations sont affectés pour les trois quarts en atténuation des dépenses d'exploitation de l'exercice concerné; le quart restant revient à la section d'investissement afin d'améliorer l'équipement (cf. circ. n° 211 du 8 oct. 1987).

Il n'existe pas de taux d'honoraires spécifiques; le régime particulier fonctionne avec l'application des honoraires du régime commun.

L'hospitalisation permettant le libre choix des médecins

Théoriquement, tout malade hospitalisé bénéficie du libre choix du médecin hospitalier. En pratique, cette disposition n'est guère appliquée et applicable, eu égard à l'organisation en services des hôpitaux. À titre dérogatoire, il existe des conditions d'hospitalisation qui permettent ce libre choix. Ce sont:

- le secteur libéral des médecins plein-temps;
- les cliniques ouvertes;
- l'hôpital local.

485 **Le secteur libéral des médecins plein-temps.** C'est une innovation de la loi du 27 janvier 1987, que nous avons étudiée au chapitre 7.

486 **Les cliniques ouvertes.** L'ouverture en est décidée par délibération du conseil d'administration approuvée par le préfet de département, dans tout hôpital non-CHR et non local, dans des locaux isolables par rapport au secteur hospitalier commun.

Les malades hospitalisés en clinique ouverte peuvent appeler le médecin de leur choix, salarié ou non de l'établissement, ou une sage-femme non salariée. Ils doivent rédiger une demande écrite sollicitant leur admission en clinique ouverte.

Ils s'engagent à verser un supplément de prix de 10 à 50 % du tarif d'hébergement du régime commun, ce qui exclut les ressortissants de l'aide sociale. Ils peuvent dans les vingt jours de leur hospitalisation en régime commun être transférés en clinique ouverte. Ils rémunéreront directement les médecins qui réserveront à l'hôpital 10 % de leurs honoraires.

Les excédents provenant des suppléments de rémunération sont affectés à la section d'investissement du budget pour l'amélioration de l'équipement.

487 **Les hôpitaux locaux.** Créé en 1958, l'hôpital local s'appelait alors hôpital rural. Il doit maintenir une hospitalisation de proximité. Pour cela, les malades hospitalisés en hôpital local peuvent faire appel au médecin de leur choix exerçant en ville, à la seule condition qu'il ait été autorisé d'exercer en hôpital local par le représentant de l'État dans le département. Ils n'ont pas à verser une rémunération supplémentaire au tarif de prestation.

Section 2
La situation du malade non hospitalisé dépendant de l'hôpital

L'hospitalisation est de moins en moins nécessaire pour certaines pathologies. Son coût est de nature à dissuader des hospitalisations longues qui, par ailleurs, ne sont plus médicalement justifiées eu égard au progrès des technologies médicales. Le malade est de plus en plus soigné soit en venant impérativement à l'hôpital sans y être hospitalisé, c'est-à-dire hébergé une journée entière, soit en étant suivi par les équipes médicales et paramédicales hospitalières à son domicile.

488 **La situation du malade ambulatoire.** Parmi les malades non hospitalisés dépendant de l'hôpital, certains sont totalement ambulatoires, relevant de consultations externes, et d'autres partiellement ambulatoires parce que hospitalisés pendant une période déterminée sur vingt-quatre heures.

1 – Les consultations externes.

C'est avec l'ouverture de l'hôpital à toutes les classes sociales que la loi du 21 décembre 1941 a prévu la création de consultations externes qui ne sont devenues obligatoires qu'avec l'ordonnance du 11 décembre 1958 et son décret d'application du 3 août 1959. Une circulaire du 13 décembre 1982 est venue rappeler que les consultants externes ont droit à un équipement de qualité et à une bonne prise en charge médicale.

2 – La qualité des prestations.

Le malade a droit à un équipement de qualité qui doit être regroupé dans un seul et unique ensemble fonctionnel permettant une gestion globale. Les locaux doivent être confortables et implantés près du plateau technique afin de faciliter l'accès aux investigations à l'aide d'équipements spécialisés et onéreux.

De plus, le malade a droit à une bonne prise en charge médicale par le biais des rendez-vous et de la suppression de l'attente.

L'examen discret doit être mené par un médecin et non un étudiant ou un interne. La présence d'un ou deux étudiants doit répondre à un accord du consultant. L'examen doit être aussi long que nécessaire pour écouter le malade et l'informer de son cas.

489 **La situation du malade partiellement ambulatoire.** Parmi les hospitalisations partielles, citons les consultations externes prolongées, les hospitalisations de jour ou de nuit.

1 – Les consultations externes prolongées.

Cette formule revêt un intérêt de plus en plus grand car elle permet, en trois ou quatre heures, l'examen complet du malade. Elle exige une très grande planification des différents examens nécessaires au diagnostic. Pour cela, elle impose un développement du plateau technique afin d'éviter les goulets d'étranglement. Le malade paye les coûts médicaux au tarif des consultations externes.

2 – Les hospitalisations de jour ou de nuit.

Le malade en hospitalisation de jour ou de nuit verse un tarif de prestations calculé comme les tarifs de prestations opposés aux malades hospitalisés.

490 **Le malade en hospitalisation à domicile (HAD).**

1 – L'admission du malade en HAD est subordonnée:

– à sa demande ou celle de sa famille;

– à l'accord du directeur;

– à une hospitalisation préalable ou à une consultation externe;

– à la demande du médecin hospitalier;

– au résultat d'une enquête sur l'environnement familial;

– à la délivrance préalable par la caisse de Sécurité sociale d'une prise en charge accordée après avis du médecin-conseil pour une durée de vingt jours, renouvelable.

2 – La fourniture des soins et le financement.

La fourniture des soins est le résultat d'un protocole adressé par le médecin hospitalier au médecin traitant.

Le financement de l'HAD fait l'objet du paiement d'un tarif de prestations qui est un forfait global des prestations assurées.

CHAPITRE 10

La gestion des biens : investissement et marchés publics

Le budget de l'ensemble des établissements de santé est d'environ 60 milliards d'euros en 2006. Trente pour cent de cette dépense représentent les achats de biens et services. Ceux-ci peuvent être imputés soit à l'exploitation, soit à l'investissement. Ils sont acquis selon des règles très spécifiques aux marchés publics.

Section 1
Les deux catégories de gestion économique

Dans la plupart des établissements, le cadre de direction chargé de la gestion économique est le directeur chargé des services économiques, anciennement dénommé économe. C'est le seul cadre qui bénéficie d'une délégation de pouvoir en vertu des dispositions du décret du 9 septembre 1899. La gestion économique intègre les deux catégories de dépenses qui, selon leur imputation, peuvent être dites d'exploitation ou d'investissement.

Sous-section 1
L'exploitation

Sont inscrites à l'exploitation les dépenses de biens et services consommables, c'est-à-dire qui sont de courte durée – en général le temps de leur consommation. Ces dépenses se regroupent en deux types. Il y a celles qui sont liées à l'approvisionnement et celles qui financent la maintenance ou l'entretien.

L'approvisionnement

491 **Le rôle du directeur des services économiques.** Le directeur chargé des services économiques définit ou met en œuvre la politique des stocks en accord avec le directeur de l'établissement.

Selon le décret du 9 septembre 1899 modifié le 9 août 1919, le directeur chargé des services économiques est le comptable matières pour déférer à la règle de la séparation des ordonnateurs et des comptables. Le directeur chargé des services économiques pour l'exercice de ses attributions a la responsabilité d'une comptabilité spécifique.

492 **Les attributions du comptable matières.** Le comptable matières a la charge:

- de percevoir, emmagasiner et conserver les denrées et objets mobiliers de toute nature, sauf les produits pharmaceutiques placés directement sous la responsabilité du pharmacien;
- de distribuer ces denrées;
- de passer écriture et rendre compte de ses opérations.

Il est chargé conformément aux ordres de l'ordonnateur des achats de denrées, objets de consommation, matières premières, fournitures et objets mobiliers de toute nature sous réserve qu'il respecte les crédits autorisés; il a la responsabilité des ventes de toutes matières, telles que produits du travail intérieur, produits récoltés, effets hors d'usage, déchets.

Le comptable matières est responsable de sa gestion qu'il exerce sous le contrôle, dans les établissements jusqu'à 200 lits, du président du conseil d'administration, et dans les établissements de plus de 200 lits, du directeur.

Il bénéficie, dans le cadre de ses attributions réglementaires, du pouvoir délégué par l'ordonnateur d'engager et de liquider les dépenses. Il est assujetti à un cautionnement.

493 **La comptabilité du directeur chargé des services économiques.** Le responsable des services économiques tient la comptabilité

des stocks qui enregistre les mouvements des articles stockés dans l'établissement en quantité et en valeur sur le journal des stocks et le grand-livre des stocks scindé, le cas échéant, entre un livre des stocks entrées et un livre des stocks sorties.

Le responsable des services économiques doit produire la balance des stocks mensuellement dans les établissements de plus de 500 lits, et trimestriellement dans les autres.

Les principaux éléments de la balance des comptes de stocks sont les suivants:

- la valeur du stock initial;
- la valeur des entrées de la période;
- le total des deux valeurs précédentes;
- la valeur des sorties de la période;
- la valeur du stock au dernier jour de la période (valeur du stock au premier jour de la période plus valeur des entrées, moins valeur des sorties).

À la clôture de l'exercice, le directeur chargé des services économiques établit son compte de gestion, c'est-à-dire la balance des comptes de stocks de fin d'exercice au moyen des renseignements figurant sur l'ensemble des fiches de stocks.

Ce compte de gestion est:

- certifié exact par le directeur responsable des services économiques;
- visé et contrôlé par le directeur ordonnateur;
- adressé au comptable deniers de l'établissement avant la clôture de l'exercice pour lui permettre de rapprocher les opérations de sorties de stocks de ses écritures;
- adopté par le conseil d'administration;
- approuvé par le préfet de département.

La maintenance

Définie comme « l'ensemble de tout ce qui permet de maintenir un système dans un état de fonctionnement normal », la maintenance correspond à l'entretien tant préventif que réparatif. Elle est financée par le compte 615 (anciennement 631) qui est doté différemment selon l'âge moyen des bâtiments.

494 **Les deux cas de maintenance.** La maintenance s'oriente de plus en plus vers la prévention. Elle exige des moyens préventifs basés sur la durée de vie estimée d'un bien.

La maintenance réparatrice est l'ultime intervention avant la fin d'exploitation d'un bien.

495 **Le financement de la maintenance.** C'est le compte 615 « Entretien et réparations » qui regroupe les diverses interventions de maintenance. Selon l'âge moyen des bâtiments, le compte peut être doté au maximum :

– à 8 % des dépenses d'exploitation moins les dépenses en régie pour les bâtiments de moins de quarante ans ;

– à 12 % des dépenses d'exploitation moins les dépenses en régie pour les bâtiments de plus de quarante ans.

496 **Les dépenses en régie.** On entend par dépenses en régie les dépenses de matériel et de main-d'œuvre comptabilisées par l'établissement sur ses achats et effectifs ouvriers et techniciens ayant servi à entretenir les biens corporels et non corporels.

Sous-section 2
L'investissement

Défini comme « l'emploi de capitaux visant à l'accroissement de la production d'une entreprise » ou comme « l'accroissement de deux évaluations du capital en deux instants donnés », l'investissement résulte d'une dépense visant soit à prolonger la vie d'un bien au-delà de sa vie comptable, soit à acheter un nouveau bien afin de développer les moyens de production exprimant le passage du capital argent en capital productif. Quelles que soient les catégories d'investissements, le financement est identique.

Les deux catégories d'investissements

Les investissements sont classés en investissements mobiliers et investissements immobiliers.

497 **Les investissements mobiliers.** Ce sont les investissements qui sont mobiles, c'est-à-dire qui peuvent être déplacés sans détériorer leur support. Leur réalisation doit suivre la procédure des marchés publics.

498 **Les investissements immobiliers.** Ce sont les investissements qui ne peuvent être déplacés. Leur réalisation doit suivre une procédure spécifique avant celle imposée par les marchés publics.

Toute opération d'investissement immobilier doit déférer aux dispositions du décret n° 92-1355 du 24 décembre 1992. Toutes les opérations de travaux et celles concernant les équipements « lourds » (cf. décr. du 28 mars 1988) sont rattachées à un programme d'investissement sur lequel le conseil d'administration délibère sur la base d'un dossier comprenant:

- la liste des travaux et équipements;

- leur coût estimatif;

- le plan global du financement pluriannuel révisé de l'établissement.

Lorsqu'un programme d'investissement comprend au moins une opération de travaux dont le coût est supérieur à un seuil fixé par un arrêté interministériel (budget et santé), le conseil d'administration délibère sur la base d'un dossier comprenant pour cette opération:

- un rapport de présentation replaçant l'opération dans le contexte du projet d'établissement et justifiant, le cas échéant, toute évolution par rapport à celui-ci;

- un dossier technique dont le contenu est défini par arrêté du ministre chargé de la Santé;

- une étude sur les coûts induits par l'opération tant en matière d'exploitation que d'investissement;

– le plan de financement de l'opération intégré dans le plan global de financement pluriannuel révisé de l'établissement.

499 **Le plan global pluriannuel.** Par ailleurs, toutes les opérations (mobilières ou immobilières) inscrites à la section d'investissement du budget autres que celles appelées à figurer au programme d'investissement donnent lieu à l'élaboration d'un plan global pluriannuel d'une durée minimale de cinq ans. Ce plan peut être révisé lorsque cela est nécessaire. Il doit s'insérer, par contre, dans le programme d'investissement approuvé par le conseil d'administration et le préfet de département. Ce plan est seulement communiqué au conseil d'administration et au préfet de département dès son élaboration et après toute modification.

Rappelons que dans toute opération de construction il faut:

– désigner un contrôleur technique (loi du 4 janv. 1978) ;
– souscrire une assurance dommage-ouvrage (loi du 4 janv. 1978) ;
– se plier aux rigueurs de la loi MOP (maîtrise d'ouvrage public) (loi du 12 juill. 1985) ;
– nommer un coordonnateur santé-sécurité sur les chantiers où il y a un risque dû à la coactivité, à l'exclusion des petits travaux d'entretien et de réparation (loi du 31 déc. 1993).

Le financement des investissements

La caractéristique des investissements est qu'ils peuvent être autofinancés par les amortissements qu'ils génèrent. Cependant, en milieu hospitalier, ces amortissements sont nettement insuffisants, ce qui entraîne le recours aux ressources extérieures.

500 **L'autofinancement.** Il est constitué par la vente de biens immobiliers ou mobiliers, ce qui est mineur, et par les ressources d'amortissement qui représentent 20 à 25 % des ressources d'investissement des hôpitaux. Cette faible part des amortissements est due au mode de calcul et aux délais imposés pour amortir un bien.

1 – Le mode de calcul des amortissements.

Il est imposé par la comptabilité publique. Il est, sauf dérogation, linéaire ou constant, c'est-à-dire que pour un bien acheté 100 € et d'une durée de vie de cinq ans, l'amortissement sera de 100: 5 = 20 € par an.

À titre dérogatoire, l'amortissement pourra être dégressif, c'est-à-dire que, selon un coefficient de dégressivité, le même bien acheté 100 € pour un amortissement de cinq ans sera amorti pour 35 € la première année, 25 € la deuxième, 20 € la troisième, 15 € la quatrième et 5 € la dernière. Cela permet de contrecarrer la perte de valeur de la monnaie par l'inflation.

2 – Les délais d'amortissement.

Ils sont plus longs pour le secteur public que pour le secteur privé. Voici, à titre comparatif, quelques délais d'amortissement illustrant le désavantage du secteur public:

Catégories des biens amortissables	Secteur hospitalier public	Secteur privé
Bâtiments	50 à 100 ans	20 à 50 ans
Agencements, aménagements	20 à 40 ans	10 ans
Matériel lourde	20 à 40 ans	10 ans
Matériel de bureau	10 à 20 ans	7 ans

501 **Le recours au financement extérieur**. Ce recours peut être gratuit ou onéreux.

1 – À titre gratuit.

Ce sont les subventions de l'État, en général modulables de 5 à 40 %, selon les capacités d'autofinancement de l'établissement ou les subventions des collectivités territoriales. Par ailleurs, la CNAMTS a été à nouveau autorisée à prêter sans intérêt aux hôpitaux, ceux-ci ne remboursant que le capital prêté.

2 – À titre onéreux.

Les hôpitaux ont recours généralement à la CDC (Caisse des dépôts et consignations), qui est la banque des collectivités publiques. Les établissements peuvent, par ailleurs, emprunter auprès d'autres banques et même avoir recours, par autorisation ministérielle, au marché financier (emprunts obligataires).

Section 2
Les marchés publics

502 **Le nouveau Code des marchés publics.** Un nouveau Code des marchés publics a été publié avec le décret n° 2001-210 du 7 mars 2001 (instr. du 28 avr. 2001, *JO* du 8 sept.). Le nouveau Code des marchés publics intègre dans le droit des contrats publics toute relation commerciale, d'achat ou de vente de biens, fournitures ou services; même les achats sur simple facture deviennent des marchés dits « sans formalités préalables ». Tous sauf exception liée soit au faible montant de la commande, soit à l'urgence avérée de celle-ci sont soumis à la mise en concurrence.

Les marchés publics sont des contrats conclus à titre onéreux avec les personnes publiques ou privées par les personnes morales de droit public, pour répondre à leurs besoins en matière de travaux, fournitures ou services.

Les marchés publics de travaux ont pour objet la réalisation de tous travaux de bâtiment ou de génie civil à la demande d'une personne publique exerçant la maîtrise d'ouvrage.

Les marchés publics de fournitures ont pour objet l'achat, la prise en crédit-bail, la location ou la location-vente de produits ou matériels.

Les marchés publics de services ont pour objet la réalisation des prestations de services.

Les marchés publics doivent respecter les principes:

- de liberté d'accès à la commande publique ;
- d'égalité de traitement des candidats ;
- de transparence des procédures.

Nous verrons successivement:

1° les différentes catégories de marchés publics ;

2° les procédures de passation des marchés publics ;

3° les éléments constitutifs des marchés publics.

Sous-section 1
Les différentes catégories de marchés publics

Le Code des marchés publics précise que toute commande publique doit spécifier dans son cahier des charges la nature des besoins à satisfaire. Un effort de définition des besoins est exigé des acheteurs publics qui peuvent soit regrouper leurs commandes entre plusieurs bénéficiaires publics, soit les répartir en lots pour mieux faire jouer la concurrence.

Le groupement des commandes concerne le regroupement des commandes provenant soit de plusieurs services d'un même établissement, soit de plusieurs personnes publiques qui peuvent s'ouvrir à des personnes morales de droit privé comme les groupements d'intérêt public. Les membres du groupement signent une convention constitutive qui définit les modalités de fonctionnement du groupement et désignent un des membres du groupement comme coordonnateur.

La répartition en lots peut faire l'objet d'un marché unique ou d'un marché spécifique à chaque lot en fonction des avantages économiques, financiers ou techniques. Les offres sont examinées lot par lot. Les candidats ne peuvent pas présenter les offres variables selon le nombre de lots susceptibles d'être obtenus. Pour un marché ayant à la fois pour objet la construction et l'exploitation ou la maintenance d'un ouvrage, la construction fait obligatoirement l'objet d'un lot séparé.

Sous-section 2
Les procédures de passation des marchés publics

La concurrence

503 **La mise en concurrence.** Elle est la règle et prend la forme soit d'une mise en concurrence simplifiée, soit d'une mise en concurrence sur appel d'offres. Dans les deux cas, la personne responsable du marché, à savoir le directeur, ne peut choisir le lauréat qu'après avoir recueilli l'avis de la commission des appels d'offres. Au contraire, dans la procédure des marchés négociés,

même en cas de mise en concurrence, la personne responsable du marché n'est pas titulaire de l'avis de la commission d'appel d'offres.

504 **Les différents cas d'appel à la concurrence.**

	Concurrence simplifiée	**Concurrence sur appel d'offres**[1]	
		Ouvert	Restreint
Publicité	X	X	X
Critères de sélection		X	X
Mise en concurrence préalable	X	X ouverte à tous les candidats	X restreinte aux candidats présélectionnés
Négociation	X	Exclu	Exclu
Avis de la commission d'appel d'offres	X	X	X
Seuil	< 200000 € HT		

1. L'appel d'offres sur performance est un cas d'appel d'offres restreint. C'est la procédure par laquelle la personne responsable du marché définit un programme fonctionnel détaillé, sous forme de résultats variables à atteindre ou de besoins à satisfaire. Les moyens de parvenir à ces résultats ou de répondre à ces besoins sont proposés par chaque candidat dans son offre.
Les marchés de conception-réalisation sont une modalité particulière d'appel d'offres sur performance, qui n'est applicable qu'aux marchés qui portent à la fois sur l'établissement des études et sur l'exécution des travaux. Il ne peut être recouru à cette procédure que si les motifs d'ordre technique rendent nécessaire l'association de l'entrepreneur aux études de l'ouvrage.
Le concours est une procédure particulière de concurrence sur appel d'offres. C'est la procédure par laquelle la personne publique choisit, après mise en concurrence et avis d'un jury de concours, un plan ou un projet dans le domaine de l'aménagement du territoire, de l'urbanisme, de l'architecture et de l'ingénierie ou des traitements de données, avant d'attribuer à l'un des lauréats du concours un marché. Les concurrents non retenus peuvent bénéficier de primes.

Les exceptions éventuelles à la mise en concurrence partielle ou totale

505 **Le cas des procédures négociées.** Une procédure négociée est une procédure par laquelle la personne publique choisit le

titulaire du marché après consultation de candidats et négociation des conditions du marché avec un ou plusieurs d'entre eux.

Les marchés négociés sont passés avec ou sans publicité préalable permettant la présentation d'offres concurrentes. En l'absence de publicité préalable, ils sont passés soit après mise en concurrence, soit sans mise en concurrence.

1 – Peuvent être négociés après publicité préalable et mise en concurrence:

– les marchés qui, après appel d'offres, n'ont fait l'objet d'aucune offre ou pour lesquels il n'a été proposé que des offres irrecevables ou inacceptables au sens de l'article 53. Les conditions initiales du marché ne doivent pas être modifiées. Si la personne responsable du marché décide de ne négocier qu'avec les candidats qui avaient été admis à présenter une offre, elle est dispensée de procéder à une nouvelle mesure de publicité;

– les marchés de services, lorsque la prestation de services à réaliser est d'une nature telle que les spécifications du marché ne peuvent être établies préalablement avec une précision suffisante pour permettre le recours à l'appel d'offres;

– les marchés de travaux et de fournitures qui sont conclus uniquement à des fins de recherche, d'essai, d'expérimentation, de mise au point, d'étude ou de développement sans finalité commerciale immédiate.

2 – Peuvent être négociés sans publicité préalable, mais avec mise en concurrence:

– les marchés pour lesquels l'urgence impérieuse résultant de circonstances imprévisibles pour la personne responsable du marché n'est pas compatible avec les délais exigés par les procédures d'appel d'offres ou de marchés négociés précédés d'un avis d'appel public à la concurrence;

– les marchés qui exigent le secret, ou pour lesquels la protection des intérêts essentiels de l'État est incompatible avec des mesures de publicité;

– les marchés que, dans des cas d'urgence, la personne publique doit faire exécuter en lieu et place du titulaire défaillant.

3 – Peuvent être négociés sans publicité préalable et sans mise en concurrence:

– les marchés complémentaires, à condition que le marché initial ait été passé après mise en concurrence, dans les cas suivants:

- les marchés complémentaires exécutés par le titulaire initial et destinés soit au renouvellement partiel de fournitures ou d'installations d'usage courant, soit à un complément de fournitures ou à l'extension d'installations existantes. Le recours à ces marchés n'est possible que lorsque le changement de fournisseur obligerait la personne publique à acquérir un matériel de technique différente entraînant une incompatibilité ou des difficultés techniques d'utilisation et d'entretien excessives. La durée de ces marchés complémentaires ne peut dépasser trois ans. Le montant total du marché, livraisons complémentaires comprises, ne peut excéder 130000 € HT pour l'État et 200000 € HT pour les collectivités territoriales, sauf si le marché a été passé initialement par appel d'offres et a fait l'objet d'un avis d'appel public à la concurrence publié au *Journal officiel des Communautés européennes*,
- les marchés complémentaires de services ou de travaux consistant en des prestations qui ne figurent pas dans le marché initialement conclu mais qui sont devenues nécessaires, à la suite d'une circonstance imprévue, à l'exécution du service ou à la réalisation de l'ouvrage tel qu'il y est décrit, à condition que l'attribution soit faite à l'entreprise qui exécute ce service ou cet ouvrage lorsque ces services ou travaux complémentaires ne peuvent être techniquement ou économiquement séparés du marché principal sans inconvénient majeur pour la personne publique.

Le montant cumulé des marchés complémentaires ne doit pas dépasser 33 % du montant du marché principal;

– les marchés de services ou de travaux qui ont pour objet la réalisation de prestations identiques à celles d'un marché précédent exécuté par le même titulaire. Le premier marché doit toutefois avoir été passé sur appel d'offres. Il doit, de plus, avoir indiqué la possibilité de recourir à la procédure négociée pour la réalisation de prestations similaires. Sa mise en concurrence doit enfin avoir pris en compte le montant total envisagé, y compris les nouveaux services ou travaux. La durée pendant laquelle les nouveaux marchés peuvent être conclus ne peut dépasser trois ans à compter de la notification du marché initial;

– les marchés de services qui doivent être attribués à l'un des lauréats d'un concours. Lorsqu'il y a plusieurs lauréats, ils sont tous invités à négocier;

– les marchés qui ne peuvent être confiés qu'à un prestataire déterminé pour des raisons techniques, artistiques ou tenant à la protection de droits d'exclusivité.

Les cas de dispense de formalités préalables

506 **Conditions de la dispense**. Le Code des marchés publics prévoit des cas où, en dessous d'un certain montant – actuellement fixé à 90000 € HT –, il peut être passé des marchés publics sans formalités préalables. Cela n'exonère pas le responsable du marché de consulter plusieurs entreprises afin d'obtenir le meilleur prix.

En deçà du seuil de 4000 € HT, il n'est pas nécessaire de consulter plusieurs sociétés ; le gré à gré est possible.

507 **Les seuils de publicité préalable en cas de mise en concurrence obligatoire.**

	Marchés de fournitures	**Marchés de services**	**Marchés de travaux**
Avis de pré-information[1] adressé à l'Office des publications officielles des Communautés européennes	> 750000 € HT	> 750000 € HT	> 5000000 € HT
Avis d'appel public à la concurrence insérés obligatoirement dans le *Bulletin officiel des annonces des marchés publics*	> 200000 € HT	> 200000 € HT	

	Marchés de fournitures	Marchés de services	Marchés de travaux
Avis publié au *Journal officiel des Communautés européennes*	> 200000 € HT	> 200000 € HT	> 5000000 € HT
1. Pour les marchés de fournitures et de services, cet avis est adressé dès le début de l'exercice budgétaire.			

Sous-section 3
Les éléments constitutifs des marchés publics

508 **La commission d'appel d'offres.** Les marchés publics sont signés par le directeur de l'établissement, en tant que personne responsable du marché.

La commission d'appel d'offres est constituée du directeur, président, et de deux administrateurs désignés par le CA de l'établissement. Un nombre égal de suppléants est désigné selon les mêmes formes. Seuls ces membres ont voix délibérative.

Les autres personnes convoquées pour leur compétence peuvent participer aux réunions de la commission d'appel d'offres avec seulement voix consultative.

Il s'agit:

– du représentant de la Direction générale de la concurrence, de la consommation et de la répression des fraudes;

– du représentant de la DDASS;

– des personnels désignés par le président de la commission d'appel d'offres pour leur compétence dans la matière qui fait l'objet de l'appel d'offres;

– du représentant du service technique compétent pour suivre l'exécution des travaux ou effectuer le contrôle de conformité lorsque la réglementation impose le concours d'un tel service, ou lorsque le marché porte sur des travaux subventionnés par l'État.

Le quorum est atteint lorsque la moitié plus un des membres ayant voix délibérative sont présents.

509 **Les documents constitutifs des marchés publics.** Ce sont:

– l'acte d'engagement qui est signé par le candidat au marché public, qui vaut de sa part présentation de son offre ou de sa proposition et adhésion aux clauses que la personne publique a rédigées. Cet acte d'engagement doit être signé par la personne responsable du marché;

– les différents cahiers des charges, cahier des clauses administratives et techniques générales, cahier des clauses administratives et techniques particulières;

– le bon de commande: document écrit adressé par la personne responsable du marché au titulaire du marché, il précise les prestations décrites dans le marché dont l'exécution est demandée et en détermine la quantité.

Le nouveau Code des marchés publics devait simplifier les procédures, or la centralisation de celles-ci sur la personne responsable du marché a, au contraire, tout complexifié. Le formalisme excessif de la passation des marchés publics est également très controversé. La plupart des maîtres d'ouvrage regrettent l'ancien code!... C'est tellement vrai que même l'État, dans le cadre du renouvellement des investissements hospitaliers prévu par le plan « Hôpital 2007 », envisage des règles dérogatoires à la passation des marchés publics telles que prévues par le nouveau Code des marchés publics.

CHAPITRE 11

Le budget et les comptes Le financement

510 **Introduction.** La comptabilité des établissements d'hospitalisation publics a pour objet la description et le contrôle des opérations ainsi que l'information des autorités chargées de la gestion et du contrôle de ces établissements. Elle est organisée en vue de permettre :

1° la connaissance et le contrôle des opérations budgétaires et des opérations de trésorerie ;

2° l'appréciation de la situation du patrimoine ;

3° la connaissance des opérations faites avec les tiers ;

4° la détermination des résultats ;

5° le calcul des coûts des services rendus ;

6° l'intégration des opérations dans la comptabilité économique nationale et dans les comptes et statistiques élaborés pour les besoins de l'État.

Le cadre comptable sert au calcul du financement.

Section 1
Le cadre comptable

Le cadre comptable se compose de l'état prévisionnel des recettes et des dépenses (EPRD) et de la nouvelle comptabilité analytique.

Sous-section 1
L'état prévisionnel des recettes et des dépenses (EPRD)

C'est un document comptable prévisionnel proposant les dépenses et les ressources pour l'année à venir.

L'EPRD des hôpitaux, établissements publics de santé, obéit aux principes définis par la comptabilité publique tels que contenus dans le décret n° 62-1587 du 29 décembre 1962 portant règlement général sur la comptabilité publique. En revanche, la structure budgétaire et la procédure budgétaire ont été réglementées par le décret n° 2005-1474 du 30 novembre 2005.

Les principes budgétaires

Le décret du 29 décembre 1962 distingue quatre principes: l'annualité, l'équilibre, l'unité, l'universalité.

511 **L'annualité.** L'état prévisionnel des recettes et des dépenses est voté pour un an, ce qui interdit tout report de crédits d'un exercice sur l'autre, afin d'éviter que l'exécutif, en l'occurrence le directeur, puisse reporter sur l'exercice suivant des économies réalisées sur l'exercice précédent, sans rendre des comptes au conseil d'administration.

512 **Application de la règle de l'annualité.** Elle est différemment appliquée, selon qu'il s'agit des dépenses imputées à la section d'exploitation ou à la section d'investissement.

1 – Les crédits budgétaires.

Ceux de la section d'exploitation non engagés à la clôture d'un exercice ne peuvent être reportés au budget de l'exercice suivant. Par contre, les dépenses d'exploitation régulièrement engagées, mais non mandatées à la clôture d'un exercice, sont notifiées par l'ordonnateur au comptable avec les justifications nécessaires et rattachées au résultat dudit exercice.

2 – Les crédits d'investissement.

Régulièrement engagés et correspondant à des dépenses non mandatées à la clôture d'un exercice, ils peuvent être reportés sur l'exercice suivant, à condition d'être notifiés par l'ordonnateur au comptable avec les justifications nécessaires à la fin de l'exercice concerné.

Dans les deux cas, les crédits non engagés ne peuvent être reportés avec leur affectation comptable sur l'exercice suivant.

513 **L'équilibre.** Les dépenses doivent être égales aux recettes. C'est pour respecter cet équilibre que le décret du 30 novembre 2005 exige la mise en place d'une comptabilité des dépenses engagées tenue par le directeur ordonnateur. Celui-ci est tenu de communiquer trimestriellement les engagements à l'autorité de tutelle sur sa demande.

Afin d'imposer à l'ordonnateur la tenue d'une comptabilité des engagements, le décret du 30 novembre 2005 exige que les mandats de paiement émis pour l'exécution d'engagements de dépenses comportent une mention de référence à la comptabilité des engagements tenue par l'ordonnateur.

514 **Les trois conditions de l'équilibre réel.** Le décret du 30 novembre 2005 impose la création d'équilibre réel pour lequel l'EPRD doit remplir les trois conditions suivantes:

– la section d'investissement et chacune des sections d'exploitation, présentées en groupes fonctionnels selon les dispositions réglementaires, doivent être votées en équilibre;

– les recettes et dépenses doivent être évaluées de façon sincère;

– le remboursement de la dette en capital ne doit pas être couvert par le produit des emprunts, sauf dans le cas de renégociation.

515 **L'unité.** L'EPRD soumis au vote du conseil d'administration doit présenter l'intégralité des dépenses et des recettes qui doivent être exposées dans un document unique.

516 **Une dérogation: les comptes annexes.** Une dérogation est prévue avec la constitution de comptes annexes qui ne disposent que d'une seule section: la section d'exploitation. Ces comptes annexes sont créés pour distinguer certaines activités et en déterminer les coûts. Les activités suivantes doivent faire l'objet obligatoirement d'un budget annexe:

– la dotation non affectée (DNA) aux services hospitaliers, qui représente le domaine privé de l'établissement (ferme, loyers, etc.);

– les unités de long séjour sauf dans le cas où lesdites activités constituent l'activité principale de l'établissement, ou si l'organisation de la comptabilité permet de dégager le coût réel des prestations des unités de long séjour. Dans ces cas, la dérogation est accordée par l'autorité de tutelle après avis du trésorier-payeur général du département;

– les centres et les postes de transfusion sanguine;

– les activités de lutte contre l'alcoolisme;

– les centres informatiques lorsqu'ils délivrent des prestations à des tiers;

– chacun des services mentionnés par la loi n° 75-535 du 30 juin 1975 relative aux institutions sociales et médico-sociales;

– les structures pour toxicomanes.

Aucun des comptes annexes ne peut recevoir de subvention d'équilibre du budget général.

517 **L'universalité.** L'universalité consiste à la non-affectation et à la non-contraction entre les crédits inscrits à chaque compte.

1 – La règle de non-affectation.

Parfois appelée règle de spécialité, elle consiste à proscrire l'affectation d'une recette à une dépense déterminée. Ainsi, il ne peut être affecté le produit de la vente d'un immeuble au financement de personnel supplémentaire.

2 – La règle de non-contraction.

Elle interdit la compensation entre une recette et une dépense afin que les comptes reflètent la valeur des recettes et des dépenses.

Toutes ces règles visent à ce que le conseil d'administration soit clairement édifié quant à l'utilisation des crédits qu'il a votés et qu'il puisse donc assurer sa fonction d'assemblée délibérante. Cette volonté d'éviter l'extension des pouvoirs du directeur sur les prérogatives du conseil d'administration se retrouve dans la structure budgétaire.

La structure de l'EPRD

Les développements ci-après reprennent les annexes de la circulaire ministérielle n° 2005-351 du 25 juillet 2005.

518 **Présentation du contenu de l'EPRD.** L'EPRD s'inspire de la comptabilité privée qui est une comptabilité de résultats alors que la comptabilité publique est une comptabilité de moyens. Dès lors, l'EPRD retrace les dépenses et les recettes avec une exigence d'équilibre entre les deux, sinon d'un excédent pour abonder la capacité d'autofinancement prévisionnelle (CAF).

Par dérogation au principe d'unité budgétaire, les activités annexes font l'objet, pour les opérations d'exploitation, d'un suivi en compte de résultat prévisionnel annexe.

Chaque compte de résultat prévisionnel ainsi que le tableau de financement font l'objet d'une présentation synthétique, par titres, et d'une présentation détaillée, par chapitres.

519 **Le compte de résultat prévisionnel principal.** Il retrace l'ensemble des opérations d'exploitation antérieurement suivies sur le budget général. Sa présentation par titres ou par chapitres est calquée sur celle de la section d'exploitation. Une différence notable, toutefois, apparaît avec une ligne sous le total des charges et des produits prévisionnels autorisant l'inscription d'un résultat prévisionnel (excédent ou déficit). Ce résultat prévisionnel est repris dans le tableau de constitution de la CAF prévisionnelle. C'est ce qui incite à l'obligation de résultats.

520 **Les comptes de résultat prévisionnels annexes.** Chacune des activités annexes fait l'objet d'une prévision et d'un suivi des charges et produits d'exploitation sur un compte de résultat prévisionnel (CRP) annexe.

Les CRP annexes des unités de soins de longue durée, des activités sociales et médico-sociales et des écoles et instituts de formation sont présentés en équilibre, dans le sens où ils ne peuvent afficher un résultat prévisionnel. Leur présentation doit garantir un équilibre strict entre les charges et les produits prévisionnels.

Cette exigence n'est pas requise pour le CRP annexe de la dotation non affectée aux services hospitaliers et des services industriels et commerciaux, qui peut afficher un résultat prévisionnel excédentaire.

Aucun des CRP annexes ne peut recevoir de subvention d'équilibre du CRP principal.

521 **Le tableau de passage du résultat prévisionnel à la CAF prévisionnelle.** L'EPRD introduit, au-delà de sa dimension budgétaire, une dimension financière qui se traduit, en particulier, par un tableau de liaison entre le compte de résultat prévisionnel et le tableau de financement. Cette liaison permet de reconstituer la CAF prévisionnelle (ou le cas échéant l'Insuffisance d'autofinancement – IAF) qui alimente le tableau de financement prévisionnel à partir du résultat prévisionnel.

La CAF est ainsi reconstituée selon la méthode dite additive:

Résultat net de l'exercice

\+ dotations aux amortissements et aux provisions (C 68)

– reprises sur dotations aux amortissements et provisions (C 78)

\+ valeur nette comptable des éléments d'actif cédés (C 675)

– produits des cessions d'éléments d'actifs (C 775)

– quote-part des subventions d'investissement virées au compte de résultat (C 777)

= CAF (si positif) ou IAF (si négatif)

Le tableau de détermination de la CAF prévisionnelle est alimenté par le résultat prévisionnel des seuls comptes de résultat principal et de la dotation non affectée ainsi que par les charges et produits non décaissables de l'ensemble des comptes de résultat prévisionnels.

À la clôture de l'exercice le résultat constaté sur chacun des comptes de résultat annexes est également pris en compte.

Il convient de noter également que le compte 775 « Produits des cessions d'éléments d'actifs » constitue à la fois une recette du compte de résultat prévisionnel, neutralisée lors du calcul de la CAF, et une ressource du tableau de financement prévisionnel. »

522 **Le tableau de financement prévisionnel**. Ce tableau est unique. Il retrace l'ensemble des opérations qui affectent la situation financière et patrimoniale de l'établissement et présente les ressources en capital de l'année et l'emploi qui en est fait.

La CAF (ou l'IAF) prévisionnelle déterminée comme indiqué ci-dessus constitue une ressource (ou un emploi) du tableau de financement prévisionnel.

Au final, les prévisions du tableau de financement corrigées de la CAF (ou de l'IAF) permettent de dégager la variation prévisionnelle du fonds de roulement, celle-ci constituant la ligne d'équilibre global de l'EPRD.

523 **Présentation synthétique.** Pour mettre en évidence les résultats financiers chacun des comptes de résultat prévisionnel, principal et annexes, ainsi que pour le tableau de financement prévisionnel le montant des recettes et des dépenses prévisionnelles apparaît par titres. Le tableau de détermination de la capacité d'autofinancement prévisionnelle fait le lien entre les comptes de résultat prévisionnel et le tableau de financement.

L'éventuel apport ou prélèvement sur le fonds de roulement constitue la variable d'équilibre du tableau de financement, présenté par titres également, et plus généralement de l'EPRD.

L'EPRD synthétique comporte également, à titre d'information, un tableau qui reprend la variation prévisionnelle du fonds de roulement et la complète de la variation prévisionnelle du besoin en fonds de roulement afin de faire apparaître la prévision de variation de la trésorerie.

524 **Présentation détaillée.** « Chaque compte de résultat prévisionnel ainsi que le tableau de financement font l'objet d'une présentation détaillée par chapitres. Cette présentation détaillée fait apparaître le montant des dépenses et des recettes réalisées en N-2, estimées pour N-1 et prévues pour l'année N.

Les prévisions pour l'exercice N, relatives aux comptes de résultat prévisionnels, font apparaître une distinction entre les moyens nécessaires à la reconduction et ceux destinés à la couverture des mesures nouvelles. Bien que cette distinction ne soit plus fondée dans la logique de la tarification à l'activité, elle conserve toute sa pertinence pour les activités qui demeurent financées au moyen d'une dotation annuelle ainsi que l'ensemble des activités suivies en compte de résultat prévisionnel annexe. »

525 **Les conditions de l'équilibre de l'EPRD.** La ligne d'équilibre global de l'EPRD est constituée par la variation prévisionnelle du fonds de roulement. Cela se traduit pour chacune des composantes de l'EPRD par des conditions d'équilibre différentes suivant la nature des activités et leurs modalités de financement, y compris pour les autres résultats prévisionnels annexes (CRPA) autrefois appelés budgets annexes.

Pour les activités sociales et médico-sociales ainsi que les activités de formation suivies dans un CRPA, le principe d'une présentation équilibrée demeure la règle. Le total des charges doit être égal au total des produits. Cet équilibre strict peut, comme par le passé, résulter de l'incorporation d'un excédent ou d'un déficit antérieur. Un excédent antérieur peut, en effet, faire l'objet d'une reprise venant partiellement couvrir les charges d'exploitation inscrites au CRPA, et un déficit, s'il ne peut être couvert par une reprise sur la réserve de compensation, est incorporé aux charges d'exploitation du CRPA dans les mêmes conditions que par le passé.

Le compte de résultat prévisionnel principal et le compte de résultat prévisionnel de la DNA peuvent être présentés en équilibre ou faire apparaître un excédent prévisionnel.

Enfin, par dérogation, le CRPP peut présenter un déficit prévisionnel à condition que le prélèvement sur le fonds de roulement qui résulte du tableau de financement prévisionnel soit compatible avec la situation financière générale de l'établissement et avec le plan global de financement pluriannuel annexé à l'EPRD.

La sincérité des évaluations des prévisions de recettes et de dépenses peut conduire à anticiper un déficit prévisionnel, soit du fait d'une insuffisance conjoncturelle des recettes prévisionnelles par rapport aux dépenses courantes de l'établissement, soit pour couvrir le financement d'une dépense non pérenne à partir d'excédents antérieurs inscrits au compte de report à nouveau excédentaire. Un déséquilibre présentant des caractéristiques davantage structurelles doit immédiatement faire l'objet de propositions de nature à rétablir l'équilibre budgétaire et financier dans les meilleurs délais.

526 **Les annexes à l'EPRD.** « Demeurent annexés à l'EPRD les avis de la commission médicale d'établissement et du comité technique d'établissement ainsi que le rapport de présentation établi par le directeur, qui comporte notamment une analyse des équilibres généraux, une explication des principales hypothèses retenues en dépenses et en recettes et une présentation des principales évolutions par rapport à l'année précédente.

Parmi les autres annexes devant obligatoirement être jointes à l'EPRD, deux présentent un caractère nouveau :

1 – Le tableau prévisionnel des effectifs rémunérés.

Au tableau des emplois permanents se substitue un tableau prévisionnel des effectifs rémunérés. Il s'agit d'un tableau annexé à l'EPRD et élaboré en cohérence avec ce dernier. Cela signifie donc que la valorisation de l'effectif inscrit au tableau correspond aux dépenses prévisionnelles figurant dans le titre 1er de chaque compte de résultat prévisionnel de l'EPRD.

Il porte sur l'ensemble des effectifs, médicaux et non médicaux, et fait apparaître distinctement les effectifs et dépenses prévisionnels correspondant aux emplois permanents et ceux relatifs aux emplois non permanents. Le modèle de tableau prévisionnel sera fixé par arrêté.

2 – Le plan global de financement pluriannuel (PGFP) des investissements.

Élaboré jusqu'alors à l'occasion de la présentation au conseil d'administration d'un programme d'investissement, le PGFP devient également une annexe à l'EPRD. Le PGFP fait ainsi l'objet d'une actualisation annuelle à l'occasion de la présentation de l'EPRD.

Il fournit aux instances de l'établissement et à l'ARH une visibilité à moyen terme sur la politique d'investissement et les équilibres financiers et permet de s'assurer que l'EPRD présenté et son exécution s'inscrivent dans l'épure du plan pluriannuel.

D'une certaine manière, l'EPRD constitue une tranche d'exécution annuelle du PGFP. Un modèle de PGFP sera prochainement publié par arrêté. »

527 **Les crédits évaluatifs.** Les crédits évaluatifs comportent un principe et deux exceptions:

1° Principe des crédits évaluatifs.

Les chapitres, et *a fortiori* les comptes d'exécution, comportent, en recettes et en dépenses, des crédits évaluatifs à l'exception de ceux fixés par un arrêté ministériel qui comportent des crédits limitatifs.

Le caractère évaluatif des crédits signifie que l'ordonnateur peut engager, liquider et mandater une dépense sur un compte non doté ou insuffisamment doté à l'EPRD approuvé, sous réserve que cette dépense ne bouleverse pas l'économie générale de l'EPRD. Il en va de même pour l'inscription d'une recette supplémentaire.

L'autre conséquence immédiate du caractère évaluatif des crédits est que l'autorisation budgétaire qui est donnée porte sur une enveloppe globale représentative de la totalité des crédits ouverts à l'EPRD. Cette enveloppe doit servir à l'engagement et au mandatement de l'ensemble des dépenses.

2° Deux exceptions à ce principe.

– Une liste de chapitres dont les crédits conservent un caractère limitatif est arrêtée par les ministres chargés du Budget, de la Santé et de la Sécurité sociale.

Figureront sur cette liste les chapitres correspondant à la rémunération des personnels permanents, médicaux et non médicaux. Cette distinction entre personnels permanents et personnels temporaires a nécessité une modification de la nomenclature. Elle maintient donc un contrôle a priori sur le niveau des dépenses de personnels permanents, qui repose sur l'idée que l'augmentation des crédits sur ces chapitres correspond à la création de postes supplémentaires, engageant une dépense pérenne pour l'établissement et justifiant un passage devant le conseil d'administration et une approbation par le directeur d'ARH. Présentent donc un caractère limitatif pour tous les comptes de résultat prévisionnels (principal et annexes) les chapitres suivants:

Pour le personnel non médical:

6411 – Personnel titulaire et stagiaire
6413 – Personnel sous contrat à durée indéterminée

Pour le personnel médical:

6421 – Praticiens hospitaliers temps plein et temps partiel
6422 – Praticiens attachés renouvelables de droit
6425 – Permanence des soins

– Pour les activités suivies en compte de résultat annexe, à l'exception de la DNA, il est par ailleurs fait obligation de respecter le total des crédits ouverts en charges d'exploitation. Cette restriction importante apparaît justifiée au regard du mode de financement des activités concernées (médico-sociales et écoles paramédicales) qui demeure dans une logique d'approbation préalable des dépenses. En conséquence le caractère évaluatif des crédits s'apprécie sous la double réserve du respect des crédits autorisés sur les chapitres présentant un caractère limitatif (personnels permanents) d'une part et du respect du total des crédits autorisés au compte de résultat prévisionnel d'autre part. À cette réserve près, les crédits sont fongibles.

Pour les EHPAD, les soins de longue durée et les maisons de retraite, le respect des autorisations par section tarifaire continue de s'appliquer sous la responsabilité de l'ordonnateur.

La procédure budgétaire

528 **La procédure budgétaire.** « Elle comporte trois innovations principales (entrées partiellement en vigueur dès 2005):

– la présentation préalable d'un rapport préliminaire;

– un nouveau calendrier d'élaboration et d'approbation;

– une procédure d'approbation nouvelle. »

529 **Le rapport préliminaire.** Le conseil d'administration est appelé à délibérer, avant le 31 octobre, sur un rapport préliminaire présenté par le directeur. Ce rapport ne constitue pas un prébudget mais contient, d'une part, les prévisions d'activité et toutes les

informations que l'établissement juge nécessaire de porter à la connaissance du directeur de l'ARH avant que celui-ci n'arrête les dotations et forfaits annuels et, d'autre part, les éléments nécessaires à l'engagement de la procédure contradictoire pour les activités médico-sociales et les activités de formation dont le financement relève pour tout ou partie d'autorités de tarification distincte de l'ARH.

La détermination des ressources financées par l'assurance-maladie pour les activités de médecine, chirurgie, obstétrique, psychiatrie et soins de suite et de réadaptation ne relève plus d'une procédure contradictoire. Néanmoins, les ARH recevront les directeurs d'établissement qui en feront la demande, avant que les dotations et forfaits annuels ne soient notifiés aux établissements, selon des modalités et un calendrier qui seront fixés par le directeur d'ARH.

530 **Le calendrier de la procédure budgétaire.** « Le nouveau calendrier budgétaire, instauré à partir de 2005, prend en compte une double contrainte:

– d'une part, le calendrier des travaux parlementaires, qui se traduit par une promulgation de la loi de financement de la Sécurité sociale (LFSS) en décembre de l'année précédant celle à laquelle elle se rapporte,

– d'autre part, la nécessité pour élaborer l'EPRD de disposer d'informations sur les nouveaux tarifs, le montant des dotations et forfaits... dont la fixation s'inscrit dans un calendrier qui a comme point de départ la LFSS.

Après promulgation de la LFSS et fixation des objectifs nationaux, la publication des arrêtés fixant les dotations régionales, forfaits annuels et tarifs nationaux de prestations détermine le point de départ de la campagne budgétaire au niveau régional. Le directeur de l'ARH dispose d'un délai de 15 jours à compter de la publication de ces arrêtés pour notifier aux établissements le montant de leurs dotations et forfaits annuels. C'est sur la base de cette notification et de ses propres prévisions d'activité valorisées à partir des tarifs nationaux, notamment, que l'établissement peut bâtir son EPRD en vue de le soumettre aux instances.

L'EPRD ainsi que les propositions de tarifs, pour les activités n'entrant pas dans le champ de la T2A, doivent être votés par le conseil d'administration et transmis à l'ARH avant le 15 mars, ou dans un délai de trente jours suivant la notification des dotations par l'ARH si ce délai expire après le 15 mars. »

531 **Le vote de l'EPRD.** Il fait l'objet d'un vote unique et global par le conseil d'administration. Ce vote porte donc sur l'ensemble des comptes de résultat et du tableau de financement ainsi que sur les conditions de l'équilibre qui en résulte. C'est l'application du principe de l'unité budgétaire en comptabilité publique.

532 **Absence d'adoption de l'EPRD.** « Dans le cas où l'EPRD n'est pas adopté par le conseil d'administration avant le 15 mars ou avant le terme du délai de trente jours suivant la notification des dotations à l'établissement, le directeur de l'ARH arrête l'EPRD de l'établissement. Les crédits inscrits à l'EPRD arrêté dans ces conditions présentent un caractère limitatif qui s'apprécie au niveau de chacun des chapitres des comptes de résultat prévisionnels et du tableau de financement. Le caractère limitatif des crédits vaut pour toute la durée de l'exercice. »

533 **Procédure d'approbation.** Le régime d'approbation tacite se substitue au précédent régime qui reposait sur une approbation expresse du budget par le directeur de l'ARH. Il est fondé sur une nouvelle répartition des responsabilités entre les établissements et les agences régionales de l'hospitalisation et concrétise le fait que l'EPRD ne constitue plus une demande de moyens mais une prévision de recettes et de dépenses, c'est-à-dire un engagement sur des résultats.

Ainsi l'EPRD est réputé approuvé, sauf opposition du directeur de l'ARH, à l'issue d'un délai de trente jours suivant sa réception. Il convient de noter que si l'EPRD est transmis au directeur de l'ARH avant que ce dernier n'ait notifié les dotations et forfaits à l'établissement, le délai d'approbation de trente jours court à compter de la date de notification desdites dotations.

Durant ce délai le directeur de l'ARH peut:

– soit garder le silence. Dans ce cas la délibération sera exécutoire à l'expiration du délai;

– soit s'opposer par écrit à l'exécution de la délibération;

– soit approuver expressément la délibération. Cette approbation expresse est maintenue pour répondre aux situations d'urgence, lorsqu'il est nécessaire d'exécuter une décision financière sans attendre l'expiration du délai de trente jours. Cette procédure doit cependant rester exceptionnelle.

Une fois le délai de trente jours écoulé et en l'absence d'observation formulée par le directeur de l'ARH, l'EPRD devenu exécutoire est transmis au comptable de l'établissement. C'est durant ce même délai que doivent être arrêtés par l'ARH les tarifs de prestations servant de base au calcul du ticket modérateur.

534 **Refus d'approbation par le directeur de l'ARH.** « Lorsque, durant le délai d'approbation tacite, le directeur de l'ARH a fait connaître son opposition au projet d'EPRD, à réception du courrier précisant le motif du refus d'approbation, le directeur de l'établissement dispose d'un délai de quinze jours pour présenter au conseil d'administration un nouveau projet d'EPRD intégrant les observations ayant motivé le refus d'approbation. Si ce nouvel EPRD n'est pas approuvé par le conseil d'administration ou s'il ne tient pas compte des observations formulées par le directeur de l'ARH, celui-ci arrête l'EPRD. Dans ce cas, les crédits inscrits présentent un caractère limitatif qui s'apprécie au niveau de chacun des chapitres tout au long de l'exercice.

Compte tenu de la portée nouvelle de l'approbation de l'EPRD, il est apparu nécessaire de préciser les motifs pour lesquels le directeur de l'ARH pourrait s'opposer aux propositions transmises par l'établissement. L'accent est mis sur la sincérité des évaluations inscrites à l'EPRD et sur le respect des équilibres fondamentaux; équilibres des comptes de résultat prévisionnels des activités sociales, médico-sociales et de formation et équilibre budgétaire et financier pour l'ensemble de l'EPRD. Des motifs d'opposition plus spécifiques aux nouvelles modalités de financement sont également définis.

De fait, une partie des recettes inscrites à l'EPRD de l'établissement résulte d'un arrêté préalable du directeur de l'ARH. Les montants ainsi arrêtés sont déterminés en tenant compte de paramètres dont certains peuvent être propres à l'établissement et après que l'établissement ait pu faire connaître ses objectifs et contraintes particulières dans le cadre du rapport préliminaire transmis en octobre de l'année précédente. Il est rappelé que ce rapport a vocation à servir de support à un échange entre les établissements et l'ARH avant que les décisions fixant les dotations et forfaits de chaque établissement ne soient arrêtées. En conséquence, une prévision de recettes qui s'écarterait des montants ainsi arrêtés par le directeur de l'ARH serait de nature à motiver un refus d'approbation du projet d'EPRD.

La prévision budgétaire résulte également pour partie d'une prévision d'activité qui a pu faire l'objet d'une première analyse dans le cadre de l'examen du rapport préliminaire. Les prévisions de recettes établies sur la base de l'activité prévisionnelle et des tarifs nationaux doivent être réalistes en volume et conformes aux autorisations dont bénéficie l'établissement. De même si des engagements pris dans le cadre du contrat pluriannuel d'objectifs et de moyens devaient avoir une traduction budgétaire dans le courant de l'exercice, ils doivent être retranscrits de façon sincère et réaliste dans l'EPRD. Il en est ainsi également des mesures que l'établissement serait amené à prendre en application d'un plan de redressement ou d'un plan de retour à l'équilibre.

Les décisions prises en matière budgétaire et tarifaire par le directeur de l'agence régionale de l'hospitalisation sont motivées et publiées dans les conditions prévues par le Code de la santé publique. »

Les modalités d'exécution et de suivi

535 **Suivi de l'exécution de l'EPRD.** Ce suivi est renforcé, compte tenu du lien instauré entre les prévisions d'activité, de recettes et de dépenses et du caractère évaluatif des crédits. Il constitue une contrepartie à la plus grande liberté et souplesse de gestion accordée au directeur de l'établissement.

Tous les quatre mois, afin de s'assurer que l'EPRD est exécuté conformément aux prévisions, le directeur présente au conseil d'administration un état comparant les réalisations aux prévisions sur la période considérée. Cet état comparatif porte à la fois sur l'activité, les recettes et les dépenses.

Il est élaboré, principalement, à partir des données transmises par le comptable du Trésor, enrichies des informations dont dispose l'ordonnateur relatives aux dépenses engagées non mandatées et aux recettes attendues dont les titres n'ont pas encore été émis.

Lorsqu'un écart est constaté entre les prévisions initiales et les réalisations, et en fonction de l'origine et du niveau de cet écart, l'EPRD fait l'objet d'une décision modificative modifiant soit les prévisions de recettes, soit les prévisions de dépenses, soit les deux simultanément, et le résultat prévisionnel ainsi que la variation prévisionnelle du fonds de roulement le cas échéant.

Il s'agit d'ajuster l'EPRD aux réalités de gestion auxquelles l'établissement se trouve confronté. L'EPRD de par son caractère prévisionnel constitue un outil de pilotage qui peut nécessiter des ajustements infra-annuels en fonction de l'atteinte ou non des objectifs que l'établissement s'était fixés.

536 **Décisions modificatives.** « Le régime des décisions modificatives est maintenu, même si l'EPRD, et plus particulièrement le principe qui lui est associé du caractère évaluatif des crédits, doit apporter une plus grande souplesse de gestion et en conséquence réduire le recours à de telles décisions modificatives. Il sera toutefois nécessaire de recourir à une décision modificative, soumise aux instances de l'établissement et à l'approbation du directeur de l'ARH, dans certaines situations. »

537 **Situations rendant nécessaire une décision modificative.** – Certains chapitres présentent un caractère limitatif. Il s'agit des chapitres correspondant à la rémunération des personnels permanents ou la totalité des chapitres lorsque l'EPRD a été arrêté d'autorité par le directeur de l'ARH. Lorsque l'un de ces chapitres est insuffisamment doté pour engager une dépense, l'ordonnateur est tenu de présenter une décision modificative afin d'abonder le ou les chapitres concernés. En l'absence d'une telle opération, le comptable public, dont le contrôle de la disponibilité des crédits s'exerce au niveau des chapitres, sera fondé à refuser la prise en charge des mandats correspondants.

– Une dépense engagée sur un compte éventuellement non doté ou insuffisamment doté, à l'EPRD approuvé, ne doit pas entraîner un bouleversement de l'économie générale de l'EPRD. Il s'agit là de respecter la compétence du conseil d'administration qui s'est prononcé sur un EPRD, dans des conditions d'équilibre déterminées, et de l'ARH qui a approuvé l'EPRD dans ces mêmes conditions. Si une dépense imprévue ou mal évaluée est de nature à remettre en cause les conditions de cet équilibre, fût-il déjà assuré au moyen d'un prélèvement sur le fonds de roulement, une décision modificative doit être présentée au conseil d'administration.

– Pour les activités sociales et médico-sociales ainsi que pour les activités de formation suivies en compte de résultat prévisionnel annexe, le respect du montant total des crédits alloué s'impose. En conséquence toute modification du montant total des charges inscrit au compte de résultat prévisionnel annexe, concernant l'une de ces activités, doit faire l'objet d'une décision modificative.

– Dans le cadre du suivi de l'exécution de l'EPRD, un bilan comparatif des prévisions et réalisations est effectué à échéances régulières. Lorsque ce rapprochement des prévisions et des réalisations d'activités, de recettes ou de dépenses fait apparaître un écart incompatible avec le respect de l'EPRD, une décision modificative doit être proposée par l'établissement afin de tenir compte des dernières réalisations connues et de leur impact sur le résultat final. Il appartient au gestionnaire d'apprécier le caractère réversible ou non de l'écart constaté. Si un tel écart présente un caractère conjoncturel dont on peut raisonnablement estimer qu'il sera compensé au cours de l'exercice, il n'y a pas lieu de présenter de décision modificative. Le directeur de l'ARH dispose à cet égard également d'un pouvoir d'appréciation et peut demander la présentation d'une décision modificative lors même que l'établissement ne l'aurait pas fait spontanément.

– Enfin, une décision modificative peut être demandée par le directeur de l'ARH dans l'hypothèse où le montant des dotations et forfaits accordés à l'établissement est modifié ou en cas de modification des tarifs de prestations en cours d'exercice.

538 **Date limite de transmission de la dernière décision modificative.** « La date limite de transmission des décisions modificatives, qui antérieurement était fixée au 15 novembre pour celles modifiant le montant de la dotation globale et des tarifs et au 31 janvier pour les autres, est remplacée par une date unique fixée au 31 décembre de l'exercice auquel elles se rapportent.

Compte tenu du délai d'approbation tacite de trente jours et de la durée de la journée complémentaire maintenue à un mois, il est nécessaire d'instaurer une date limite de transmission des décisions modificatives qui permette de laisser courir le délai d'approbation tout en garantissant que celles-ci auront un caractère exécutoire avant la fin de la journée complémentaire.

Pour les chapitres à crédits évaluatifs, ce nouveau calendrier est sans incidence. Tous les virements de crédits entre ces chapitres sont possibles durant la journée complémentaire pour procéder aux opérations d'ordre de fin d'exercice. De plus, si cela s'avérait nécessaire, il est possible de mandater une dépense au-delà du crédit inscrit.

Pour les chapitres à crédits limitatifs, il sera par contre nécessaire d'anticiper les opérations de rattachement des charges à l'exercice afin de permettre un ajustement éventuel des dotations inscrites sur ces chapitres dans le cadre de la dernière décision modificative. »

539 **Incidences du calcul de la CAF sur les opérations d'ordre.** « Les opérations d'ordre budgétaire, réalisées à l'initiative de l'ordonnateur, donnent généralement lieu à l'émission de titres et de mandats. Désormais certaines de ces opérations sont prises en compte dans le calcul de la CAF et se trouvent automatiquement prises en compte dans le tableau de financement prévisionnel. Ces opérations ne donnent plus lieu, en exécution, à l'émission systématique et concomitante d'un mandat et d'un titre de recettes pour ordre. Les opérations concernées sont les suivantes:

Dotations aux amortissements et provisions

En dépenses:	Mandat sur le compte 68
En recettes:	Élément de calcul de la CAF Pas de titre de recettes sur les comptes 28, 481 et les comptes de provisions concernés.

Reprises sur amortissements et provisions

En dépenses:	Élément de calcul de la CAF. Pas de mandat sur le compte d'amortissement ou de provision concerné.
En recettes:	Titre de recettes sur le compte 78.

Cession d'éléments d'actifs (constatation de la valeur nette comptable)

En dépenses:	Mandat sur le compte 675.

En recettes: Élément de calcul de la CAF.
Pas de titre de recettes sur le compte d'immobilisation concerné.

Quote-part des subventions d'investissement virée au résultat de l'exercice.
En dépenses: Élément de calcul de la CAF.
Pas de mandat sur le compte 139.
En recettes: Titre de recettes sur le compte 777. »

540 **Détermination et affectation des résultats.** « L'affectation des résultats dans le cadre de l'EPRD n'a plus d'impact budgétaire direct: il s'agit d'une affectation classique en report à nouveau ou en réserves.

Cette situation qui résulte de la nouvelle articulation entre logique budgétaire et logique comptable est conforme aux règles du plan comptable général qui fait de l'affectation des résultats une simple opération comptable, résultant pour les établissements publics de santé d'une délibération du conseil d'administration exécutoire de plein droit. Cependant une distinction doit être opérée entre le résultat de l'activité principale et de la DNA d'une part et celui des autres activités annexes d'autre part.

Compte de résultat principal et DNA

L'affectation des résultats, opération d'ordre non budgétaire, se résume aux opérations suivantes:
– inscription du résultat au compte de report à nouveau (compte 110 en cas d'excédent ou 119 en cas de déficit)
– ou affectation en réserves (10682 investissement ou 10685 trésorerie).

Autres comptes de résultat annexes

L'affectation des résultats des comptes de résultat annexes, autre que celui de la DNA, s'effectue dans les mêmes conditions que par le passé. Un résultat excédentaire peut, en conséquence, être affecté, soit:
– à un compte de report à nouveau (compte 110);
– à un compte de réserve destiné au financement de mesures d'investissements (10682);
– à un compte de réserve de trésorerie (10685);
– à un compte de réserve de compensation (10686);
– à un compte d'excédent affecté à la compensation des charges d'amortissement des équipements, agencements et installations de mise aux normes de sécurité (10687 pour les activités médico-sociales uniquement).

Un résultat déficitaire doit être en priorité couvert par une reprise sur la réserve de compensation, et le surplus éventuel doit être ajouté aux charges d'exploitation de l'exercice suivant, voire des trois exercices suivants.

Le financement de charges d'exploitation par une reprise sur le compte de report à nouveau ou la couverture d'un déficit par ajout aux charges d'exploitation se traduisent par une incorporation au budget des montants en question.

Par ailleurs, contrairement à la procédure en vigueur jusqu'à présent, le compte 10682 n'est plus un compte budgétaire. Il n'y a donc plus lieu d'émettre un titre lorsqu'il est crédité d'une partie du résultat affecté. »

Sous-section 2
La comptabilité analytique

La nouvelle comptabilité analytique, suite à la création de la T2A, repose sur la classification commune des actes médicaux (CCAM) dont la détermination est de nature réglementaire.

La comptabilité des hôpitaux doit permettre de suivre l'activité. Ce n'est pas seulement un constat ; c'est aussi une invitation à l'action. Au début des années 50, l'introduction du plan comptable général dans les hôpitaux, avec la mise en œuvre d'une comptabilité analytique, a permis de dégager les coûts par fonction dans les sections dites auxiliaires (cuisine, buanderie, administration générale, laboratoires, etc.) et par fonction principale (médecine, chirurgie ou obstétrique). Cette comptabilité n'est plus adaptée aux activités de plus en plus diversifiées et élaborées des hôpitaux.

La nouvelle comptabilité analytique est basée sur le coût par pathologie exigeant le développement de l'informatique dans le cadre des centres de responsabilité.

Le centre de responsabilité

L'objectif est d'assurer un découpage de l'établissement correspondant à des activités existantes afin de dégager des responsabilités.

Selon le décret du 11 août 1983 et la circulaire du 18 septembre 1984, les centres de responsabilité doivent correspondre à « un ensemble coordonné de moyens humains et matériels présentant un caractère stable, mis en œuvre sous une autorité unique, au bénéfice d'une mission, d'une fonction, d'une ou plusieurs activités ».

Les centres de responsabilité sont divisés en centres d'activité qui eux-mêmes regroupent des unités fonctionnelles.

541 **Le centre d'activité.** Le décret du 29 décembre 1997 a supprimé les centres de responsabilité en tant que référence comptable, pour ne laisser subsister que la notion de centre d'activité prévue par l'ordonnance du 24 avril 1996. Dans l'attente des décrets et arrêtés d'application relatifs au nouveau découpage en pôles d'activités cliniques et médico-techniques, les développements suivants restent d'actualité :

C'est un sous-ensemble du centre de responsabilité regroupant les activités les plus homogènes. Le centre d'activité est une structure dans laquelle s'exercent, lorsque les moyens humains et matériels mis en œuvre peuvent être identifiés, la comptabilité analytique et le suivi d'activité. C'est au niveau d'un centre d'activité plutôt qu'à celui d'un centre de responsabilité que seront calculées les unités d'œuvre permettant de dégager la notion de densité de moyens.

Le plan comptable révisé définit les unités d'œuvre comme des « unités de mesure dans un centre d'analyses servant notamment à imputer le coût de ce centre au coût des produits ». L'unité d'œuvre est généralement exprimée en unité de temps (heure), unité physique (kilogramme, mètre carré) ou à défaut en unité monétaire (15 €, par exemple).

Grâce à l'unité d'œuvre, le coût d'un centre de travail peut être équitablement cédé à d'autres centres de travail ou imputé aux coûts des produits.

La densité de moyens est le rapport qui existe entre le volume des moyens exprimé en données financières ou physiques et l'unité d'œuvre retenue (nombre d'agents par entrée, dépense de personnel par entrée, par exemple).

542 **L'unité fonctionnelle.** L'unité fonctionnelle (UF) est un sous-ensemble du centre d'activité. L'UF est le plus petit élément de découpage d'un établissement utilisé dans les applications de gestion.

Selon la circulaire n° 79 du 14 février 1985, la réalisation d'une comptabilité analytique par activité nécessaire pour optimiser la gestion des différentes activités de l'hôpital n'est pas suffisante pour s'assurer que les malades ont reçu les soins nécessaires au meilleur coût. Il faut donc connaître les moyens utilisés pour chaque type de pathologie.

Le coût par pathologie

543 **Les coûts par groupe homogène de malades.** La nouvelle comptabilité analytique définie par la circulaire du 14 février 1985 vise à déterminer les coûts par pathologie selon des groupes homogènes de malades (GHM) au moyen du système PMSI (programme de médicalisation des systèmes d'information).

Les GHM se définissent par:
- l'homogénéité des pathologies;
- l'homogénéité des ressources financières.

Ils reposent sur l'élaboration des résumés standard de sortie (RSS).

Les PMSI visent à déterminer les coûts de chaque GHM par établissement afin d'assurer leur comparaison.

Section 2
La tarification à l'activité (T2A)

544 **Présentation.** La tarification à l'activité (T2A) est un des points clés du plan de rénovation des établissements de santé lancé par J.-M. Mattei, ministre chargé de la Santé, dans ce qu'il a dénommé le plan « Hôpital 2007 ». La rémunération des services hospitaliers est passée du prix de journée – jugé trop inflationniste, car il encourageait les établissements à multiplier les journées facturées – à la dotation globale de financement imposée

par la loi du 19 janvier 1983 relative à la Sécurité sociale et mise en œuvre à compter du 1er janvier 1984 dans les CHU, et du 1er janvier 1985 dans les autres établissements de santé, publics et privés, participant au service public hospitalier. Ce système de dotation globale est devenu, à l'usage, un formidable encouragement à l'inactivité, ou plus exactement aux activités les moins coûteuses et les plus génératrices de points ISA (indice synthétique d'activité). En fait, cette dotation globale de financement permettait à ceux qui avaient été bien dotés à son origine de percevoir une rente de situation et, inversement, aux autres de continuer à engendrer des déficits. En outre, ce système, qui n'était pas celui en cours auprès des établissements de santé privés, ne permettait pas des comparaisons entre les deux secteurs d'hospitalisation. Selon le député François Goulard, « les deux systèmes ne sont ni comparables ni compatibles et freinent, en conséquence, les coopérations nécessaires entre les deux secteurs et la recomposition du paysage hospitalier » (rapport AN, n° 1156, « Financement de la Sécurité sociale pour 2004 », p. 57). Toujours selon ce député : « Les bénéfices attendus de la T2A sont les suivants :

– une plus grande médicalisation du financement ;

– une responsabilisation des acteurs qui générera une incitation à s'adapter ;

– une équité de traitement entre les secteurs ;

– le développement des outils de pilotage "médico-économiques" au sein des hôpitaux publics et privés. »

Cette réforme est ambitieuse, expliquant son caractère partiel, progressif et différencié et justifiant une complexité qui sera difficile à appliquer selon les vœux de ses auteurs.

Sous-section 1
Les caractères de la réforme

545 **Réforme partielle.** En effet, seules les activités de médecine, chirurgie et obstétrique (MCO) sont concernées. Les établissements qui ont d'autres activités (soins de suite et réadaptation, psychiatrie)

sont soumis, pour cette partie non-MCO de leur activité à un financement par allocation de ressources ou de financement.

C'est aussi une réforme partielle parce qu'en sont exclus les hôpitaux locaux, les établissements du service de santé des armées, les établissements nationaux de Fresnes et l'Institut national des invalides, de même que provisoirement les établissements de Saint-Pierre-et-Miquelon et de Mayotte.

Par contre, la T2A s'applique à toutes les activités de soins MCO quelles que soient leurs modalités: hospitalisation avec ou sans hébergement (y compris les séances de dialyse en centre), hospitalisation à domicile et consultation et actes externes pour les seuls établissements sous dotation globale (pour le secteur privé, les honoraires restent financés en sus des éléments de la tarification à l'activité).

546 **Réforme progressive.** Elle concerne uniquement le secteur public ou privé participant au service public hospitalier. Le secteur privé d'hospitalisation est, lui, soumis en totalité dès le 1er janvier 2004 à la T2A car on considère que sa comptabilité était déjà compatible avec ce nouveau mode de financement. La mise en œuvre de la T2A dans le secteur public et privé participant au service public hospitalier se fera progressivement en trois étapes, dont la dernière se soldera dans sept ans (2006-2013).

La première étape, opérée en 2004, maintient le cadre budgétaire et comptable actuel. En revanche, les budgets sont déterminés et ajustés selon les modalités d'application de la T2A selon les dossiers PMSI.

La deuxième étape pour 2005, mise en œuvre dès septembre 2004 (préparation du budget 2005), suppose une nouvelle procédure budgétaire impliquant une réforme du régime budgétaire et comptable des établissements, qui pourrait être celle de l'état prévisionnel des recettes et des dépenses. Les recettes liées à l'activité sortent du cadre de financement par la dotation globale, mais continuent de transiter par l'ARH.

La troisième étape prévue en 2006 permettra aux établissements de facturer directement à l'assurance-maladie, sans la transition par l'ARH, leurs prestations d'hospitalisation ainsi que les médicaments et dispositifs médicaux facturables en sus. En 2008, le financement à l'activité est accordé à 100 % à tous les établissements publics de santé et aux établissements privés à but non lucratif participant au service public hospitalier.

547 **Une réforme différenciée selon le secteur auquel appartiennent les établissements.** La réforme est immédiate pour les établissements privés sous objectif quantifié national (OQN) ; elle est progressive pour les établissements sous dotation globale (établissements publics et privés participant au service public hospitalier).

Sous-section 2
Les catégories de financement

548 **Principes.** La T2A est une réforme complexe parce qu'il subsiste trois catégories de financement:

– les tarifs à l'activité, qui s'appuient sur le PMSI;

– les forfaits annuels, qui sont une rémunération dite « mixte » parce qu'elle allie une part de financement à l'activité et une part d'enveloppe fixe. L'activité d'urgence et celle de prélèvement d'organes relèvent de ce type de financement;

– les enveloppes pour les missions d'intérêt général et d'aide à la contractualisation (MIGAC). Les ressources attribuées au titre des MIGAC seront allouées contractuellement par les ARH aux établissements sur une enveloppe régionale de financement des MIGAC et en fonction, selon les cas, d'un cadre ou d'une règle définis nationalement.

549 **Les MIGAC.** Elles sont fixées par le décret n° 2005-336 du 8 avril 2005 et concernent:

1 – l'enseignement, la recherche, le rôle de référence et l'innovation. Notamment, à ce titre:

– la recherche médicale et l'innovation, notamment la recherche clinique;

– l'enseignement et la formation des personnels médicaux et paramédicaux;

– la recherche, l'enseignement, la formation, l'expertise, la coordination et l'évaluation des soins relatifs à certaines pathologies et réalisés par des structures spécialisées ainsi que les activités hautement spécialisées assurées par des structures assumant un rôle de recours;

– les activités de soins réalisées à des fins expérimentales ou la dispensation des soins non couverts par les nomenclatures ou les tarifs ;

2 – la participation aux missions de santé publique mentionnées ci-dessous:

– la vigilance, la veille épidémiologique, l'évaluation des pratiques et l'expertise réalisées par des centres de référence au bénéfice des autorités de santé publique, des établissements de santé ou du public;

– la formation, le soutien, la coordination et l'évaluation des besoins du patient réalisés par des équipes pluridisciplinaires intervenant auprès des équipes soignantes;

– la collecte, la conservation et la distribution des produits d'origine humaine, à l'exception de la part de cette activité couverte par les tarifs de cession;

– l'assistance aux patients pour l'accès aux droits sociaux et les dispositifs ayant pour objet de favoriser le maintien des soins de proximité et l'accès à ceux-ci;

– le dépistage anonyme et gratuit effectué dans les conditions prévues à l'article L. 3121-2 du Code de la santé publique;

– la prévention et l'éducation pour la santé;

– le conseil aux équipes hospitalières en matière d'éthique, de bioéthique et de protection des personnes;

– la veille sanitaire, la prévention et la gestion des risques sanitaires liés à des circonstances exceptionnelles;

– l'intervention d'équipes pluridisciplinaires pour la prise en charge de certaines pathologies en consultation ou en hospitalisation ;

– l'aide médicale urgente réalisée par les services d'aide médicale urgente et les services mobiles d'urgence et de réanimation respectivement mentionnés aux articles L. 6112-5 et R. 712-71-1 du Code de la santé publique ;

3 – la participation à la définition et à la mise en œuvre des politiques publiques dans les domaines suivants:

– la politique hospitalière;

– le développement du dialogue social dans le secteur hospitalier;

– la coopération internationale en matière hospitalière.

Et, en outre, les missions suivantes:

1 – prise en charge des femmes enceintes dans les centres périnatals de proximité;

2 – prise en charge des détenus dans des unités hospitalières spécialisées ou dans les établissements pénitentiaires;

3 – prise en charge des populations en difficulté par des équipes hospitalières à l'extérieur des établissements de santé.

550 **Les modalités de financement**. La complexité de cette réforme est accrue par les trois modalités de financement à l'activité:

1° les groupes homogènes de séjour (GHS et suppléments) des activités d'hospitalisation avec ou sans hébergement. Il existe deux catégories de GHS:

– les GHS directement issus d'un groupe homogène de malades;

– les GHS particuliers, ne correspondant pas strictement à un seul GHM. Pour l'essentiel, la T2A est fondée sur le PMSI. Il en résulte que, dans la majorité des cas, c'est le GHM caractéristique du séjour (après groupage du RSS descriptif de séjour) qui détermine le GHS facturé. Mais il y a certaines activités, comme la dialyse, les IVG, les soins palliatifs et la réanimation, qui feront l'objet d'une rémunération spécifique!...

2° la facturation des activités non décrites par les GHS – c'est le cas des activités à financement mixte: ainsi pour les urgences il y aura un tarif au passage (activité) puis un forfait annuel (frais fixe).

Or le tarif de passage sera national, obligeant les établissements qui seraient au-dessus de celui-ci de faire des efforts de réduction des coûts. De même, pour l'activité de prélèvement d'organes (PO). *Idem* pour l'activité d'HAD;

3° les paiements en sus; afin d'assurer un meilleur accès des patients aux innovations thérapeutiques, certaines spécialités pharmaceutiques et prestations (principalement les dispositifs médicaux implantables), dont la liste est fixée par arrêté ministériel, bénéficient d'une prise en charge par les organismes d'assurance-maladie en sus des tarifs de prestations. Ce système prévoit des garanties en matière de bon usage des médicaments et dispositifs médicaux.

551 **Difficultés de mise en œuvre de la réforme.** La T2A se révèle complexe et fastidieuse à mettre en œuvre. Autant la tarification à l'activité coule de source pour une activité commerciale, autant elle paraît incongrue pour une activité de service public. Là encore, apparaît toute la difficulté de traiter indifféremment une activité commerciale – c'est-à-dire soumise à la concurrence et relevant de tarifs différents selon les concurrents – et une activité d'intérêt général, réservée prioritairement aux personnes qui ne peuvent ou ne veulent pas accéder à une activité commerciale.

Le système de la T2A prévoit une rémunération selon des tarifs nationaux aboutissant à terme à une égalisation des situations qui peut se comprendre pour des services publics, mais qui apparaît très réductrice et même antiéconomique pour le secteur privé. On peut craindre une égalisation par le bas, puisque inéluctablement la moyenne nationale des tarifs s'infléchira pour ne pas rendre déficitaires les caisses de la Sécurité sociale.

Sous-section 3
Les tarifs de prestations

La création de la DGF n'a pas supprimé la tarification à la journée. Pour permettre le paiement du ticket modérateur s'il y a lieu, le remboursement par les compagnies d'assurances des frais de leurs ressortissants et les remboursements intercaisses, il a été nécessaire de maintenir une tarification élémentaire identique à l'ancien prix de journée mais dénommée tarif de prestations pour éviter toute confusion.

552 **Les divers tarifs de prestations**. Ils sont fixés, selon le décret du 31 juillet 1992.

1 – L'hospitalisation complète en régime commun, au moins pour chacune des catégories suivantes:

– services spécialisés ou non ;

– services de spécialités coûteuses ;

– services de spécialités très coûteuses ;

– services de suite et de réadaptation ;

– unités de soins de longue durée pour ce qui concerne les soins ;

2 – les modes de prise en charge alternatifs à l'hospitalisation, au moins pour chacune des catégories suivantes:

– l'hospitalisation à temps partiel ;

– la chirurgie ambulatoire ;

– l'hospitalisation à domicile ;

3 – les interventions du service mobile de secours et de soins d'urgence.

553 **Le calcul des tarifs de prestations.** Le décret du 31 juillet 1992 dispose que « les tarifs de prestations mentionnés aux 1 et 2 ci-dessus, à l'exception de ceux relatifs aux unités de soins de longue durée, sont obtenus, pour chaque catégorie tarifaire, en divisant le prix de revient prévisionnel par le nombre de journées d'hospitalisation prévues, après déduction des produits ne résultant pas de la facturation des tarifs de prestations.

Le prix de revient prévisionnel est égal à la totalité des dépenses d'exploitation comprenant:

1° les charges directes;

2° les charges des consommations d'actes, de biens et de services médicaux sur la base de leur prix d'achat ou, à défaut, de leur prix de revient;

3° les autres charges de la section d'exploitation du budget général qui ne sont pas couvertes par des ressources propres, réparties entre les catégories tarifaires proportionnellement au nombre de journées prévues dans chaque catégorie;

4° les tarifs de prestations relatifs aux interventions du service mobile de secours et de soins d'urgence, lorsque celui-ci est appelé pour prodiguer des soins d'urgence, sont fixés dans les conditions suivantes:

– pour les déplacements terrestres, les sorties sont tarifées par période de trente minutes d'intervention de l'équipe médicale auprès du patient. Chaque période de trente minutes entamée est décomptée en totalité;

– pour les déplacements aériens, les sorties sont tarifées par minute d'intervention de l'équipe médicale auprès du patient;

– les tarifs sont calculés selon les modalités définies ci-dessus sur la base du nombre d'unités d'œuvre définies à l'alinéa précédent ».

Le contentieux du tarif des prestations dépend du conseil supérieur de l'aide sociale.

CHAPITRE 12

Les institutions hospitalières spécialisées

Parmi les institutions hospitalières, certaines sont spécialisées dans la lutte contre des maladies considérées comme exigeant un arsenal thérapeutique spécifique. Certaines sont de droit public et de droit privé: ce sont les institutions de lutte contre les maladies mentales et les institutions de lutte contre la tuberculose; d'autres sont de droit privé: ce sont les centres anticancéreux. Enfin des institutions non hospitalières mais intimement liées aux hôpitaux, soit par leur appartenance au service public hospitalier, soit par leur fonction, méritent une description: ce sont les établissements de transfusion sanguine.

Section 1
Les établissements de lutte contre les maladies mentales

554 **Les textes.** L'organisation de la lutte contre les maladies mentales est régie par de nombreux textes parmi lesquels:

– la loi historique du 30 juin 1838 qui prévoyait:
  - l'internement des aliénés (terme de l'époque) reconnus comme d'authentiques malades,
  - le réseau hospitalier: un établissement pour les hommes et un établissement pour les femmes par département afin de soigner les aliénés;

– les lois du 31 juillet 1968 et du 31 décembre 1970 qui intègrent l'hôpital psychiatrique dans le droit commun de l'hospitalisation;

– les lois du 25 juillet 1985 et du 31 décembre 1985 qui légalisent le secteur psychiatrique;

– la loi du 27 juin 1990, relative à l'hospitalisation des malades atteints de troubles mentaux, a abrogé la loi du 30 juin 1838.

Le secteur psychiatrique constitue le cadre de la lutte contre les maladies mentales sur lequel s'appuient les divers équipements psychiatriques.

555 **Le secteur psychiatrique.** Créé par une circulaire du 15 mars 1960, le secteur psychiatrique avait pour objet d'assurer la continuité des soins hors et dans l'hôpital par l'intervention d'une seule équipe médico-sociale mobile.

L'article 8 de la loi du 25 juillet 1985 portant diverses dispositions d'ordre social dispose que « la lutte contre les maladies mentales comporte des actions de prévention, de diagnostic et de soins. À cet effet, exercent leurs missions dans le cadre de circonscriptions géographiques, appelées secteurs psychiatriques, les établissements assurant le service public hospitalier, les services dépendant de l'État, ainsi que toute personne morale de droit public ou privé ayant passé avec l'État une convention précisant les objectifs poursuivis, les catégories de bénéficiaires, les moyens mis en œuvre et, le cas échéant, les relations avec les autres organismes agissant dans le domaine de la santé mentale ».

La loi du 25 juillet 1985 prévoit les conditions de création des secteurs et de mise en œuvre de la planification psychiatrique. Un arrêté et une circulaire du 14 mars 1990 ont apporté les précisions utiles à l'application de la loi.

556 **Les conditions de création des secteurs.** Les secteurs psychiatriques sont créés par arrêté du préfet de département après avis du conseil départemental de santé mentale qui comprend, selon l'article 4 du décret n° 86-602 du 14 mars 1986:

– le préfet de département, président;

– trois fonctionnaires de l'État désignés par le préfet de département, dont le médecin-inspecteur de la santé chargé des problèmes de santé mentale dans le département;

– le médecin-conseil régional du régime général de Sécurité sociale ou un médecin-conseil désigné par lui et cinq représentants des régimes d'assurance-maladie, dont trois désignés par la caisse régionale d'assurance-maladie, un par la caisse de la mutualité sociale agricole et un par la caisse mutuelle régionale dans le ressort desquelles siège le conseil départemental de santé mentale;

– trois conseillers généraux désignés par le conseil général, dont un membre du conseil d'administration d'un centre hospitalier spécialisé;

– un directeur de centre hospitalier spécialisé et un directeur d'établissement hospitalier public comportant une ou plusieurs unités de psychiatrie, désignés par le préfet de département;

– deux maires du département;

– un directeur d'établissement de soins privé pour malades mentaux, s'il en existe, installé pour cinq ans renouvelables (il en est de même pour les membres suivants);

– six psychiatres appartenant au cadre des praticiens hospitaliers publics, dont au moins deux chefs de département, s'il en existe, deux psychiatres exerçant dans un secteur infanto-juvénile et un enseignant hospitalier, s'il en existe;

– six médecins libéraux ou exerçant dans des institutions privées:
- deux médecins généralistes,
- deux psychiatres exerçant dans des établissements privés à but non lucratif, dont un psychiatre exerçant dans un établissement pour enfants ou adolescents,
- deux psychiatres libéraux, dont, s'il y a lieu, un psychiatre exerçant dans un établissement de soins privé pour malades mentaux;

– six représentants des personnels de santé mentale non médicaux travaillant dans un établissement assurant le service public hospitalier, dont au moins trois infirmiers;

– un représentant de chacune des deux organisations de familles de malades mentaux les plus représentatives du département.

Présidé par le préfet de département ou son représentant, le conseil départemental de santé mentale siège au moins deux fois par an sur convocation du préfet. Son secrétariat est assuré par le directeur départemental des Affaires sanitaires et sociales.

À la base de toute organisation de la sectorisation psychiatrique, il y a le règlement départemental de lutte contre les maladies mentales; ainsi l'arrêté du 14 mars 1972 dispose en son article 5 que, « pour chaque secteur, une convention est passée entre l'État et l'hôpital appelé à apporter son concours à la mise en place et au fonctionnement de la sectorisation ».

557 **La planification psychiatrique.** La création des secteurs psychiatriques par les lois du 25 juillet et 31 décembre 1985 rationalise la gestion des activités de lutte contre les maladies mentales par l'unification des installations publiques du secteur sous la responsabilité de l'hôpital psychiatrique avec en complément l'unification du financement.

La carte psychiatrique est intégrée au schéma régional de l'organisation sanitaire.

558 **Les équipements psychiatriques.** Selon la loi du 31 décembre 1985, chaque établissement assurant le service public hospitalier et participant à la lutte contre les maladies mentales est responsable de cette lutte dans les secteurs psychiatriques qui lui sont rattachés. Il met à la disposition de la population, dans ces secteurs psychiatriques, des services et des équipements de prévention, de diagnostic et de soins qui sont situés dans et hors les murs de l'hôpital.

L'arrêté du 14 mars 1986 précise les divers équipements et services de lutte contre les maladies mentales, selon qu'ils comportent ou non des possibilités d'hébergement.

559 **Équipements ne comportant pas d'hébergement.** Dans cette catégorie, figurent:

– les centres médico-psychologiques qui sont des unités de coordination et d'accueil en milieu ouvert, organisant des actions de prévention, de diagnostic, de soins ambulatoires et d'interventions à domicile, mises à la disposition d'une population. Ils peuvent comporter des antennes auprès de toute institution ou établissement nécessitant des prestations psychiatriques ou de soutien psychologique;

– les centres d'accueil permanent qui sont des centres médico-psychologiques habilités à répondre à l'urgence psychiatrique vingt-quatre heures sur vingt-quatre, disposant notamment d'une permanence téléphonique reliée avec les organismes d'aide médicale urgente et organisant l'accueil, l'orientation et, le cas échéant, les soins d'urgence, ambulatoires et à domicile, nécessaires. Ces centres peuvent comporter quelques lits pour des prises en charge ne pouvant dépasser quarante-huit heures;

– les hôpitaux de jour assurant des soins polyvalents, individualisés et intensifs prodigués dans la journée, le cas échéant, à temps partiel;

– les ateliers thérapeutiques utilisant des techniques de soins particulières, groupes ergothérapiques notamment, en vue du réentraînement à l'exercice d'une activité professionnelle ou sociale;

– les centres d'accueil thérapeutique à temps partiel visant à maintenir ou à favoriser une existence autonome par des actions de soutien et de thérapie de groupe;

– les services d'hospitalisation à domicile qui organisent des prises en charge thérapeutiques à domicile, associées s'il y a lieu à des prestations d'entretien nécessitées par l'état de dépendance du patient.

560 **Les équipements comportant des possibilités d'hébergement.** Ils peuvent comprendre notamment:

– des unités d'hospitalisation à temps complet;

– des centres de crise qui sont des centres d'accueil permanent disposant de quelques lits permettant des prises en charge intensives et de courte durée pour répondre aux situations d'urgence et de détresse aiguës;

– des hôpitaux de nuit organisant des prises en charge thérapeutiques de fin de journée et une surveillance médicale de nuit et, le cas échéant, de fin de semaine;

– des appartements thérapeutiques qui sont des unités de soins, à visée de réinsertion sociale, mis à disposition de quelques patients pour des durées limitées et nécessitant une présence importante, sinon continue, des personnels soignants;

– des centres de postcure: unités de moyen séjour destinées à assurer, après la phase aiguë de la maladie, le prolongement des soins actifs ainsi que les traitements nécessaires à la réadaptation en vue du retour à une existence autonome;

– des services de placement familial thérapeutique qui organisent le traitement des malades mentaux de tout âge, placés dans des familles d'accueil, pour lesquels le maintien ou le retour à leur domicile ou dans une famille naturelle ne paraît pas souhaitable ou possible.

561 **La commission régionale de concertation en santé mentale.** Est-ce un début de régionalisation de la politique de santé mentale? Le décret n° 2005-434 du 6 mai 2005, relatif à l'organisation et à l'équipement sanitaire, met en place une nouvelle instance: la commission régionale de concertation en santé mentale. Cette commission consultative peut formuler toute proposition relative:

– à l'élaboration, à la mise en œuvre, au suivi et à l'évaluation du schéma régional d'organisation sanitaire;

– au développement des réseaux de santé et aux modalités de coopération entre les établissements de santé, les professionnels de santé libéraux, les établissements et services sociaux et médico-sociaux;

– à l'organisation des actions de formation destinées à la lutte contre les maladies mentales.

562 **Composition de la commission régionale de concertation en santé mentale.** Elle est présidée par le directeur de l'ARH ou son représentant et est composée des personnes suivantes:

1° le DRASS et le MIR de la santé publique ou leurs représentants;

2° le DDASS de chacun des départements composant la région ou son représentant;

3° le directeur de l'URCAM ou le directeur de la Caisse générale de Sécurité sociale et le médecin-conseil régional ou leurs représentants;

4° le président du conseil régional ou son représentant;

5° le président du conseil général de chacun des départements composant la région ou son représentant;

6° le maire désigné sur proposition des associations représentatives au plan national des maires;

7° trois à six représentants des organisations d'hospitalisation publique ou privée dont au moins un représentant par organisation comptant des établissements autorisés au titre des activités de soins de psychiatrie dans la région;

8° deux représentants des organisations les plus représentatives des institutions sociales et médico-sociales;

9° trois à six psychiatres exerçant dans des secteurs psychiatriques;

10° un à trois médecins libéraux ou exerçant dans des institutions privées participant à la lutte contre les maladies mentales;

11° trois à six représentants des professionnels travaillant dans les établissements et services sociaux et médico-sociaux;

12° un médecin exerçant dans un service d'accueil et de traitement des urgences ou dans une unité d'accueil de traitement et d'orientation des urgences;

13° trois représentants des usagers ou de la famille ou des associations de consommateurs agréées par les pouvoirs publics.

Une commission de trente à quarante membres, est-ce bien raisonnable? D'autant que cette création n'est accompagnée d'aucune suppression!... Le mandat des membres est de cinq ans, renouvelable. La commission se réunit au moins deux fois par an.

Section 2
Les établissements de lutte contre la tuberculose

Alors que les premiers établissements de lutte contre la tuberculose seraient apparus à Reims pour les écrouelleux en 1645, les pouvoirs publics organisent la lutte contre cette redoutable maladie en 1916 et en 1919 avec les lois Bourgeois et Honorat, créant les dispensaires antituberculeux et les sanatoriums à la charge des départements.

Quoique la tuberculose soit en régression, il subsiste quelques foyers, puisque quelque 1800 personnes décéderaient tous les ans de cette maladie. Les articles L. 3112-3 à L. 3112-5 du Code de la santé publique précisent que la lutte contre la tuberculose comprend la prophylaxie et le traitement.

563 **La prophylaxie.** La prophylaxie antituberculeuse est assurée par:

– la vaccination BCG obligatoire, sauf contre-indication médicale, pour une série de personnes parmi lesquelles les enfants et les travailleurs les plus exposés à la maladie;

– les dispensaires antituberculeux destinés à assurer dans le cadre du département la prophylaxie individuelle, familiale et collective de la tuberculose. Ils sont installés sur décision du ministre de la Santé, prise après examen d'une liste fixée par le préfet de département. Il est recommandé d'installer ces dispensaires dans les hôpitaux sièges du ou des services de pneumo-phtisiologie. Sinon, ces dispensaires peuvent être gérés par un comité départemental privé régi par la loi de 1901 ou les associations avec lesquelles le département passe convention;

– les placements familiaux surveillés s'adressant aux jeunes qu'il faut soustraire à la contamination;

– les comités antituberculeux d'entraide et d'éducation sanitaire constitués par le préfet de département sous forme juridique d'association privée régie par la loi de 1901, affiliés au comité national contre la tuberculose et les maladies respiratoires, de statut également privé à but non lucratif. Leurs ressources proviennent de la vente du timbre antituberculeux et servent à aider les tuberculeux et leurs familles et à organiser avec les dispensaires la propagande sanitaire antituberculeuse.

564 **Le traitement.** Le traitement des maladies tuberculeuses s'organise autour des centres départementaux de phtisiologie et des établissements de cure dont l'ouverture et les capacités sont fixées par le ministre de la Santé après avis des autorités médicales spécialisées (médecin consultant de phtisiologie et commission de la tuberculose).

565 **Les centres départementaux de phtisiologie.** Ils sont implantés dans les hôpitaux généraux situés au chef-lieu d'un département:

en cas d'impossibilité et à titre transitoire, les autres hôpitaux du département peuvent ouvrir une unité de soins, spécialement réservée aux malades tuberculeux, placée sous le contrôle médical d'un médecin pneumologue.

Les centres départementaux de phtisiologie sont équipés médicalement et chirurgicalement pour assurer un diagnostic précis. Ils ont un rôle de traitement de la maladie en phase aiguë et de répartition des malades dans les établissements de cure. Depuis les instructions du 29 mai 1973, les départements sont partagés en secteurs de 150000 habitants environ à la tête desquels est placé le médecin hospitalier, chef de service de pneumo-phtisiologie de l'hôpital. Ce praticien a pour mission de suivre le malade pendant l'évolution de sa maladie et en particulier lors de son passage en établissement de cure. Comme la sectorisation de la lutte contre les maladies mentales, la sectorisation antituberculeuse repose sur une même équipe médicale dont le chef est le médecin-chef de service hospitalier de pneumo-phtisiologie qui assure la coordination des moyens de prévention et de cure.

566 **Les établissements de cure.** Les établissements de cure sont diversifiés en raison du degré de gravité de la maladie. On distingue les sanatoriums, préventoriums et aériums dont les capacités sont fixées par décret pris sur proposition du ministre de la Santé. Chaque département doit disposer de chacun des établissements cités ci-dessus, qui peuvent être juridiquement:

– des établissements publics départementaux érigés en établissements publics autonomes;

– des établissements, gérés par des associations à but non lucratif reconnues d'utilité publique, qui, par décision du ministre de la Santé, ont été assimilés aux établissements publics pouvant dès lors bénéficier de subventions;

– des établissements privés gérés par des collectivités ou des particuliers, ouverts sur autorisation délivrée par le ministre de la Santé.

Selon le décret n° 48-865 du 24 mai 1948, les préventoriums sont des établissements de cure associée à un entraînement physique et intellectuel en régime d'internat sous une surveillance médicale constante; les aériums sont des établissements affectés aux enfants ou adolescents qui sont exposés à la tuberculose, mais qui ne relèvent pas du préventorium; les sanatoriums sont des établissements où sont traités les tuberculoses pulmonaires ou extra-pulmonaires.

Il existe enfin des établissements dénommés « hôtels de cure » de statut privé qui sont destinés au traitement des tuberculoses d'apparence bénigne ou peu évolutive. Ils sont soumis à l'agrément ministériel préalable à leur installation.

Section 3
Les centres de lutte contre le cancer (CLC)

567 **Présentation.** Les centres anticancéreux sont des établissements privés participant au service public hospitalier. Leur statut est ancien puisqu'ils furent créés par démembrement des hôpitaux des villes sièges de faculté ou école de médecine, selon une loi de 1923. Leur fonctionnement assuré, en annexe de ces hôpitaux universitaires, sera financé par des subventions prélevées au budget de l'État sur les fonds du Pari mutuel. Quatorze centres seront créés entre 1923 et 1928. Le scientifique professeur Regaud, alors directeur de la recherche biologique et médicale de l'Institut du radium, a inspiré cette création par le rapport qu'il a produit, alors qu'il était chargé d'élaborer une lutte coordonnée contre le cancer (cf. Yves Bourhis, « Les centres anticancéreux », étude juridique, mémoire ENSP, Rennes, 1974).

C'est une ordonnance du 1er octobre 1945 qui va donner le statut d'établissement privé aux centres anticancéreux qui vont très vite atteindre la vingtaine. Selon cette ordonnance, les centres anticancéreux ont pour mission:

– le dépistage, l'examen, l'hospitalisation et le traitement des malades;

– la surveillance prolongée des résultats thérapeutiques, l'établissement et la tenue à jour des dossiers médicaux, l'organisation d'une action médico-légale;

– les recherches sur l'étiologie, la prophylaxie et la thérapeutique du cancer.

Ces établissements anticancéreux, quoique de droit privé, assurent un service public (T. confl., centre anticancéreux Eugène-Marquis, 20 nov. 1961, *Rec.*, p. 879) qui sera entériné par leur participation au service hospitalier que crée la loi hospitalière du 31 décembre 1970.

Selon le rapport de présentation de l'ordonnance du 2 mai 2005 il fallait moderniser l'organisation, le fonctionnement et la gestion des centres anticancéreux. Ainsi les missions des centres anticancéreux sont réaffirmées en insistant sur le caractère pluridisciplinaire de la lutte contre le cancer; la répartition des compétences, entre les organes directionnels, est précisée et le conseil d'administration est réorganisé.

568 **Les missions pluridisciplinaires des centres anticancéreux.** Selon le nouvel article L. 6152-1 du Code de la santé publique: « Les centres de lutte contre le cancer assurent les missions des établissements de santé et celles du service public hospitalier, dans le domaine de la cancérologie. » Il s'agit donc d'un établissement de santé privé participant au service public hospitalier, par définition de la loi, sans que ces établissements aient à demander l'autorisation de participation à l'ARH de leur région d'installation. Cette précision apparaît opportune mais n'apporte aucune nouveauté ; par contre, le deuxième alinéa de l'article L. 6162-1 du Code de la santé publique est novateur car il permet aux centres anticancéreux d'ouvrir, à titre subsidiaire, leurs plateaux techniques et leurs équipements à des patients relevant d'autres pathologies. Parce qu'ils participent au service public hospitalier, les centres anticancéreux relèvent des mêmes obligations financières et administratives que les établissements publics de santé, sous réserve de leur statut d'établissements privés qui les rend totalement indépendants de toute autorité étatique.

Chaque centre doit disposer d'une organisation pluridisciplinaire garantissant une prise en charge globale du patient et comprenant au moins des moyens en chirurgie, oncologie médicale, radiothérapie et anatomo-cytopathologie. Il doit passer avec les universités et les centres hospitaliers universitaires, des conventions en vue de définir une organisation commune en matière d'enseignement et de recherches cancérologiques.

Une autre nouveauté tient à la centralisation des renseignements médicaux provenant de chaque centre anticancéreux centralisé par l'Institut national du cancer qui a été créé par la loi n° 2004-806 du 9 août 2004, relative à la politique de santé publique.

569 **La composition du conseil d'administration.** Les centres anticancéreux sont dirigés par un conseil d'administration et par un directeur. Ce dernier est un médecin, généralement professeur de médecine, assisté d'un secrétariat général, chargé de l'administration et de la gestion. Le secrétaire général n'est pas un médecin. La composition du conseil d'administration est légèrement différente de la précédente, comme l'indique le tableau ci-contre.

Depuis, le directeur départemental des Affaires sanitaires et sociales n'est plus membre du conseil d'administration et le directeur du centre anticancéreux n'y siège plus qu'avec voix consultative. Apparaissent dans le conseil d'administration des représentants des usagers et un membre du conseil économique et social régional ; de même apparaît une personnalité scientifique désignée par l'Institut national du cancer.

570 **La répartition des compétences entre les organes de direction.** La répartition des compétences s'apparente à celle qui concerne les établissements publics de santé. Le directeur général du centre anticancéreux est compétent pour régler les affaires du centre autres que celles énumérées à l'article L. 6162-9. Il assure la conduite générale de l'établissement et en rend compte au conseil d'administration. Il représente le centre en justice et dans tous les actes de la vie civile.

Le directeur général est nommé, pour une période de cinq ans renouvelable, par le ministre chargé de la Santé, après avis du conseil d'administration et de la fédération nationale la plus représentative des centres de lutte contre le cancer.

Le président du conseil d'administration peut demander au ministre chargé de la Santé de mettre une fin anticipée au mandat du directeur du centre.

Composition du conseil d'administration

Ancienne composition Ordonnance du 4 octobre 1945	**Nouvelle composition** Ordonnance du 2 mai 2005
Chaque centre anticancéreux est composé d'un conseil d'administration composé de douze membres. Font obligatoirement partie du conseil : le représentant de l'État dans le département, le directeur départemental des Affaires sanitaires et sociales du département dans lequel le centre a son siège, le président ou le directeur et un professeur de l'UFR médicale dans le ressort de laquelle le centre a son siège, un délégué des caisses de Sécurité sociale, un représentant de l'administration hospitalière avec laquelle le centre a passé contrat, le directeur du centre et deux membres du comité technique composé des chefs de service et des spécialistes attachés au centre anticancéreux. Ces membres de droit désignent trois autres membres à la majorité des voix. Les désignations ainsi faites sont soumises à l'agrément du ministre chargé de la Santé. La présidence du conseil d'administration appartient au représentant de l'État dans le département, la vice-présidence au directeur départemental des Affaires sanitaires et sociales.	Chaque centre est administré par un conseil d'administration comportant : 1° le représentant de l'État dans le département ; 2° le directeur de l'unité de formation et de recherche de médecine avec laquelle le centre a passé convention prévue à l'article L. 6142-5 ou, en cas de pluralité d'unités de formation et de recherche, le président du comité de coordination de l'enseignement médical ; 3° le directeur général du centre hospitalier universitaire avec lequel le centre a passé la convention prévue à l'article L. 6142-5 ou, en cas de contractualisation avec plusieurs centres hospitaliers universitaires, le directeur général de l'un d'entre eux, désigné par le directeur de l'ARH ; 4° une personnalité scientifique désignée par l'Institut national du cancer ; 5° un représentant du conseil économique et social régional désigné par cette assemblée ; 6° des personnalités qualifiées, des représentants des personnels du centre et des représentants des usagers, dans des conditions définies par voie réglementaire. La présidence du conseil d'administration appartient au représentant de l'État dans le département. Le directeur général du centre, accompagné des collaborateurs de son choix, et le directeur de l'Agence régionale de l'hospitalisation ou son représentant assistent au conseil avec voix consultative.

Les attributions du conseil d'administration sont quelque peu modifiées pour tenir compte des évolutions depuis 1945. Ainsi apparaît le projet d'établissement, l'évaluation de la qualité, l'état prévisionnel des recettes et des dépenses, les réseaux de santé, etc.

Anciennes attributions Ordonnance du 4 octobre 1945	Nouvelles attributions Ordonnance du 2 mai 2005 (CSP, art. L. 6162-9)
Le conseil d'administration délibère notamment sur les objets suivants: 1° le budget du centre; 2° les comptes du directeur et du trésorier; 3° les emprunts; 4° les acquisitions, aliénations, échanges, constructions et grosses réparations, ainsi que les marchés, baux et locations; 5° les dons et legs; 6° les conditions de recrutement et les rémunérations du personnel lorsqu'elles n'ont pas été fixées par les arrêtés ministériels; 7° les conventions et règlements; 8° les propositions à faire au représentant de l'État dans le département en vue de la détermination du prix de journée.	Le conseil d'administration arrête la politique générale du centre ainsi que sa politique d'évaluation et de contrôle. À ce titre, il procède aux contrôles et vérifications qu'il juge opportuns et délibère sur: 1° le projet d'établissement et le contrat pluriannuel d'objectifs et de moyens; 2° la politique d'amélioration continue de la qualité et de la sécurité des soins ainsi que des conditions d'accueil et de prise en charge des usagers; 3° l'état des prévisions de recettes et de dépenses prévu à l'article L. 6145-1, ses modifications, ses éléments annexes, le rapport préliminaire à cet état, ainsi que les propositions de tarifs de prestations mentionnés à l'article L. 174-3 du Code de la sécurité sociale; 4° les comptes et l'affectation des résultats d'exploitation; 5° les dons et legs; 6° la participation aux réseaux de santé mentionnés à l'article L. 6321-1 et les actions de coopération mentionnées au titre III du présent livre; 7° les acquisitions, aliénations, échanges d'immeubles et les conditions des baux de plus de dix-huit ans; 8° les conventions avec des organismes de recherche et les prises de participation nécessaires à la réalisation de projet de recherche ou à l'exploitation des résultats; 9° les conventions mentionnées à l'article L. 616-6; 10° le règlement intérieur. Le président du conseil d'administration dispose d'une voix prépondérante en cas de partage égal des voix.

571 **L'Institut national du cancer (INC).** L'Institut national du cancer a été créé par l'article 33 de la loi n° 2004-806 du 9 août 2004 relative à la politique de santé publique. L'Institut national du cancer est un groupement dont la convention constitutive est approuvée par

arrêté conjoint des ministres chargés de la Santé, de la Recherche et du Budget (arr. du 2 juin 2005, *JO* du 24 juin 2005, p. 10515). Ce groupement est constitué, sans limitation de durée, sous forme d'un groupement d'intérêt public, entre l'État et les personnes morales, publiques et privées, intervenant dans le domaine de la santé et de la recherche sur le cancer.

L'Institut national du cancer est chargé de coordonner les actions de lutte contre le cancer. À ce titre, il exerce notamment les missions suivantes:

1 – observation et évaluation du dispositif de lutte contre le cancer, en s'appuyant notamment sur les professionnels et les industriels de santé ainsi que sur les représentants des usagers;

2 – définition de référentiels de bonnes pratiques et de prise en charge en cancérologie ainsi que de critères d'agrément des établissements et des professionnels de santé pratiquant la cancérologie;

3 – information des professionnels et du public sur l'ensemble des problèmes relatifs au cancer;

4 – participation à la mise en place et à la validation d'actions de formation médicale et paramédicale continue des professions et personnes intervenant dans le domaine de la lutte contre le cancer;

5 – mise en œuvre, financement, coordination d'actions particulières de recherche et de développement et désignation d'entités et d'organisations de recherche en cancérologie répondant à des critères de qualité, en liaison avec les organismes publics de recherche concernés;

6 – développement et suivi d'actions communes entre opérateurs publics et privés en cancérologie dans les domaines de la prévention, de l'épidémiologie, du dépistage, de la recherche, de l'enseignement, des soins et de l'évaluation;

7 – participation au développement d'actions européennes et internationales;

8 – réalisation, à la demande des ministres intéressés, de toute expertise sur les questions relatives à la cancérologie et à la lutte contre le cancer.

L'Institut national du cancer établit un rapport d'activité annuel qui est transmis au gouvernement et au Parlement.

Section 4
Les établissements de transfusion sanguine (ETS)

572 **Introduction.** La transfusion sanguine s'effectue dans l'intérêt du receveur et répond aux obligations morales de bénévolat, d'anonymat et de désintéressement.

La collecte de sang humain ou de ses composants, en vue d'une utilisation thérapeutique, ne peut être faite que par des établissements de transfusion sanguine agréés par un établissement national dénommé, depuis la loi du 1er juillet 1998, l'Établissement français du sang.

La sécurité des produits sanguins a été renforcée après l'affaire du sang contaminé qui, dans les années 1985-1988, a mis en cause les services de l'État et le Centre national de transfusion sanguine. Depuis la loi n° 93-5 du 4 janvier 1993, la collecte et la distribution du sang et de ses produits obéissent à une organisation contrôlée par l'État, à une traçabilité renforcée des produits du sang et à un contrôle appelé hémovigilance.

Sous-section 1
Une organisation contrôlée par l'État

573 **L'Établissement français du sang (EFS).** C'est un établissement public de l'État, placé sous la tutelle du ministre chargé de la Santé, dont la mission est de veiller à la satisfaction des besoins en matière de produits sanguins labiles et à l'adaptation de l'activité transfusionnelle aux évolutions médicales, scientifiques et technologiques. Cet établissement organise les activités de collecte du sang, de préparation et de qualification des produits sanguins labiles, ainsi que leur distribution aux établissements de santé.

574 **Les établissements de transfusion sanguine (ETS).** Les établissements de transfusion sanguine sont des établissements locaux, sans personnalité morale, de l'Établissement français du sang. Ils doivent être agréés par l'Agence française de sécurité sanitaire de produits de santé (AFSSPS), à la demande de l'Établissement

français du sang, qui détermine leur zone géographique d'activité ainsi que leurs activités. Les établissements de transfusion sanguine doivent assurer la collecte du sang, la préparation des produits sanguins labiles et leur distribution. Ils sont sous la responsabilité d'un médecin ou d'un pharmacien.

Les ETS sont dotés d'un conseil d'établissement composé du directeur, des représentants des associations de donneurs de sang, des associations de patients, du personnel de l'ETS, des représentants des établissements de santé et de l'assurance-maladie.

575 **Le schéma d'organisation de la transfusion sanguine (SOTS).** Le ministre chargé de la Santé détermine, après avis de l'EFS, les ressorts territoriaux dans le cadre desquels sont élaborés les schémas d'organisation de la transfusion sanguine, de leur durée et des modalités de fonctionnement de la commission d'organisation de la transfusion sanguine.

Il appartient à chaque schéma d'organisation de la transfusion sanguine de déterminer:

- la zone de collecte de chaque ETS;

- la répartition des activités entre les ETS et, le cas échéant, leur regroupement;

- les installations et équipements nécessaires pour satisfaire les besoins en matière de transfusion sanguine;

- les modalités de coopération entre les ETS et les établissements de santé.

Sous-section 2
La traçabilité des produits du sang

576 **Les dépôts de sang.** Selon l'article 1er de l'arrêté du 8 décembre 1994, « constitue un dépôt de sang au sein d'un établissement de santé tout lieu, qu'il soit localisé dans un service d'urgence ou dans un service de soins, où sont conservés, sous la responsabilité d'un médecin ou d'un pharmacien, les produits sanguins labiles homologues et autogènes, prêts à l'usage thérapeutique ».

Il ne peut y avoir plus de dépôts que de sites géographiques distincts composant un établissement, sauf exceptions justifiées.

Tout produit sanguin labile doit être transféré, au plus tard, dans les six heures qui suivent sa réception par le service de soins utilisateur de l'établissement de santé.

Les dépôts de sang sont tenus sous la responsabilité d'un docteur en médecine ou d'un pharmacien. Ils sont autorisés par le préfet de département, après avis de l'AFSSAPS et de l'EFS.

577 **L'établissement approvisionneur unique.** Chaque établissement de santé doit choisir un établissement de transfusion sanguine unique pour assurer son approvisionnement en produits sanguins labiles. Il communique le nom de cet ETS au préfet de région.

Chaque ETS doit faire connaître à l'AFS les établissements de santé dont il assure l'approvisionnement.

578 **Cessions entre établissements de santé.** Les cessions de produits sanguins labiles entre établissements de santé ne peuvent intervenir qu'à titre exceptionnel et ne peuvent s'effectuer qu'entre établissements de santé ayant le même ETS.

Les produits qui ont fait l'objet d'une telle cession ne peuvent être ultérieurement cédés à un autre établissement de santé.

Sous-section 3
L'hémovigilance

579 **Les obligations des établissements de santé.** Le suivi des produits sanguins labiles est la clef de voûte de l'hémovigilance; c'est la traçabilité qui exige:

– l'identification du produit sanguin par un numéro que l'ETS attribue;

– une distribution nominative des produits sanguins: la délivrance de produits sanguins se fait uniquement sur prescription médicale nominative; la distribution doit permettre d'identifier, pour chaque produit sanguin délivré, le médecin prescripteur et le patient concerné.

De plus, chaque établissement de santé doit nommer un correspondant d'hémovigilance qui doit être un médecin ou un pharmacien. Il est désigné par le directeur de l'établissement pour une durée de trois ans renouvelable. L'avis de la CME est recommandé. Le nom de ce correspondant est communiqué au préfet de région qui en informe le ministre chargé de la Santé et l'EFS. Le correspondant d'hémovigilance doit signaler tout incident dû à la transfusion sanguine et doit veiller à la sécurité transfusionnelle.

La dernière obligation de tout établissement public de santé (EPS) concerne la mise en place d'un comité de sécurité transfusionnelle et d'hémovigilance qui réunit: le directeur de l'EPS, le directeur de l'ETS distributeur, les correspondants d'hémovigilance et les représentants des personnels médicaux, soignants, médecins, techniques et administratifs de l'EPS. Ce comité a pour mission de définir et développer la concertation dans le domaine de la sécurité transfusionnelle, en mettant en œuvre les règles d'hémovigilance.

580 **Le coordonnateur régional**. C'est un médecin praticien hospitalier, doté d'une expérience en matière de transfusion sanguine, qui est nommé pour une durée de trois ans renouvelable par arrêté du ministre de la Santé, sur proposition de l'EFS et après avis du préfet de région.

Placé auprès d'une DRASS, le coordonnateur régional exerce ses fonctions en collaboration avec le médecin-inspecteur régional de la santé. Il veille à la mise en œuvre, par les établissements de santé et l'ETS, des règles de sécurité transfusionnelle.

581 **Le cas des médicaments dérivés du sang**. Ces médicaments dérivés du sang humain relèvent de la pharmacie à usage intérieur et, à ce titre, font l'objet de la pharmacovigilance. Ils sont suivis dès leur fabrication jusqu'à leur administration aux patients. Le signalement de ces médicaments est un impératif du correspondant de la pharmacovigilance, qui est un médecin ou pharmacien, dans tout établissement de santé.

CHAPITRE 13

La responsabilité des hôpitaux

582 **Les fondements de la responsabilité.** Établissements publics, donc autonomes, les établissements hospitaliers doivent répondre de leurs actes dans les cas où ceux-ci sont contestés par les usagers du service public hospitalier. C'est le fondement de leur responsabilité. Celle-ci est le fait de leur activité qui est parfois de nature à engager une procédure contentieuse.

583 **Les compétences du juge administratif.** Le juge compétent pour connaître les litiges entre les usagers et les hôpitaux publics est le juge administratif. Certes, il est des cas où l'acte contesté est celui d'un médecin ou d'une sage-femme intervenant en pratique libérale (clinique ouverte, hôpital local, voire secteur libéral des praticiens plein temps). Dans ces cas, le juge judiciaire est compétent. On considère, en effet, dans ces hypothèses que le malade et le médecin sont en relation contractuelle de droit privé, puisque le principe de l'entente directe en matière d'honoraires s'applique. L'entente directe est, rappelons-le, un des principes de la médecine libérale et consiste en ce que le montant des honoraires soit librement discuté entre le médecin et le malade. Par contre, dans ces mêmes cas de pratique libérale à l'hôpital public, si la faute émane du fonctionnement de service, la réparation appartient à l'hôpital et le juge compétent est le juge administratif.

584 **La faute personnelle.** Par ailleurs, il est des cas où la faute commise par le personnel hospitalier médical ou non médical est le fait d'une intention malveillante, d'une négligence coupable (praticien de garde qui refuse de se déplacer pour donner les soins nécessaires à un malade dont la gravité de l'état avait été signalée par l'interne, par exemple). Cette faute relève de la justice judiciaire car elle est personnelle à l'agent qui l'a commise et ne peut donc être imputée au service public hospitalier.

585 **L'action récursoire.** Très souvent, la responsabilité personnelle se confond en partie avec la responsabilité du service, permettant à la victime de se pourvoir devant le juge administratif pour faire condamner l'administration hospitalière dont la solvabilité est incontestable par rapport à celle de ses salariés. Dans ce cas, l'hôpital condamné pourra exercer une action récursoire contre l'agent fautif puisque, depuis les jurisprudences Laruelle et Delville (CE, 1951), l'administration peut demander au juge administratif le remboursement par l'agent fautif des sommes qu'elle a été condamnée à verser. Ces cas sont peu nombreux, voire, pour l'action récursoire, exceptionnels.

Par contre, les actions contentieuses contre les établissements hospitaliers sont de plus en plus fréquentes et exigent une prise de conscience des personnels qui en sont à l'origine.

586 **La responsabilité sans faute.** Le juge, pour tenir compte de l'intérêt des personnes, a reconnu, à la fin du XIXe siècle (T. confl., 1873, Blanco), la responsabilité de l'administration en cas de faute dûment prouvée. Cependant, dans le domaine hospitalier, la faute ne peut pas toujours être authentifiée et même parfois il y a dommage sans faute véritable (réaction négative non prévisible à une vaccination). On dit qu'il y a responsabilité sans faute, ce qui est évidemment contraire à la caractéristique du contentieux de la responsabilité.

Section 1
La responsabilité pour faute

La faute doit être démontrée par le demandeur. Il arrive que, parfois, le juge présume une faute lorsque le lien de dommage et le lien de causalité sont certains.

Afin de ne pas léser les malades et enfermer les personnels médicaux dans une prudence contraire aux succès de leur science, le juge administratif a dégagé la responsabilité pour faute de service qui concerne les actes non médicaux et la responsabilité pour faute qui est relative aux actes médicaux ou de nature médicale.

Sous-section 1
La faute de service

La jurisprudence est fournie et il n'est pas possible dans le cadre de cet ouvrage de l'analyser en détail. Les divers cas de faute simple concernent soit des fautes dans l'organisation et le fonctionnement du service, soit des fautes dans l'administration des soins.

La faute dans l'organisation et le fonctionnement du service

Dans cette rubrique, les fautes sont de nature très diverse. Elles révèlent un mauvais fonctionnement du service dû soit à une organisation défaillante, soit à des lacunes relationnelles entre le malade et le personnel.

587 **L'organisation défaillante.** Elle se découvre particulièrement dans les cas suivants, sans que leur énumération soit exhaustive:

- violence et homicide d'un malade en CHS (CE, 23 juin 1986, CHS de Maison-Blanche);

- fugue d'un malade mental non signalée (CE, 10 déc. 1982, CHG du Havre, *Rec.*, p. 741);

- actes pratiqués par un agent non qualifié;

- retard d'admission du malade (CE, 12 déc. 1941, Hôpital civil d'Antibes, *Rec.*, p. 218);

- retard dans la décision de transfert (CE, 28 mai 1971, CHR de Reims, *Rec.*, p. 418);

- non-transmission au médecin hospitalier d'une lettre du médecin traitant (CE, 11 janv. 1980, Épx Ichery, *Rec.*, Tables, p. 890);

- absence de médecin anesthésiologiste dans l'établissement (CE, 8 oct. 1986, Langlet);

- délai de cinq jours après l'admission à l'hôpital, avant examen du malade et administration des soins appropriés (CE, 7 nov. 1986, Mme Lagan);

– retard dans l'examen d'un malade présentant des symptômes pathologiques (CE, 25 juill. 1986, Mme Nogueira);

– anesthésie générale pratiquée par une infirmière aide-anesthésiste (CE, 19 févr. 1986, Épouse Aubert).

588 **Les relations entre malades et personnels.** Le malade a des droits – en particulier le droit d'être informé sur son état et de donner son consentement aux soins.

Dans ces cas, la difficulté pour le malade réside dans la preuve qu'il doit apporter pour faire condamner l'hôpital. Par ailleurs, peut-on révéler absolument tout le diagnostic ou les difficultés d'une opération sans porter atteinte au moral du patient? Dans l'affaire Mouahed (CE, 19 mai 1983, *Rec.*, p. 856), la Haute Juridiction administrative a décidé que, compte tenu des risques que présentait l'état du malade, de la complexité et de l'urgence de l'intervention chirurgicale que cet état rendait nécessaire, la circonstance que ce malade n'ait pas été informé de toutes les suites possibles de cette opération n'est pas constitutive d'une faute de nature à engager la responsabilité de l'hôpital.

La faute dans l'administration des soins

589 **Les actes de soins.** Sont considérés comme actes de soins les actes présentant le caractère d'un acte courant et/ou bénin, par opposition aux actes médicaux. Ainsi, sont considérés comme des actes de soins les piqûres, les perfusions, l'administration des médicaments prescrits par les médecins, les soins courants, les massages et actes de rééducation s'ils ne présentent pas de difficultés techniques ainsi que les actes médicaux pouvant être effectués par des auxiliaires médicaux sur prescription d'un médecin mais hors de la présence de celui-ci.

De nombreuses affaires concernent soit les piqûres et autres injections, soit les erreurs de transfusion sanguine (incompatibilité de sang, en particulier par suite d'une erreur ou d'une absence de vérification du sang transfusé).

On peut remarquer que le juge n'engage que très rarement la responsabilité personnelle des agents qui sont à la source de certains de ces actes particulièrement graves. Il est vrai que le dilemme réside entre la prise de conscience de la difficulté d'une profession dont les risques d'erreur ont des conséquences considérables et la volonté d'éviter un trop grand laxisme dans le maniement des soins. Dans ce sens, on relèvera que l'agent à la source de l'erreur peut être poursuivi en matière pénale.

590 **Diversité des fautes.** Ici, également, la jurisprudence met en évidence la diversité et la gravité des fautes commises:

– rédaction défectueuse d'un document qui ne mentionne pas une fracture diagnostiquée par le médecin de service (CE, 8 janv. 1959, Chirpatris, *Rec.*, p. 19);

– défauts de surveillance, dans les cas les plus variés, mais plus particulièrement lors d'accidents survenant:
- à des enfants fuguant de leur lit,
- à des handicapés,
- à des malades mentaux,
- à des malades agités,
- à des malades alités faisant une chute (absence de ridelles, attaches mal fixées, etc.);

– mauvais fonctionnement du matériel (brûlures dues à des bistouris, entre autres);

– mauvaise utilisation du matériel – cas d'un malade décédant des suites du mauvais attachement à son lit (CE, 20 juill. 1971, CHR de Limoges);

– mauvaise transmission des consignes entre les personnels ;

– défaut d'informations médicales (CE, 5 janv. 2000, Telle et AP-HP).

Sous-section 2
De la faute lourde à la faute simple pour les actes médicaux

Les hôpitaux ne sont condamnés en matière de soins médicaux que lorsque le juge peut déterminer une faute lourde, c'est-à-dire d'une certaine gravité.

591 **La notion de soins médicaux.** Selon les conclusions du commissaire du gouvernement Jacques Fournier (CE, 26 juin 1959, Rouzet),

constituent des actes médicaux « tous les actes dont l'accomplissement présente des difficultés sérieuses et requiert des connaissances spéciales acquises au prix d'études prolongées ».

Les soins médicaux peuvent être exécutés soit par des médecins, soit par des auxiliaires médicaux sous la responsabilité et la surveillance directe d'un médecin, dans des conditions qui lui permettent d'en contrôler l'exécution et d'intervenir à tout moment.

592 **La qualification de la faute.** La faute lourde se distingue de la faute simple par son caractère grave. La faute lourde révèle des erreurs, des négligences, des maladresses, des ignorances caractérisées. Ainsi sont des fautes lourdes:

– les erreurs de diagnostic lorsqu'il s'est agi d'une absence d'analyse de symptômes, d'une absence d'investigations;

– de mauvaises investigations médicales; c'est souvent le cas dans des examens complexes à haut risque (artériographie vertébrale, par exemple) non indispensables (CE, 26 juill. 1985, CHR de Rennes, c/Épx Lahier, Rec., p. 768);

– les risques encourus par le malade alors que son état ne les rendait pas nécessaires (CE, 1er déc. 1978, Arteon, Rec., p. 485);

– une mauvaise exécution du traitement ou de l'opération;

– l'utilisation sans précaution d'un médicament dont les effets dangereux sont connus (CE, 25 juill. 1986, CHR de Saint-Étienne).

Le juge reste cependant extrêmement prudent avant de condamner l'hôpital, et l'on doit retenir le caractère exceptionnel de la mise en jeu de cette faute, nonobstant une augmentation des plaignants. Cependant dans un arrêt Dame V. du 10 avril 1992, le Conseil d'État a abandonné la notion de faute lourde pour ne retenir que la qualification de la faute entachée de suffisamment d'erreurs pour engager la responsabilité de l'hôpital.

Section 2
La responsabilité sans faute

La responsabilité sans faute est apparue récemment, après la Seconde Guerre mondiale. Elle est dégagée très exceptionnellement pour permettre le dédommagement d'un malade ou de ses ayants droit lorsque, manifestement, les circonstances ont entraîné, sans faute de quiconque, des conséquences très graves pour le patient. Le juge s'est toujours refusé à parler de responsabilité pour risques encourus afin de ne pas entraîner une jurisprudence qui risquerait d'annihiler les actes médicaux sans risque, alors que, par hypothèse, il y a toujours un risque, même modeste.

Malgré cette restriction, il existe des cas de responsabilité sans faute prévus par la loi et des cas dégagés par le juge.

593 **Les cas prévus par la loi.** Le législateur a prévu les cas des vaccinations obligatoires et les cas de don de sang après sa modification.

1 – Les cas de vaccinations obligatoires.

La loi n° 64-643 du 1er juillet 1964 dispose : « Sans préjudice des actions qui pourraient être exercées conformément au droit commun, la réparation de tout dommage imputable directement à une vaccination obligatoire pratiquée dans les conditions visées au présent code et effectuée dans un centre agréé de vaccination est supportée par l'État. »

Rappelons que ce contentieux peut être mis en œuvre par les agents hospitaliers victimes d'une vaccination rendue obligatoire par leur statut.

2 – Le cas de don de sang après modification.

Selon l'article L. 667, alinéas 3 et suivants du Code de la santé publique (loi n° 61-486 du 2 août 1961), la responsabilité sans faute des hôpitaux peut être engagée en cas de prélèvement de sang après modification malgré l'avertissement du donneur volontaire et son consentement écrit.

594 **Les cas dégagés par le juge.** Le juge ne dégage la notion de responsabilité sans faute que pour permettre de dédommager la victime d'un service public dans des cas très limités:

– les donneurs volontaires du sang;

– les collaborateurs occasionnels de l'hôpital (ambulancier en stage non rémunéré blessé au cours d'un transport de malade, CE, 18 janv. 1984, CHR de Grenoble, *Rec.*, p. 734);

– la sortie d'essai des malades mentaux;

– le placement familial surveillé des malades psychiatriques (CE, 13 mai 1987, Mme Piollet et M. Anson). Dans cette affaire, le dommage résultant d'un malade psychiatrique en placement familial dans une ferme dont l'exploitant était gérant, le propriétaire de ladite ferme s'est vu dédommager alors qu'il n'avait aucun lien avec le malade pour le risque encouru.

Relevons que dans le cas des placements d'office l'État est responsable sauf si ceux-ci ont été effectués sur la foi de renseignements erronés fournis à l'hôpital.

Dans une jurisprudence récente (CAA de Lyon, Gomez, 21 déc. 1990, req. n° 89-LY-01742), la responsabilité de l'hôpital peut être engagée sans faute en cas d'utilisation d'une thérapeutique nouvelle, lorsque celle-ci ne s'impose pas pour des raisons vitales.

Dans un arrêt d'assemblée de sections le CE a reconnu la responsabilité sans faute d'un hôpital pour des actes médicaux dont les risques étaient connus, mais dont la réalisation était exceptionnelle (CE Ass., 9 avr. 1993, Bianchi).

595 **La responsabilité de l'hôpital: cas d'activités annexes.** Si le plus connu des contentieux de la responsabilité est celui lié à l'activité de l'hôpital, il ne faut pas oublier que l'hôpital peut également engager sa responsabilité dans des activités connexes à son activité principale et en particulier:

– en tant qu'employeur;

– en tant que donneur d'ordre par rapport aux entreprises, fournisseurs et autres prestataires de services: une administration commet une faute en chargeant un architecte d'entreprendre des études sans contrat d'ingénierie (TA de Versailles, 14 janv. 1983, *Rec.*, p. 864).

Section 3
La procédure d'indemnisation

596 **Une question cruciale.** L'indemnisation des victimes d'accidents médicaux est devenue cruciale pour les intéressés. N'a-t-il pas fallu sept ans au jeune Gomez pour être dédommagé de l'acci-

dent chirurgical qui l'a rendu hémiplégique à quinze ans, en 1983, pour que ses droits soient reconnus à vingt-deux ans?... N'a-t-il pas fallu quatorze ans à M. Bianchi pour être dédommagé de l'accident chirurgical qui l'a rendu tétraplégique [1]?...

La loi du 4 mars 2002 uniformise le droit applicable aux personnes victimes d'un accident médical, d'une infection nosocomiale ou d'une affection iatrogène. Elle permet aux victimes de bénéficier d'une procédure spécialisée pour ce type de litige, qui fera largement appel aux experts.

1. *Cyril Clément, Jean-Marie Clément,* Les principales décisions de la jurisprudence hospitalière, *Berger-Levrault, 248 pages, 1995.*

Sous-section 1
L'indemnisation n'est plus liée à la faute

597 **La jurisprudence.** L'indemnisation est séparée de la faute. En effet, la Cour de cassation n'allait pas aussi loin que le Conseil d'État pour reconnaître la responsabilité d'un médecin ou d'un établissement de soins, puisqu'elle refusait toute condamnation à indemnisation s'il n'y avait pas une faute, sauf dans deux cas: en ce qui concerne les infections nosocomiales où elle considérait la faute présumée et pour les accidents consécutifs à l'utilisation de produits dangereux. Le Conseil d'État avait reconnu dès 1993, avec l'arrêt Bianchi, la responsabilité sans faute que la cour administrative d'appel de Lyon avait initiée avec l'arrêt Gomez en 1990. Désormais, qu'il y ait faute ou pas, l'indemnisation pourra être accordée pour tout accident médical, toute affection iatrogène ou infection nosocomiale.

598 **Définitions** :

– accident médical. Tout événement imprévu causant un dommage accidentel ayant un lien de causalité certain avec un acte médical ;

– accident iatrogène. Tout dommage subi par un patient directement lié aux soins délivrés ;

– infection nosocomiale. Toute infection qui apparaît au cours ou à la suite d'une hospitalisation alors qu'elle était absente à l'admission dans l'établissement de santé.

Sous-section 2
Les institutions d'indemnisation sont d'accès facile

Afin de ne pas retomber dans les errements de procédures qui n'en finissaient plus, le législateur a permis un accès facile et égalitaire à toutes les victimes d'accidents médicaux, par le biais d'une nouvelle commission régionale de conciliation qui se chargera d'instruire les demandes en finançant, le cas échéant, les expertises dont le coût était un obstacle à toute action contentieuse. L'ensemble de ces missions est coordonné et financé par l'Office national d'indemnisation des accidents médicaux (ONIAM).

La commission régionale de conciliation (CRC)

599 **Mission.** Les commissions régionales de conciliation ont été créées par la loi du 4 mars 2002. Elles constituent un maillon du système de règlement amiable des litiges nés des accidents médicaux, des affections iatrogènes et des infections nosocomiales, ainsi que des autres litiges entre usagers et professionnels de santé, établissements de santé, services de santé ou organismes ou producteurs de produits de santé. La commission régionale de conciliation a donc pour mission de régler amiablement le litige. Dans le cadre de sa mission de conciliation, la commission peut déléguer tout ou partie de ses compétences à un ou plusieurs médiateurs indépendants qui, dans la limite des compétences dévolues, disposent des mêmes prérogatives et sont soumis aux mêmes obligations que les membres de la commission.

600 **Composition.** Les commissions régionales de conciliation et d'indemnisation des accidents médicaux, des affections iatrogènes et des infections nosocomiales sont présidées par un magistrat de l'ordre administratif ou un magistrat de l'ordre judiciaire, en activité ou honoraire. Elles comprennent notamment des représentants des personnes malades et des usagers du système de santé, des professionnels de santé et des responsables d'établissements et services de santé, ainsi que des membres représentant l'ONIAM et les entreprises d'assurance.

Les frais de fonctionnement des commissions sont supportés par l'ONIAM. Celui-ci leur apporte également un soutien technique et administratif, notamment en mettant à leur disposition le personnel nécessaire.

Les membres des commissions et les personnes qui ont à connaître des documents et informations détenus par celles-ci sont tenus au secret professionnel.

L'Office national d'indemnisation des accidents médicaux (ONIAM)

601 **Présentation.** L'ONIAM est la pièce maîtresse du régime de l'indemnisation des accidents médicaux, des affections iatrogènes et des infections nosocomiales, créée par la loi n° 2002-303, du 4 mars 2002, relative aux droits des malades et à la qualité du système de santé.

L'ONIAM est un établissement public de l'État à caractère administratif placé sous tutelle du ministre chargé de la Santé. Il est chargé de l'indemnisation, au titre de la solidarité nationale, des dommages occasionnés par la survenue d'un accident médical, d'une affection iatrogène ou d'une infection nosocomiale.

Le décret n° 2002-638, du 29 avril 2002 (*JO* du 30 avr.), précise la composition, l'organisation et le fonctionnement de l'ONIAM.

L'Office est soumis à un régime administratif, budgétaire, financier et comptable défini par décret.

602 **Les charges de l'Office.** Elles sont constituées par:

– le versement d'indemnités aux victimes d'accidents médicaux, d'affections iatrogènes ou d'infections nosocomiales en application des dispositions du présent chapitre;

– les frais de gestion administrative de l'Office et des commissions régionales;

– les frais des expertises diligentées par les commissions régionales.

603 **Les recettes de l'Office.** Elles sont constituées par:

– une dotation globale versée dans les conditions prévues par l'article L. 174-2 du Code de la Sécurité sociale et dont le montant est fixé chaque année par la loi de financement de la Sécurité sociale;

- le produit des remboursements des frais d'expertise;
- le produit des pénalités;
- le produit des recours subrogatoires.

Sous-section 3
Le raccourcissement des procédures

Quiconque eut à connaître d'un contentieux médical sait d'expérience les longs délais pour arriver au jugement et a fortiori à l'indemnisation. La loi du 4 mars a le mérite de simplifier la saisine de la commission régionale de conciliation et d'indemnisation des accidents médicaux, d'exonérer les victimes de la rémunération des experts et de soumettre à des délais relativement brefs l'offre et le versement de l'indemnité.

La saisine de la commission régionale de conciliation est simplifiée

La saisine concerne tant les accidents non fautifs que les accidents fautifs.

604 **L'ouverture de la procédure.** Elle est liée à la personne victime ou s'estimant victime d'un dommage imputable à une activité de prévention, de diagnostic ou de soins, ou à ses ayants droit si la personne est décédée, ou à son représentant légal qui demande à être informé, par le professionnel de santé ou l'établissement de santé, des circonstances de ce dommage. La loi précise que « cette information doit être délivrée au plus tard dans les quinze jours suivant la découverte du dommage ou sa demande expresse, lors d'un entretien au cours duquel la personne peut se faire assister par un médecin ou une autre personne de son choix » (CSP, art. L. 1142-4).

605 **L'auteur de la saisine.** La CRC peut être saisie par toute personne s'estimant victime d'un dommage imputable à une activité de

prévention, de diagnostic ou de soins, ou, le cas échéant, par son représentant légal. Elle peut également être saisie par les ayants droit d'une personne décédée à la suite d'un acte de prévention, de diagnostic ou de soins.

La personne indique sa qualité d'assuré social ainsi que les organismes de Sécurité sociale auxquels elle est affiliée pour les divers risques. Elle indique également à la commission les prestations reçues ou à recevoir des autres tiers payeurs du chef du dommage qu'elle a subi.

La personne informe la commission régionale de conciliation des procédures juridictionnelles relatives aux mêmes faits éventuellement en cours. Si une action en justice est intentée, la personne informe le juge de la saisine de la commission.

La saisine de la commission suspend les délais de prescription et de recours contentieux jusqu'au terme de la procédure de conciliation.

606 **Le seuil d'incapacité.** La procédure de l'indemnisation ne peut être engagée que si l'incident médical présente un caractère de gravité excédant un seuil d'incapacité permanente d'au moins 25 %. Autrement dit, le préjudice doit être une incapacité permanente située entre 25 et 100 %.

607 **La double procédure.** La loi laisse les victimes d'accidents médicaux libres de saisir le juge judiciaire (cliniques et médecins en pratique libérale) ou administratif (établissements publics de santé et médecins salariés ou agissant pour le compte d'organismes publics). Cependant, elle permet, pour ceux qui préfèrent la voie courte de la conciliation, de disposer d'une procédure unifiée dite de « guichet unique » par le biais de la toute nouvelle commission régionale de conciliation. À tout moment la victime peut abandonner la voie conciliatrice pour s'adresser à un tribunal. Bien évidemment, les délais de prescription et de recours contentieux sont suspendus pendant la durée de la procédure devant les commissions régionales de conciliation (CRC).

La saisine de la CRC par la victime est sans obligation d'avocat. La victime doit fournir à la CRC son affiliation à la Sécurité sociale pour vérifier l'existence d'autres tiers payants éventuels, afin de préserver les droits des caisses ou de ces autres tiers payants et d'éviter une double indemnisation pour le même préjudice. La victime doit également informer, selon le cas, respectivement, la CRC ou le juge de la procédure contentieuse ou amiable simultanément en cours. Il peut paraître cependant paradoxal qu'une double procédure contentieuse et amiable puisse se développer de conserve (rapport n° 3688, du 11 avr. 2002, p. 29). On peut raisonnablement penser que la procédure contentieuse attendra la fin de la procédure amiable ou son rejet par la victime.

L'expertise médicale est gratuite

L'expertise médicale diligentée par la CRC est gratuite pour les victimes; ses frais sont pris en charge par l'ONIAM, sous réserve d'un éventuel remboursement par l'assureur si une responsabilité est ultérieurement admise. Le coût de cette mesure ne sera pas négligeable et déjà l'on nourrit quelques inquiétudes sur son financement.

L'offre et le versement de l'indemnité sont soumis à des délais relativement brefs

L'acceptation de l'offre par la victime vaut transaction et l'assureur (en cas de faute) ou l'Office (en cas de dommage sans faute) doit verser l'indemnité dans un délai d'un mois. Cependant, la victime peut saisir le juge compétent si elle refuse l'offre qui lui a été faite. En cas de silence ou de refus de l'assureur ou en absence d'assurance, l'ONIAM se substitue à l'assureur. Il fait une offre d'indemnisation et doit payer la victime dans les mêmes délais.

Dans tous les cas, la victime peut obtenir réparation à l'issue d'une procédure gratuite dans un délai de moins d'un an.

L'offre d'indemnisation doit indiquer l'évaluation retenue pour chaque chef de préjudice: patrimoine de la victime, préjudice matrimonial, bien-être personnel et familial, frais médicaux et perte de salaire et autres gains d'activité professionnelle due à une incapacité de travail partielle ou totale, temporaire ou permanente. Le préjudice personnel correspond aux souffrances physiques ou morales endurées, au préjudice esthétique et au préjudice d'agrément d'une vie normale et, s'il y a lieu, au préjudice moral des ayants droit.

L'offre de chaque chef de préjudice est personnalisée et non forfaitaire, déduction faite des prestations suivantes:

– les prestations versées par les organismes de Sécurité sociale;

– les prestations de réparation civile de l'État;

– les remboursements de frais de soins et de rééducation;

– les salaires maintenus par l'employeur pendant la période d'inactivité consécutive à l'événement;

– les indemnités journalières et les prestations d'invalidité versées par les mutuelles, les institutions de prévoyance et les sociétés d'assurance.

Cette offre pourra n'avoir qu'un caractère provisionnel en l'absence de consolidation de l'état de la victime.

Lorsque les dommages subis présentent le caractère de gravité aux conséquences anormales fixées par décret, la commission émet un avis sur les circonstances, les causes, la nature et l'étendue des dommages, ainsi que sur le régime d'indemnisation applicable.

L'avis de la commission régionale est émis dans un délai de six mois à compter de la saisine. Il est transmis à la personne qui l'a saisie, à toutes les personnes intéressées par le litige et à l'ONIAM.

Cet avis ne peut être contesté qu'à l'occasion de l'action en indemnisation introduite devant la juridiction compétente par la victime ou des actions subrogatoires prévues aux articles L. 1142-14, L. 1142-15 et L. 1142-17 du CSP.

La commission saisit l'autorité compétente si elle constate des manquements susceptibles de donner lieu à des poursuites disciplinaires.

CHAPITRE 14

Les établissements sociaux et médico-sociaux

Les institutions sociales et médico-sociales relèvent de la loi n° 75-535 du 30 juin 1975, qui fut le pendant social de la loi hospitalière du 31 décembre 1970 qui cantonnait l'hôpital aux soins, à l'exclusion de toute autre considération d'hébergement. La loi du 30 juin 1975 définit comme institutions sociales et médico-sociales tous les organismes publics et privés qui, à titre principal et d'une manière permanente:

– mènent, avec le concours de travailleurs sociaux, d'équipes pluridisciplinaires, des actions à caractère social ou médico-social, notamment des actions d'information, de prévention, de dépistage, d'orientation, de soutien, de maintien à domicile;

– accueillent, hébergent ou placent dans des familles des mineurs ou des adultes qui requièrent une protection particulière;

– reçoivent des jeunes travailleurs;

– hébergent des personnes âgées;

– assurent en internat, en externat dans leur cadre ordinaire de vie, l'éducation spéciale, l'adaptation ou la réadaptation professionnelles ou l'aide par le travail aux personnes mineures ou adultes, handicapées ou inadaptées.

Le champ d'intervention très étendu des institutions sociales et médico-sociales exige la mise en œuvre d'une planification plus coercitive qu'incitatrice, eu égard à la grande diversité des structures tant de droit public que de droit privé.

La loi n° 2002-02 du 2 janvier 2002, modifie la composition des CA, remplace le CTP par le CTE et donne les mêmes prérogatives aux directeurs d'établissements médico-sociaux qu'aux directeurs d'établissements publics de santé.

Section 1
La planification des institutions sociales et médico-sociales

La loi du 30 juin 1975 modifiée par la loi du 2 janvier 2002 précise que la coordination des différents établissements concourant aux buts rappelés ci-dessus est assurée soit par la constitution de groupements composés de tels organismes et créés à leur initiative, soit par la conclusion, entre lesdits organismes ou les groupements d'organismes éventuellement constitués et l'État et les collectivités publiques, de conventions dont les clauses précisent les objectifs poursuivis, les catégories de bénéficiaires, les moyens mis en œuvre ainsi que, le cas échéant, les relations de l'organisme intéressé avec les autres organismes à caractère social, médico-social ou sanitaire.

Cette volonté de coordonner et d'harmoniser les interventions des différentes institutions sociales et médico-sociales est marquée par l'obligation d'élaborer un schéma départemental et d'imposer un régime d'autorisation.

608 **Le schéma départemental.** Le schéma départemental est arrêté par le conseil général ou par le président du conseil général et le préfet de département si les institutions concernées fournissent des prestations prises en charge par l'État, un organisme d'assurance-maladie ou d'allocations familiales, ou d'assurance vieillesse.

Le schéma précise dans chaque département:

– la nature des besoins sociaux et notamment de ceux nécessitant des interventions sous forme de création d'établissements ou de services sociaux et médico-sociaux ou par une autre voie;

– les perspectives de développement ou de redéploiement de ces établissements et services compte tenu des éléments précédents, des ressources disponibles et des possibilités offertes par les départements voisins;

– les critères d'évaluation des actions conduites;

– les modalités de la collaboration ou de la coordination susceptibles d'être établies ou recherchées avec d'autres collectivités afin de satisfaire tout ou partie des besoins recensés.

Le président du conseil général consulte sur le projet du schéma départemental une commission qui comprend notamment des représentants des institutions sanitaires et sociales, de leurs usagers ainsi que des professions de santé et des travailleurs sociaux.

Le préfet assiste à cette consultation.

Le schéma départemental est périodiquement révisé dans les mêmes conditions et il est transmis au comité régional de l'organisation sanitaire et sociale (CROSS).

609 **Le régime des autorisations**. Tous les établissements sociaux et médico-sociaux ne peuvent être créés, transformés, faire l'objet d'une extension importante (augmentation de plus de trente pour cent de la capacité) qu'après avis motivé du CROSS ou, dans certains cas – établissements recevant des personnes atteintes de handicaps rares –, du CNOSS.

Il s'agit:

– des établissements recevant habituellement des mineurs, des maisons d'enfants à caractère social, des centres de placement familial et établissements maternels;

– des établissements médico-éducatifs qui reçoivent en internat, en externat ou en cure ambulatoire des jeunes handicapés ou inadaptés;

– des établissements d'enseignement qui dispensent à titre principal une éducation spéciale aux jeunes handicapés;

– des établissements d'éducation surveillée;

– des établissements qui assurent l'hébergement des personnes âgées, des adultes handicapés ou inadaptés;

– des établissements d'aide par le travail (CAT);

– des foyers de jeunes travailleurs;

– des structures d'hébergement en vue de la réadaptation sociale (CHRS).

Ces dispositions intéressent également les personnes physiques qui accueillent habituellement de manière temporaire ou permanente, à temps complet ou partiel, à leur domicile, à titre onéreux, plus de deux personnes âgées ou plus de deux personnes handicapées adultes, sauf dérogation accordée selon les dispositions de la loi n° 89-475 du 10 juillet 1989 relative à l'accueil par des particuliers à leur domicile, à titre onéreux, de personnes âgées ou handicapées adultes.

Le CNOSS ou les CROSS donnent un avis motivé sur l'opportunité de la création ou de l'extension des établissements en fonction des besoins quantitatifs et qualitatifs, et compte tenu des équipements existants ou prévus.

Cessent d'être prises en compte pour l'évaluation des besoins de la population:

– toute décision de création ou d'extension d'un établissement relevant d'une collectivité publique, si les travaux n'ont pas reçu un commencement d'exécution avant l'expiration d'un délai de trois ans à compter de l'avis, selon les cas, du CNOSS et du CROSS;

– toute autorisation de création ou d'extension d'un établissement privé si les travaux n'ont pas reçu un commencement d'exécution avant l'expiration d'un délai de trois ans à compter de la date de cette autorisation, qui est alors réputée caduque.

610 **La création, la transformation et l'extension des établissements privés.** Elles sont subordonnées à une autorisation délivrée avant tout commencement d'exécution du projet. Cette autorisation est délivrée pour les établissements cités au n° **609** ci-dessus par le président du conseil général et, pour les autres, par le préfet du département.

L'autorisation vaut:

– autorisation de fonctionner sous réserve d'un contrôle de conformité aux normes minimales quantitatives et qualitatives d'équipement et de fonctionnement, opéré après l'achèvement des travaux et avant la mise en service;

– sauf mention contraire, habilitation à recevoir des bénéficiaires de l'aide sociale;

– sauf mention contraire, autorisation de dispenser des soins remboursables aux assurés sociaux lorsque l'autorisation est accordée par le préfet, seul ou conjointement avec le président du conseil général.

L'habilitation à recevoir des bénéficiaires de l'aide sociale peut être assortie d'une convention.

Cette habilitation précise obligatoirement:

– les catégories de bénéficiaires et la capacité d'accueil de l'établissement;

– les objectifs poursuivis et les moyens mis en œuvre;

– la nature et la forme des documents administratifs, financiers et comptables, ainsi que les renseignements statistiques qui doivent être communiqués à la collectivité publique.

L'habilitation peut être retirée en cas de modification des besoins ou lorsque l'établissement ne souscrit plus à ses engagements, ou encore lorsqu'il y a une disproportion entre le coût de fonctionnement et les services rendus.

Section 2
Les établissements publics sociaux et médico-sociaux

La loi fondatrice du 30 juin 1975 a été modifiée par une loi du 2 janvier 2002 qui a défini cette catégorie d'établissement.

611 **Il s'agit des établissements suivants**:

– médico-éducatifs qui reçoivent en internat, en externat ou en cure ambulatoire des jeunes handicapés ou inadaptés;

– d'hébergement des personnes âgées, des adultes handicapés ou inadaptés;

- d'aide par le travail;
- assurant l'hébergement en vue de la réadaptation sociale;
- maisons d'enfants à caractère social.

Ces établissements sont administrés par un conseil d'administration assisté d'un directeur.

Sous-section 1
Le conseil d'administration

Composition

612 **Les membres de droit.** Le CA comprend obligatoirement des représentants :

- des collectivités territoriales de rattachement dont obligatoirement un représentant de la collectivité territoriale d'implantation de l'établissement ;
- des usagers ;
- du personnel ;
- des représentants des départements qui supportent tout ou partie des frais de fonctionnement de l'établissement ;
- des personnes désignées en fonction de leur compétence.

La présidence est assurée soit par le président du conseil général lorsque l'établissement est rattaché au département, soit par le président de l'établissement public de coopération intercommunale. Sur proposition du président de chacune de ces collectivités territoriales, la présidence du CA est assurée par un représentant élu en son sein de l'assemblée délibérante de la collectivité territoriale concernée.

613 **Les incompatibilités.** L'article L. 315-11 du Code de l'action sociale et des familles est ainsi rédigé :

« Nul ne peut être membre d'un conseil d'administration :

1° à plus d'un des titres mentionnés à l'article L. 315-10 ;

2° s'il encourt l'une des incapacités prévues par les articles L. 5 et L. 6 du Code électoral ;

3° s'il est personnellement ou par l'intermédiaire de son conjoint, de son concubin ou de la personne avec qui il a conclu un pacte civil de solidarité, de ses ascendants ou descendants en ligne directe, directement ou indirectement intéressé à la gestion de l'établissement social ou médico-social concerné ;

4° s'il est fournisseur de biens ou de services, lié à l'établissement par contrat ;

5° s'il est lié à l'établissement par contrat, sauf s'il s'agit des représentants du personnel ;

6° s'il a été lui-même directeur dudit établissement.

En cas d'incompatibilité applicable au président du conseil général ou au maire, la présidence est dévolue à un représentant élu, désigné en son sein, respectivement par le conseil général ou le conseil municipal. »

Le régime des incompatibilités de membres du CA est élargi :

– aux membres qui cumuleraient une représentation au titre de deux ou plusieurs catégories énumérées à l'article L. 315-10 du Code de l'action sociale et des familles ;

– aux membres qui encourraient une des incapacités civiles leur interdisant le droit de vote ;

– aux membres qui seraient liés par contrat à l'établissement hormis, bien entendu, les représentants du personnel ; cela s'adresse aux membres des professions médicales et aux professionnels de santé exerçant à tire libéral qui seraient liés par un contrat avec l'établissement. On peut ici faire référence au contrat de coordination des soins dans le cadre de la prise en charge coordonnée des personnes âgées dépendantes ;

– aux anciens directeurs de l'établissement qui, à la retraite ou éventuellement en activité dans un autre établissement, voudraient, au titre de représentants d'une collectivité territoriale ou d'une autre composante, être membres du CA. Cette présence, lorsqu'elle a eu lieu, n'a jamais vraiment bien fonctionné, le directeur en exercice étant obligé de compter sur l'implantation locale de son prédécesseur !...

614 **Les membres consultatifs.** Le directeur de l'établissement, ou en cas d'empêchement son représentant, assiste avec voix consultative aux séances du CA. Le secrétariat est assuré à sa diligence. Le CA peut entendre toute personne de son choix.

Le comptable public assiste aux séances.

Attributions

615 **Les délibérations.** L'article L. 315-12 du Code de l'action sociale et des familles est ainsi rédigé :

« Le conseil d'administration des établissements publics sociaux ou médico-sociaux définit la politique générale de l'établissement et délibère sur :

1° le projet d'établissement ou de service mentionné à l'article L. 311-7, ainsi que les contrats pluriannuels mentionnés à l'article L. 313-11 ;

2° les programmes d'investissement ;

3° le rapport d'activité ;

4° le budget et les décisions modificatives, les crédits supplémentaires et la tarification des prestations ;

5° les comptes financiers, les décisions d'affectation des résultats ou les propositions d'affectation desdits résultats lorsque leurs financements sont majoritairement apportés par une collectivité publique ou les organismes de Sécurité sociale ;

6° les décisions affectant l'organisation ou l'activité de l'établissement ;

7° le tableau des emplois du personnel ;

8° la participation à des actions de coopération et de coordination ;

9° les acquisitions, aliénations, échanges d'immeubles et leur affectation et les conditions des baux de plus de dix-huit ans ;

10° les emprunts ;

11° le règlement de fonctionnement ;

12° l'acceptation et le refus de dons et legs ;

13° les actions en justice et les transactions ;

14° les règles concernant l'emploi des diverses catégories de personnel, pour autant qu'elles n'ont pas été fixées par des dispositions législatives ou réglementaires. »

616 **Le régime des approbations.** Dès que la transmission des délibérations au représentant de l'État dans le département a été opérée, ces actes sont exécutoires de plein droit.

En revanche, quand le représentant de l'État estime que ces délibérations sont de nature à menacer l'équilibre budgétaire de l'établissement, il saisit la chambre régionale des comptes (Code de l'action sociale et des familles, art. L. 315-14). L'établissement concerné est alors informé sans délai de la saisine de la chambre, laquelle peut être assortie d'un sursis à exécution. Dans un délai de trente jours suivant la transmission des délibérations, la chambre régionale des comptes peut rendre un avis conforme. Le représentant de l'État dans le département pourra alors procéder à leur annulation.

Quand le représentant de l'État estime les délibérations contraires à la légalité, il les défère au tribunal administratif dans les deux mois suivant leur transmission. L'établissement en est informé sans délai. Toutes les précisions sur les illégalités invoquées doivent lui être communiquées par le représentant de l'État. En outre, ce dernier peut assortir le recours administratif d'une demande de suspension. Celle-ci pourra lui être accordée si l'un des moyens invoqués semble propre à créer un doute sérieux sur la légalité de la délibération attaquée.

L'article L. 314-7 du Code de l'action sociale et des familles précise que sont soumis à l'accord de l'autorité compétente en matière de tarification :

1° les emprunts dont la durée est supérieure à un an ;

2° les programmes d'investissement et leurs plans de financement ;

3° les prévisions de charges et de produits d'exploitation permettant de déterminer les tarifs des prestations prises en charge par l'État, les départements ou les organismes de Sécurité sociale, ainsi que les affectations de résultats qui en découlent.

Le reste des compétences du conseil d'administration est exécutoire de plein droit dès leur transmission au préfet de département. Là encore, le régime des établissements publics sociaux et médico-sociaux se calque sur celui applicable aux établissements publics de santé depuis la loi hospitalière du 31 juillet 1991. Cela concerne bien entendu le contrôle de légalité qu'exerce le préfet de département en pouvant déférer les délibérations, qu'il estime illégales, devant le tribunal administratif dans un délai de deux mois suivant leur transmission, et le contrôle financier qui permet au préfet de département de saisir la chambre régionale des comptes des délibérations qui mettraient en cause l'équilibre financier de l'établissement.

Fonctionnement

617 **Réunion du CA.** Le CA se réunit sur convocation de son président ou, en cas d'absence ou d'empêchement de celui-ci, de son vice-président.

Le règlement intérieur de chaque établissement fixe le nombre de séances du CA, qui ne peut être inférieur à quatre séances par an.

Le CA est réuni en séance extraordinaire soit sur demande écrite des deux tiers de ses membres, soit à la demande du directeur.

Les séances ne sont pas publiques. En cas d'incident, le président peut suspendre la séance ou prononcer le renvoi. Le CA est alors obligatoirement convoqué dans un délai de quinze jours.

618 **Quorum et vote.** Au cas où le quorum de la majorité des membres ayant voix de délibération ne serait pas atteint, le CA est à nouveau convoqué dans un délai minimal de huit jours et maximal de quinze jours. Les délibérations de la seconde séance sont valables quel que soit le nombre d'administrateurs présents.

Le vote a lieu à bulletin secret si le quart au moins des membres présents en fait la demande.

L'ordre du jour est arrêté par le président ou, en cas d'absence, par le vice-président et adressé au moins sept jours à l'avance, sauf cas d'urgence, à l'ensemble des membres du CA ainsi qu'aux personnes habituellement convoquées à titre consultatif.

Sous-section 2
Le directeur

619 **Définition.** Selon le décret n° 2007-1930 du 26 décembre 2007 les directeurs des établissements publics sanitaires, sociaux et médico-sociaux relèvent désormais d'un seul statut (il y en avait trois préalablement) appartenant à la fonction publique hospitalière.

620 **Les attributions générales.** Le directeur représente l'établissement en justice et dans tous les actes de la vie civile.

Il prépare les travaux du CA et lui soumet le projet d'établissement.

Il est chargé de l'exécution des décisions du CA et met en œuvre les actions approuvées par celui-ci. Il est compétent pour régler les affaires de l'établissement autres que celles qui sont énumérées à l'article L. 315-12. Il assure la gestion et la conduite générale de l'établissement et en tient le conseil d'administration informé.

Il veille à la réalisation du projet d'établissement ou de service et à son évaluation.

Il nomme le personnel, à l'exception des personnels titulaires des instituts nationaux de jeunes sourds et de l'Institut national des jeunes aveugles, et exerce son autorité sur l'ensemble de celui-ci.

Le directeur peut déléguer sa signature dans des conditions et sur des matières définies par décret. Pour l'exercice de certaines des attributions du CA définies par décret, le directeur peut recevoir délégation du président du CA.

La loi du 2 janvier 2002 confirme l'alignement du droit des établissements publics sociaux et médico-sociaux sur le droit des établissements publics de santé. En effet, le directeur des établissements sociaux et médico-sociaux est désormais investi des prérogatives :

– de représentant légal de l'établissement ; ce qui lui confère le pouvoir de police donc de la bonne organisation sur l'ensemble de l'établissement qu'il dirige ;

– de nomination des personnels ;

– d'ordonnateur.

De plus, le directeur est compétent pour tout ce qui n'appartient pas au champ de compétences du CA tel que précisé par les quatorze points cités ci-dessus (voir n° **615**, Les délibérations). En outre, le directeur prépare les rapports du CA et, à ce titre, il peut orienter ceux-ci. Le directeur est chargé de l'exécution des décisions dudit conseil d'administration et met en œuvre les actions approuvées par celui-ci. De façon très large, le directeur assure la gestion et la conduite générale de l'établissement en tenant le CA informé.

621 **Les attributions financières.** Le directeur prépare le budget et répartit les dépenses et les recettes en compte qui, pour être votées par le CA, sont regroupées en groupes fonctionnels. Ce dispositif est calqué sur celui applicable aux établissements publics de santé.

L'article L. 315-15 du Code de l'action sociale et des familles est ainsi rédigé :

« Le budget et les décisions modificatives mentionnés au 4° de l'article L. 315-12 sont préparés et présentés par le directeur. Le budget de l'année est voté par le conseil d'administration et transmis au plus tard le 31 octobre précédant l'exercice auquel il se rapporte. Le cas échéant, il est établi en cohérence avec le contrat pluriannuel mentionné à l'article L. 313-11.

Les autorisations de dépenses et les prévisions de recettes qui figurent au budget sont présentées et votées par groupes fonctionnels, dont la composition est conforme à une nomenclature fixée par arrêté. Les décisions modificatives sont présentées et votées dans les mêmes formes.

Les délibérations relatives au budget et aux décisions modificatives sont transmises sans délai aux autorités compétentes en matière de tarification en vue de leur approbation, dans les conditions fixées par l'article L. 314-7.

Les comptes financiers mentionnés au 5° de l'article L. 315-12 sont adoptés par le conseil d'administration et transmis aux autorités compétentes en matière de tarification au plus tard le 30 avril de l'année suivant l'exercice auquel ils se rapportent. »

Le directeur peut réquisitionner le comptable, là encore en décalque de la loi sanitaire qui lui avait donné cette prérogative par une loi du 3 janvier 1984. Ceci est une nouveauté de la loi du 2 janvier 2002. Il est à noter que les comptables des établissements publics sociaux et médico-sociaux sont des comptables directs du Trésor ayant qualité de comptables principaux.

Lorsque le comptable de l'établissement notifie à l'ordonnateur sa décision de suspendre une dépense, celui-ci peut lui adresser un ordre de réquisition. Le comptable est tenu de s'y conformer, sauf en cas :

1° d'insuffisance de fonds disponibles ;

2° de dépenses ordonnancées sur des crédits irrégulièrement ouverts ou insuffisants, ou sur des crédits autres que ceux sur lesquels elles devraient être imputées ;

3° d'absence de justification de service fait ou de défaut de caractère libératoire du règlement.

L'ordre de réquisition est porté à la connaissance du CA de l'établissement et notifié au trésorier-payeur général du département, qui le transmet à la chambre régionale des comptes.

En cas de réquisition, le comptable est déchargé de sa responsabilité.

Sous-section 3
Les instances consultatives

Les organes de consultation sont le conseil d'établissement et le comité technique paritaire, les CAP et le CHSCT (dans les établissements occupant plus de 50 salariés, quel que soit leur temps de travail). Les CAP et le CHSCT sont étudiés dans le chapitre réservé aux personnels qui relèvent de la fonction publique hospitalière.

Le conseil d'établissement

Ce conseil est constitué dans tous les établissements sociaux et médico-sociaux, quel que soit leur statut public ou privé. Le décret n° 91-1415 du 31 décembre 1991 précise la composition et le fonctionnement et fixe les attributions du conseil d'établissement.

622 **Composition.** La personne publique ou privée gestionnaire de l'établissement fixe le nombre et la répartition des membres du conseil d'établissement. Il comprend au moins neuf et au plus dix-sept membres représentant:

– les usagers de l'établissement et leur famille, dont le nombre doit être supérieur à la moitié du nombre total des membres du conseil d'établissement.

Les représentants des usagers et ceux des familles sont élus, respectivement, par la catégorie à laquelle ils appartiennent, au scrutin secret selon les conditions fixées par le règlement intérieur de l'établissement.

Peut être candidate pour représenter les usagers toute personne âgée de plus de douze ans hébergée dans l'établissement ou prise en charge par celui-ci. En cas d'absence ou d'insuffisance de candidatures, les sièges non pourvus sont attribués à des représentants des familles.

Peut être candidat pour représenter les familles tout parent d'un usager jusqu'au quatrième degré, toute personne ayant la garde juridique d'un usager mineur, tout représentant légal d'un usager majeur. En cas d'absence ou d'insuffisance de candidatures, les sièges non pourvus sont attribués à des représentants des usagers ;

– les personnels salariés ou mis à disposition sont représentés au conseil d'établissement des établissements de statut public par des représentants désignés par les organisations syndicales les plus représentatives, au prorata de leur influence mesurée lors des dernières élections aux CAP départementales.

S'il n'existe pas d'organisation syndicale au sein de l'établissement, les représentants du personnel sont élus par et parmi l'ensemble des agents stagiaires, titulaires et contractuels nommés dans les emplois permanents à temps complet. Les candidats doivent avoir une ancienneté au moins égale à six mois au sein de l'établissement, ou dans la profession s'il s'agit d'une création. Le scrutin est secret et majoritaire à un tour.

Le ou les représentants de la personne publique ou privée gestionnaire de l'établissement sont désignés par l'organe délibérant.

Le mandat des membres élus ou désignés a une durée de trois ans, renouvelable. À titre consultatif, le directeur ou son représentant participe au conseil d'établissement qui, par ailleurs, peut appeler toute personne à participer à ses travaux.

623 **Fonctionnement.** Le président est élu au scrutin secret et à la majorité absolue des votants par et parmi les membres du conseil. À l'issue du deuxième tour de scrutin infructueux, le troisième tour autorise l'élection du président à la majorité relative. Un vice-président est élu dans les mêmes termes que le président.

Le conseil d'établissement se réunit deux fois par an sur convocation du président qui fixe l'ordre du jour des séances.

Le conseil d'établissement ne peut délibérer que si le quorum de la majorité de ses membres ayant voix délibérative sont présents. À défaut du quorum, le conseil d'établissement est convoqué en vue d'une nouvelle réunion, qui doit se tenir dans un délai minimal de huit jours et maximal de vingt et un jours: dans ce cas, il délibère quel que soit le nombre des membres présents.

624 **Attributions.** Le conseil d'établissement donne son avis et peut faire des propositions sur toute question intéressant le fonctionnement de l'établissement et notamment sur:

– le règlement intérieur relatif au fonctionnement de l'établissement;

– l'organisation intérieure et la vie quotidienne de l'établissement;

– les activités de l'établissement, l'animation socioculturelle et les services thérapeutiques;

– les mesures tendant à associer au fonctionnement de l'établissement les familles des usagers et les personnels;

- l'ensemble des projets de travaux et d'équipement;
- la nature et le prix des services rendus par l'établissement;
- l'affectation des locaux collectifs;
- l'entretien des locaux;
- la fermeture totale ou partielle de l'établissement;
- les relogements prévus en cas de travaux ou de fermeture.

Le conseil doit être informé de la suite donnée aux avis et aux propositions qu'il a pu émettre.

Sous-section 4
Le comité technique d'établissement

625 **Historique.** La loi hospitalière du 31 juillet 1991 a supprimé les comités techniques paritaires (CTP) dans les établissements publics de santé et leur a substitué une nouvelle instance : le comité technique d'établissement (CTE). Rappelons brièvement que le CTP avait été introduit, par une simple circulaire du 11 décembre 1958, dans tous les hôpitaux et hospices, et avait vu sa légitimité reconnue par la loi hospitalière du 31 décembre 1970. Le CTP avait alors vu ses attributions, certes consultatives, élargies à l'examen du budget et des comptes par une loi du 3 janvier 1984. En 1991, la loi du 31 juillet supprime le CTP pour le remplacer par une instance entièrement composée des personnels non médicaux, prenant le nom de CTE par analogie avec le conseil d'établissement qui permet la représentation des personnels dans les établissements du secteur privé. Cependant, la loi du 31 juillet 1991 ne concerne que les établissements du secteur sanitaire, laissant ainsi subsister les CTP dans les établissements publics du secteur social et médico-social relevant de la loi du 30 juin 1975.

Voici qu'avec la loi du 2 janvier 2002 le CTP est supprimé et est remplacé par le CTE, qui est présidé par le directeur, alors que le CTP était présidé par le président du conseil d'administration.

626 **Composition.** Dans chaque établissement public social ou médico-social est institué un comité technique d'établissement

présidé par le directeur ou son représentant membre des corps des personnels de direction, et composé de représentants du personnel relevant du titre IV du statut général des fonctionnaires de l'État et des collectivités territoriales, élus par collèges définis en fonction des catégories mentionnées à l'article 4 de ce titre sur des listes présentées par les organisations syndicales représentatives au sein de chaque établissement pour chaque catégorie de personnel.

La représentativité des organisations syndicales s'apprécie d'après les critères définis à l'article 9 *bis* du titre Ier du statut général des fonctionnaires de l'État et des collectivités territoriales.

Lorsque aucune organisation syndicale ne présente de liste ou lorsque la participation est inférieure à un taux fixé par décret, les listes peuvent être librement établies.

Nombre total des membres du CTE dans les établissements publics, sociaux et médico-sociaux.

	Titulaires	Suppléants
Dans les établissements comptant moins de 50 agents	3	3
Dans les établissements de 50 à 99 agents	6	6
Dans les établissements de 100 à 500 agents	10	10
Dans les établissements de plus de 501 agents	16	16

627 **Attributions.** Le comité technique d'établissement est obligatoirement consulté sur :

1° le projet d'établissement et les programmes d'investissement relatifs aux travaux et aux équipements matériels ;

2° le budget, les crédits supplémentaires et les comptes, la tarification des prestations servies et le tableau des emplois du personnel et ses modifications ;

3° les créations, suppressions et transformations de services ;

4° les conditions et l'organisation du travail dans l'établissement, notamment les programmes de modernisation des méthodes et techniques de travail, et leurs incidences sur la situation du personnel ;

5° les règles concernant l'emploi des diverses catégories de personnels, pour autant qu'elles n'ont pas été fixées par des dispositions législatives ou réglementaires ;

6° les critères de répartition de certaines primes et indemnités ;

7° la politique générale de formation du personnel, et notamment le plan de formation ;

8° le bilan social, le cas échéant ;

9° la participation aux actions de coopération et de coordination mentionnées à la section IV du chapitre II du titre 1er du livre III du présent titre (art. L. 312-6 et L. 312-7 du CASF).

Les modalités d'application du présent article, et notamment le nombre de membres titulaires et suppléants du comité technique d'établissement, ainsi que les règles de fonctionnement de ce comité sont fixées par décret en Conseil d'État.

Un décret définit les moyens dont dispose le comité technique d'établissement pour exercer ses missions.

Le libellé des attributions du CTE est exactement conforme à celui qui régit le CTE des établissements publics de santé, de même sa composition.

628 **Fonctionnement.** Le mode de fonctionnement est le même que celui des établissements publics de santé.

Section 3
Le régime financier

629 **La tarification des prestations.** La tarification des prestations fournies par les établissements et services sociaux habilités à recevoir des bénéficiaires de l'aide sociale du département est arrêtée chaque année par le président du conseil général, sauf lorsque l'État ou un organisme d'assurance-maladie intervient dans le remboursement des prestations.

630 **L'autorité compétente pour arrêter la tarification.** Dans ce cas, c'est le préfet du département qui arrête la tarification des prestations remboursables aux assurés sociaux après avis du président du conseil général qui, au vu de cette décision, fixe à son tour la tarification des prestations fournies pour les ressortissants de l'aide sociale du département. Pour ce qui est des établissements habilités à recevoir des bénéficiaires de l'aide sociale de l'État, c'est le préfet du département qui arrête le tarif des prestations. Enfin, pour ce qui est des établissements qui accueillent des mineurs confiés par l'autorité judiciaire, la tarification est arrêtée conjointement par le préfet et le président du conseil général. En cas de désaccord entre ces derniers, les ministres compétents peuvent fixer par arrêté le tarif des prestations.

Dans le cadre de ses attributions financières, le préfet du département peut augmenter les provisions des recettes et des dépenses qui lui paraîtraient insuffisantes. Il peut également supprimer ou diminuer les prévisions de dépenses s'il estime celles-ci injustifiées ou excessives, compte tenu, d'une part, des conditions de satisfaction des besoins de la population et, d'autre part, d'un taux moyen d'évolution des dépenses qui est fixé par arrêté interministériel, à partir des hypothèses économiques générales, notamment des prévisions d'évolution des prix et des salaires, et par référence à la politique sanitaire et sociale de l'État. Cette décision d'amputer ou de refuser une dépense doit être motivée.

Répartition des compétences entre le président du conseil général et le préfet du département ou le ministre

	Création, transformation, extension[1]		Tarif de prestations	Observations
	Établissements privés	Établissements publics		
Président du conseil général	Autorisation (mineurs et personnes âgées)	Avis du président du conseil général	Arrêté du président	Établissements recevant des bénéficiaires de l'aide sociale du département : avis du CROSS ou du CNOSS
Préfet du département	Autorisation du préfet du département pour les autres établissements	Autorisation du préfet du département	Arrêté du préfet après avis du président du conseil général	Établissements assurant des prestations remboursables aux assurés sociaux : avis du CROSS et du CNOSS
Ministre				Établissements recevant des mineurs : ministre en cas de désaccord entre le président du conseil général et le préfet du département ; avis du CROSS ou du CNOSS

1. Ne concerne pas les projets concernant les établissements d'hébergement pour personnes âgées créés et gérés par les établissements de santé publics et privés.

Section 4
Les groupements d'établissements sociaux et médico-sociaux

631 **Présentation.** Calquant le droit hospitalier, le droit social et médico-social vient de s'enrichir des groupements d'établissements sociaux et médico-sociaux. Le décret n° 2006-413 du 6 avril 2006, précise les dispositions relatives à leur constitution, à leurs missions et aux adhésions et retraits de leurs membres.

632 **La constitution des groupements.** Les groupements peuvent être classés en trois catégories :

1° les groupements d'intérêt public qui peuvent être constitués entre deux ou plusieurs établissements et services sociaux ou médico-sociaux, dotés de la personnalité morale, ou personnes morales gestionnaires de droit public ou de droit privé comportant au moins une personne morale de droit public ;

2° les groupements d'intérêt économique qui peuvent être constitués entre deux ou plusieurs établissements et services sociaux ou médico-sociaux, dotés de la personnalité morale, ou personnes physiques ou morales gestionnaires de droit public ou de droit privé. Le but de ces groupements n'est pas de réaliser des bénéfices pour eux-mêmes ;

3° les groupements de coopération sociale ou médico-sociale qui peuvent être constitués entre deux ou plusieurs établissements, services ou personnes mentionnés aux alinéas précédents ainsi qu'au 3° de l'article L. 312-7 du Code de l'action sociale et des familles (CASF).

Les établissements de santé, publics ou privés, peuvent adhérer aux groupements prévus au présent article.

633 **Les missions de ces groupements.** Sans préjudice des missions propres aux groupements de coopération sociale ou médico-sociale énoncées au 3° de l'article L. 312-7, les groupements mentionnés à l'article R. 312-194-1 peuvent être constitués notamment en vue de permettre à leurs membres :

– d'exercer ensemble des activités dans les domaines de l'action sociale ou médico-sociale au sens de l'article L. 311-1 du CASF ;

– de créer et de gérer des équipements ou des services d'intérêt commun ou des systèmes d'information nécessaires à leurs activités ;

– de faciliter ou d'encourager les actions concourant à l'amélioration de l'évaluation de l'activité de leurs membres et de la qualité de leurs prestations, notamment par le développement et la diffusion de procédures, de références ou de recommandations de bonnes pratiques, en lien avec les travaux du Conseil national de l'évaluation sociale ou médico-sociale ;

– de définir ou proposer des actions de formation à destination des personnels et de leurs membres.

634 **L'adhésion de nouveaux membres.** L'autorité compétente de chacune des personnes et structures mentionnées à l'article R. 312-194-1 décide de la participation à la création ou de l'adhésion à l'une des formes de groupement énoncées au même article, au vu, notamment, du projet de convention constitutive ou de contrat présenté dans des termes identiques.

Après sa constitution, le groupement d'intérêt public ou le groupement de coopération sociale ou médico-sociale peut admettre de nouveaux membres, par décision de l'assemblée des membres. Cette décision est également requise en cas de changement d'identité sociale, de fusion, de regroupement ou de changement de gestionnaire affectant un membre du groupement.

635 **Le retrait des membres.** En cours d'exécution de la convention, tout membre peut se retirer du groupement à l'expiration d'un exercice budgétaire, sous réserve qu'il ait notifié au groupement son intention au moins six mois avant la fin de l'exercice et que les modalités de ce retrait soient conformes aux stipulations de la convention constitutive.

Lorsque le groupement comporte au moins trois membres, l'exclusion de l'un d'entre eux peut être prononcée par l'assemblée des membres en cas de manquements à leurs obligations la convention constitutive ainsi que par les délibérations de l'assemblée. L'exclusion peut également être prononcée en cas d'ouverture d'une procédure de sauvegarde, de redressement ou de liquidation judiciaires. L'exclusion ne peut être prononcée qu'après audition du représentant du membre en cause selon les modalités fixées par la convention constitutive.

BIBLIOGRAPHIE

Chapitre 1

Galvez (H.), *La FHF, cinquante ans d'histoire de l'hôpital public en France*, FHF, Paris, 1973.

Imbert (J.) et coll., *Histoire des hôpitaux en France*, Privat, Toulouse, 1982.

Maillard (C.), *Histoire de l'hôpital de 1940 à nos jours*, Dunod, Paris, 1986.

Batier (C.), « Les relations entre l'hôpital et la Sécurité sociale dans le cadre de la réforme du financement et de la gestion des établissements d'hospitalisation publics », mémoire ENSP, Rennes, 1987.

Clément (J.-M.), *Essai sur l'hôpital*, Berger-Levrault, 1994.

Clément (J.-M.), *Les pouvoirs à l'hôpital*, 3e édition, Berger-Levrault, 1995.

Soéne (A.), *Les hôpitaux sous la Ve République*, Les Études hospitalières, 1995.

Imbert (J.), *Les hôpitaux en France*, « Que sais-je ? » n° 796, PUF, Paris 1996.

Chapitre 2

Clément (J.-M.), *Les réformes hospitalières 1981/1984*, Berger-Levrault, 1985.

Commissariat général du Plan, *Une décentralisation du système de santé*, La Documentation française, 1986.

IGAS, *Tutelle et contrôle dans le domaine social*, Rapport 1985/1986, La Documentation française, 1986.

Clément (J.-M.), *La réforme hospitalière et l'ordonnance du 24 avril 1996*, 2e édition, Les Études hospitalières (LEM), 1999.

Blondel (F.), Budet (J.-M.), *Hospitalisation publique et privée*, Berger-Levraut, 2004.

Clément (J.-M.), *Hôpital 2007*, Coll. Essentiel, LEH Édition, 2004.

Clément (J.-M.), *Panorama critique des réformes hospitalières de 1789 à nos jours*, Les Études Hospitalières, 2007.

Chapitre 3

Clément (J.-M.), *Les pouvoirs à l'hôpital*, Berger-Levrault, 3e édition, 1995.

« Les alternatives à l'hospitalisation », Revue *Prévenir* n° 14, 1987.

Dubois (B.), *Le marketing management hospitalier*, Berger-Levrault, 1987.

Stingre (D.), *Le service public hospitalier*, 2e édition, « Que sais-je ? », PUF, Paris, 1998.

Schweyer (F.-X.), Levasseur (G.), Pawlikowska (T.), *Créer et piloter un réseau de santé : un outil de travail pour les équipes*, ENSP, Rennes, 2002, 112 p.

Barré (S.), Evin (C.), Fourré (P.-Y.), Houdart (L.), Larose (D.), Poutout (G.), Ptakhione (E.), *Traité pratique des réseaux de santé*, Berger-Levrault, 2005.

Bourgueil (Y.), *Les enseignements de la politique des réseaux et des maisons pluridisciplinaires de santé*, Haute Autorité de santé, Heures de France, 2007.

De Kervasdoue (J.), *L'hôpital*, PUF, 2007.

Holcman (R.), *La fin de l'hôpital public ?*, Lamarre, 2007.

Rolland (L.), *L'hôpital expliqué : son organisation, son fonctionnement*, Héral, 2007.

Chapitre 5

Dupuy (O.), *La nouvelle gouvernance hospitalière. L'organisation en pôles d'activité*, Heures de France, 2007.

Peljak (D.), *La gestion de pôle à l'hôpital*, Les Études hospitalières, 2007.

Chapitre 8

Clément (J.-M.), *Le fonctionnaire hospitalier,* 4e édition, Berger-Levrault, 1999.

Collectif, Fonction publique hospitalière - Statut général et textes communs, La Documentation française, 2002.

Faure (A.), Allard-Jacquin (C.), *Commentaire du statut de la fonction publique hospitalière*, Berger-Levrault, 2006.

Stingre (D.), *La fonction publique hospitalière,* « Que sais-je? », PUF, Paris, 2006.

Adrian (F.), Comte (C.), *L'action disciplinaire dans les établissements sanitaires, sociaux et médico-sociaux*, Berger-Levrault, 2007.

Chapitre 9

Guilbert (F.), *Liberté individuelle et hospitalisation des malades mentaux*, Librairie Technique, Paris, 1974.

De Forges (J.-M.), Seuvic (J.-F.), *L'hospitalisé*, Berger-Levrault, Paris, 1983.

Daubech (L.), *Le malade à l'hôpital*, Érès, 1985.

Sœur (A.), *La politique de santé mentale en question*, Les Études hospitalières, 1995.

Clément (J.-M.), *Le droit des malades et les lois bioéthiques*, Berger-Levrault, 1996.

Ponchon (F.), *Le droit des patients à l'hôpital,* « Que sais-je ? », PUF, Paris, 1999.

Chiaverini (P.), Martinez (E.), Michelangeli, *Les commissions régionales de conciliation*, LEH Édition, 2005.

Legros (B.), *L'euthanasie et le droit*, coll. « Essentiel », LEH Édition, 2006.

Revue RGDM, coll. Dix ans de lois de bioéthique en France, numéro spécial 2006.

Clément (J.-M.), *L'hôpital, la technique et l'éthique*, LEH Édition, 2007.

Coelho (J.), *L'hospitalisation sous la contrainte*, LEH Édition, 2007.

Coelho (J.), *Les droits des malades en fin de vie*, LEH Édition, 2007.

Derenne (O.), *L'usager et le monde hospitalier. 50 fiches pour comprendre*, Les Éditions de l'ENSP, 2007.

Duguet (A. M.), *Dossier médical et données médicales de santé : protection de la confidentialité, conditions d'accès, échanges pour les soins et la recherche*, Les Études hospitalières, 2007.

Viviana (S.), *Les droits du patient*, Fleurus, 2007.

Chapitre 10

Laguerre (A.), « Marchés publics et concurrence », Thèse Droit, Toulouse, 1985.

Peljack (D.), *L'EPRD*, coll. « Essentiel », LEH Édition, 2006.

Souvignes (D.), *Le Guide des recommandations des bonnes pratiques de la logistique hospitalière*, Les Études hospitalières, 2007.

Legouge (D.), *Achats hospitaliers*, Berger-Levrault, 2008.

Chapitre 11

Dussart (E.), *Le budget global à l'hôpital*, ESF, Paris, 1987.

Journal d'économie médicale, numéro spécial consacré au budget global à l'hôpital, janvier/février 1988.

Expert (P.), *La tarification à l'activité – Médecine et gestion : une dynamique nouvelle*, Berger-Levrault, 2006.

Bartoli (F.), *Tarification à l'activité et écarts de coûts du travail entre les établissements publics et PSPH*, IGAS, 2007.

Bonnici B., *L'hôpital – Obligation de soins, contraintes budgétaires*, La Documentation française, 2007.

Chapitre 12

Sœur (A.), *La politique de santé mentale en question*, Les Études hospitalières, 1995.

Chapitre 13

Auby (J.-M.), *Le droit de la santé*, PUF, Paris, 1981.

Clément (C.), *L'évolution de la responsabilité juridique des médecins dans les hôpitaux et cliniques*, Les Études hospitalières, 1996.

Clément (J.-M.) et Clément (C.), *Cours de droit hospitalier*, tomes 1 et 2, Les Études hospitalières, 2000.

Clément (J.-M.) et Clément (C.), *Les principales décisions de la jurisprudence hospitalière*, Berger-Levrault, 1995.

Clément (J.-M.), *Les répercussions de la loi du 4 mars 2002 dans le champ du droit hospitalier*, coll. « Essentiel », Les Études hospitalières, 2002.

Demichel (A.), *Droit médical*, Berger-Levrault, Paris, 1983.

Meneteau (G.), *Le droit médical*, Les Études hospitalières, 2002.

Truchet (D.), « Responsabilité des services hospitaliers », Encyclopédie Dalloz, *Responsabilité de la puissance publique*, Paris, 1986.

INDEX

Les chiffres renvoient aux numéros de paragraphe.

A

B

C

D

E

F

G

H

I

M

O

P

R

S

T

U

Achevé d'imprimer par

C P I

Imprimerie France QUERCY
46090 Mercuès

N° d'impression : 81236
Dépôt légal : juin 2008

Imprimé en France